营销战争

价值创造与市场破局之道

张帆 著

電子工業出版社
Publishing House of Electronics Industry
北京 · BEIJING

图书在版编目（CIP）数据

营销战争 ： 价值创造与市场破局之道 / 张帆著 .
北京 ： 电子工业出版社 , 2025. 8. -- ISBN 978-7-121
-50837-0

Ⅰ . F713.50

中国国家版本馆 CIP 数据核字第 2025RK8309 号

责任编辑：赵诗文
印　　刷：三河市鑫金马印装有限公司
装　　订：三河市鑫金马印装有限公司
出版发行：电子工业出版社
　　　　　北京市海淀区万寿路 173 信箱　邮编：100036
开　　本：720×1000　1/16　印张：31.75　字数：361.5 千字
版　　次：2025 年 8 月第 1 版
印　　次：2025 年 8 月第 1 次印刷
定　　价：99.00 元

凡所购买电子工业出版社图书有缺损问题，请向购买书店调换。若书店售缺，请与本社发行部联系，联系及邮购电话：（010）88254888，88258888。

质量投诉请发邮件至 zlts@phei.com.cn，盗版侵权举报请发邮件至 dbqq@phei.com.cn。

本书咨询联系方式：（010）88254210，influence@phei.com.cn，微信号：yingxianglibook。

致谢

周游过这个世界，去过很多地方，也碰到过无数的人。越过千山万水，历经岁月蹉跎，我终于来到这里。在茫茫人海中遇见你们是人生中最棒的事儿，环顾四周，看到一张张微笑的脸庞，我一直都是心存感谢。

感谢我的父亲张灵魁，母亲平春英，在我年少的成长过程中一直是云淡风轻地有所为有所不为。他们始终没有把自己对世界的认知和理念强加于我，而是在为我建立道德底线后选择了尊重，这才有了现在的我。在从容地追求自己的生活时，我才能够不卑不亢地一边失去，一边探索。

感谢那些曾陪伴过我一程的人，无论是哪一程，无论有没有血缘，是你们让我知道了这个世界不会总是如己所愿。在我回眸时总有人站在身后，低谷时有一只手，得意时有一个提醒，这些都是让我从心里能够感受到的暖暖的幸福。

感谢过去三十多年中我工作过和服务过的所有公司。每一份工作，无论其职责类型或职位高低，都是我成长的一步，也都是鲜活的印记，一直在影响着我。

感谢清华大学经济管理学院（以下简称清华经管）管理层多年以来一直聘用我执教 MBA 中英文两门营销管理相关的学分课程，让这个理论体系进一步深化和打磨，才有了今天课堂上的样子。

感谢清华经管张荆英老师，每学期都兢兢业业、不厌其烦地协调各种上课安排，特别是给我精心指派的博士助教，他们都尽心尽力，与我相处得如学弟学妹一般。

感谢我的清华经管 MBA 学生谷金，一直在我的背后不停“唠叨”和推进，试读时对文稿也是字斟句酌。让从未想过出书的我，鼓足勇气硬是修改了三十余版，从想法到定稿历时两年多。

感谢我在清华经管和西门子（中国）的学生王晓文、黄玥、王振宇和王超。我们亦师亦友，是你们无私地对我的知识和经验的短板进行补充，才让这本书更加丰富、专业且全面。

感谢管理学博士周红亮，我的文稿整理协助者。我就像一个学厨，带着自己的过往，在你专业认真地对书稿内容体系不断地深入挖掘探究下，才使这本书有了现在的样子。

感谢章婧，我的书稿插图设计者，是你把我的挑剔最终还原成我所期望的样子，和课堂上我的板书一样朴素且轻松。

感谢在书稿准备初期参与我调研问卷的朋友和学生，你们提供的所观察到的营销趋势以及宝贵的观点，让这本书更贴近一线。

感谢中国工信出版集团电子工业出版社首席编辑胡南和责任编辑赵诗文，给予专业的认可，并高效出版成册。

有太多的人需要感谢，除了感谢还是感谢。余生我会继续努力展现最真实的自己，坚持本色出演，是对你们所有人最好的感谢。

一直感恩我的生活和工作中能有你们，感谢！

2025 年 5 月

于清华大学经济管理学院

每当我走进清华大学校园，看着路上来来往往的莘莘学子，我的内心就会平静下来。

我一直对教师这个职业心怀敬畏。但在面对学生的时候，我其实又很放松，会像老朋友一样娓娓道来，分享我对营销管理的理解。通过案例研讨，帮助大家梳理并解答实际的问题和困惑，同时期待他们能够把这些理念、方法和工具吸收内化为自己的东西，带出校园，带进工作中，去面对未知和不确定的商业环境。

MBA 课堂拥有无限的想象空间。每学期都会遇到不同的学生，总会有精彩的智慧碰撞。对我个人而言，总能接收到各种新鲜的知识，这也是一种别样的成长过程。

目录

推荐序一

翻开这本《营销战争——价值创造与市场破局之道》，我不禁回想起自己当年在清华大学求学的日子，以及后来加入西门子、开启职业生涯的那一刻。

本书作者张帆老师，在西门子数个岗位工作多年之后，受聘到我的母校清华大学，在经济管理学院教授 MBA 中英文营销管理学分课程。这令我深有感触，他从企业走向大学讲台的转身，恰似一种“价值闭环”——将工业领域的实践经验沉淀为系统的知识和模型，再通过教学反哺给一批批具备丰富职业素养的莘莘学子。这无疑是一种知识的传承与精神的延续，从另一个角度看，这种“产—学—研”之间的良性循环，正是推动中国企业管理水平不断提升的重要力量。

书中提出的“商业的定义”体系与营销管理“吹风机模型”令我印象深刻。前者以“价值链协同”为核心，将复杂的商业要素提炼为五张关键牌，后者则通过由六大模块构成的动态闭环，为营销管理提供了一套系统化、可落地的操作工具。这些内容不仅与西门子“以客户为中心、以技术为驱动”的战略理念高度契合，也堪称企业经营者案头必备的营销管理实战指南。

我相信，张帆老师在清华大学多年 MBA 课程的教学经历，不仅为本书的创作积累了丰富的素材，也促使他对商业的本质有了更深层次的理解。

在行业市场中，西门子的营销从来不仅仅局限于“推销产品”，而是以数字化技术为支点，通过持续创新推动客户实现转型升级。我认为工业 4.0 的核心在于提升企业的“效率、灵活性和创新速度”，而非单纯追求自动化。中国制造业需结合自身实际情况，既要“抬头看天”关注技术趋势，也要“低头拉车”优化基础工艺。数字化转型的最终结果是要满足实际的工业场景需求，透过西门子 Xcelerator 开放式数字商业平台可窥探企业数字化转型的完整全貌，通过融合跨领域的技术、知识与经验，共同构建起一个开放、灵活且持续迭代的生态系统。

这一切也印证了张帆老师在书中所强调的观点：“商业的本质是基于对商业的定义的理解，明确产品服务的主体，探究如何更好地创造价值满足利益诉求，并能持续获得收入和利润。”换句话说，营销的终极目标在于通过价值链的协同，使技术真正服务于客户的实际需求。

可以说，每一次颠覆性新技术的出现，都会引发企业经营者对市场潜在变化的深入思考。然而，无论行业如何演进，营销的底层逻辑始终未变，《营销战争——价值创造与市场破局之道》中所强调的——“整体观”“客户视角”与“财务素养”，正是把握这一逻辑的关键所在。

这也是一本有“温度”的营销管理工具书。书中大量来自一线的鲜活案例，不仅具有很强的代入感，也能够激发读者的深度思考。我特别希望读者能从中收获三点启发：

一是系统性思维——书中的“商业全景图”有助于企业管理者和创业者把握全局，避免陷入“盲人摸象”的局限；

二是实用工具箱——五大模型（如价格体系模型、知觉图模型）可直接应用于市场分析与竞争对标；

三是跨界启示——无论是来自制造业、服务业，还是互联网行业的从业者，都能从书中的理论、模型与案例中获得有价值的启发。

最后，作为西门子中国的一员，我也诚挚邀请大家关注我们在智能制造、绿色能源等领域的探索与实践。

西门子（中国）有限公司执行副总裁

数字化工业集团总经理

2025 年 6 月 28 日于北京

推荐序二

从实战中来，到实践中去

——解读张帆的营销智慧

在清华和北大等国内一流大学商学院多年的授课岁月里，我有幸认识了许多优秀的营销学教授，而张帆老师无疑是其中最具个性与创新精神的一位。他的课堂跳脱了传统西方营销理论的桎梏，以独到的视角重构了营销学的逻辑框架，为这门学科注入了鲜活的实战智慧。在多数教师仍囿于菲利普·科特勒体系进行诠释时，张帆老师以其深厚的学术积淀和敏锐的市场洞察，构建了一套创新的营销哲学——既有对经典的致敬，更有破茧新生的勇气。无论是中文的酣畅淋漓，还是英文的行云流水，他的教学总能让人感受到一位商学院学者知行合一的魅力。

作为一名深耕商业模式与顶层设计领域的研究者，结合在国内外商学院近 20 年的教学经验，我深知中国的创业者和管理者需要什么样的知识。他们需要的不是晦涩难懂的理论堆砌，也不是脱离实际的“空中楼阁”，而是能够直击痛点、指导实践的真知灼见。因此，当我读到张帆老师的书稿时，内心难掩激动——这本书恰恰是中国市场迫切需要的：它既具备学术深度，又充满实战智慧；既有清晰的逻辑框架，又有落地可用的工具方法。它是一本“看得懂”“用得上”的书，是真正能为中国企业家和管理者拨开迷雾、指明方向的指南针。

张帆老师是一位地地道道的实战派、融合派和创新派。他的职业生涯始于跨国公司的一线战场，经历了从基层到高层的多重角色转换，积累了丰富的实战经验。这些经历让他深刻认识到，营销不仅是策略的叠加，更是商业本质的洞察和市场规律的把握。正是这种从实践中来的真知灼见，使他的课程和著作兼具独特视角与实用价值。

在《营销战争——价值创造与市场破局之道》中，张帆老师提出了许多令人耳目一新的观点，其中让我印象最为深刻的有四点。

第一，商业的定义是营销思考的出发点。张帆老师反复强调，营销思考的起点不是产品，也不是市场，而是商业的定义。所谓商业的定义，就是要明确企业的核心价值、目标客户和商业模式。只有清晰地定义了商业的本质，营销活动才能有的放矢，避免陷入盲目跟风或闭门造车的误区。这一观点让我深受启发。在这个信息爆炸的时代，许多企业被各种新概念和新工具所迷惑，忽略了最根本的商业逻辑。张帆老师的提醒无疑为营销从业者敲响了警钟：无论技术如何进步，营销管理在本质上始终从商业的定义开始思考。

第二，营销管理“吹风机模型”——聚焦与突破。张帆老师在书中提出的原创营销模型——营销管理“吹风机模型”。虽然书中对这一模型有详细的阐述，但从名称中我们就可以窥见其核心理念：像吹风机一样，将资源和能量集中在一个点上向前推进，直到突破。模型不仅彰显张帆老师对营销策略的深刻理解，也诠释了他对资源优化配置的独到见解。营销管理“吹风机模型”为如何将有限的资源集中在最关键的地方提供了清晰的解决思路。

第三，定位体系——从产业链视角看营销。传统的营销理论往往强调产品和品牌定位，张帆老师则提出了更为宏观的概念——定位体系。他认为，企业在制定营销策略时，必须首先明确自身在产业链中的位置和所承担的角色。这一观点极具前瞻性，许多企业在制定营销策略时，通常更关注自身的产品和市场，忽略整个产业链的格局。这种狭隘的视角容易导致营销策略脱离实际，无法与企业的整体战略相匹配。张帆老师的定位体系为营销从业者提供了更宽广的视角，帮助他们从产业链的高度重新审视自己的定位和策略。

第四，可视化工具——理论与实战的结合。张帆老师的课程和著作中有着丰富的图表和可视化工具。这些工具不仅让复杂的营销理论变得易于理解，还为实战提供了直观的参考。作为一个长期从事营销实践的人，我深知理论与实践之间的鸿沟。许多营销理论听起来头头是道，但在实战中却难以落地。张帆老师的可视化工具恰恰弥补了这一缺陷，这使得他的课程和著作不仅具有理论高度，还极具操作性。

这也是本书最打动我的特质之一——它没有停留在“告诉读者该做什么”，而是通过图表、模型和案例，一步步“展示如何做到”。对于时间宝贵的企业家和管理者而言，这种“拿来即用”的实用策略远比空洞的理论更有价值。

除了这些令人印象深刻的理论和工具，张帆老师的个人风格也让我深感敬佩。他是一位朴实无华、略带叛逆却又充满个性的学者。在他的课程和著作中，既有对传统营销理论的深刻反思，也有对新兴趋势的大胆探索。这种既尊重传统又勇于创新的精神，使得他的课程和著作充满了独特的魅力。

此外，我还想特别强调一点——张帆老师是 MBA 领域的工匠，是一位真正的手艺人。每次上课，他都会在和学生的互动中呈现出各种各样严谨且色彩丰富的图表，这些图表逻辑清晰，且在视觉上极具冲击力，仿佛大片一般。这种对教学的极致追求、认真与严谨，源于骨子里的坚持，加之他略带叛逆的外表，让他的课程深受学生喜爱。

值得一提的是，张帆老师的课程不仅受到国内学生的追捧，还特别受到清华全球 MBA 项目海外学生的喜爱，包括来自耶鲁、沃顿、康奈尔等国外顶尖商学院及苏世民书院的“苏世民学者项目”的学生们。

最后，我想用一句话来总结我对这本书的评价——这是一本既有理论高度，又有实战深度的营销经典。它的问世，必将为营销领域注入新的活力，帮助更多的企业和从业者在激烈的市场竞争中找到自己的方向。

期待这本书能够为更多的读者带来启发和帮助，也希望张帆老师的智慧和经验能够通过这本书传播得更远、更广。

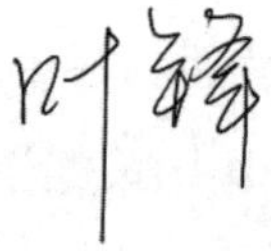

顶层设计与商业模式专家
108 度公益基金会创始人
17 年头部商学院 EMBA 教授
2025 年 5 月于北京

推荐序三

我所经历的成长和感悟：从华尔街到清华经管MBA

我第一次见到张帆老师，是在清华经管 MBA 的课堂上。

那时的我，刚刚从华尔街回到北京，身上还带着资本市场的杀伐果决。十年间，我在全球最顶尖的交易机构厮杀，靠着对市场波动的精准把握，一步步成为对冲基金经理。我擅长定价、计算风险、执行交易。但当我决定回国创业，建立一支属于自己的对冲基金时，我才发现，这个市场跟我想象中的完全不同。

国内的投资人不像华尔街的那样只看数据，还要看“你是谁”；团队执行不像纽约的那样纯粹理性，还需要“讲故事”；连产品的推广方式都与我过去的认知大相径庭。我意识到仅仅会交易是不够的，我必须学会在这个市场里“生存”。

所以“市场营销课程”成为我在清华选课时的必修选项。

第一堂课，我就迟到了。

当我推开教室门时，我看到前排留着一个空位——贴心的同学们已经替我“安排”好了座位——正对着讲台、直面张帆老师。我还没坐稳就迎来了他意味深长的目光和灵魂三问：

“几点上课？”

“现在几点？”

“为什么会迟到？”

气氛一度有些尴尬，我只能硬着头皮，双手奉上一杯咖啡，“老师，这个请您喝。”

他没有生气，甚至没有继续追问，只是笑着问了一句：“你为什么给我买咖啡？”

“因为……我愿意。”

张帆老师拿起咖啡喝了一口，继续开始讲课，仿佛什么都没发生过。那一刻，我对他的第一印象是有原则，也很包容。

在 MBA 的课堂上，我与张帆老师反复讨论市场的问题。在我 MBA 毕业后创业时，我们会定期见面交流，他常常能一针见血地指出我创业过程中遇到的核心痛点，并且他看待商业问题的视角和营销理念引导我重新审视我的商业模式。

过去，我认为只要产品足够好，客户自然会买单。但在现实世界里，“自认为好”并不够，市场需要的是“被感知的好”。

投资人有自己对投资价值的衡量，并不会仅仅因为你的交易能力强就愿意投资。他们需要一个理由，一个信号，一个让他们安心的故事。市场上的赢家，不是最聪明的人，而是那些契合市场变化的人。

Derek 和 Bronson 是我在华尔街的前同事，他们创立了一家对冲基金，专注复杂的量化交易。尽管策略独特、业绩优秀，却难获投资人的认可。2017 年 1 月底，得知张帆老师正在纽约休假，我立即牵线安排会议，希望能助他们突破困境。地点选在华尔街附近一个业内知名的酒吧。张帆老师用营销管理"吹风机模型"帮助他们系统梳理了"为什么他们认为产品好，但投资人并不认可……"，两个多小时后，平时惜字如金的 Bronson 感叹："这是我这两天参加过的最棒的讨论会！"

"你认为你做的事情是对的，但为什么市场不接受？"

"如果市场没有问题，那就是你有问题。"

这几句话，成了我创业路上的警钟。

在华尔街，交易的核心是定价。谁掌握了定价权，谁就拥有了市场的主动权。但直到我创业后才明白，市场营销本质上也是一种定价权，它决定了你的产品在客户心中的价值，决定了他们愿意为你支付多少，决定了你能否在竞争中活下去。

很多人以为市场营销就是广告、公关、讲故事，其实远远不止这些。市场营销是一种战略，是一整套有关生存的底层逻辑。

张帆老师的课程，就是在帮我们用系统化的方式，把抽象的营销变成具象的战略武器。

记得 2022 年国内市场的剧烈变化导致我的核心投资策略遭遇了前所未有的瓶颈。在我为扭转困局投入全部精力寻找解决方案时，同样能感受到投资人的巨大压力。

在那灰暗的时刻，还好我有张帆老师。

他帮我系统而深入地剖析困境，让我突然意识到问题不可能通过战术层面的调整来解决——“优化策略”对摆脱困境完全无效，需要从根本上重新做“战略定位”。

在试着用张帆老师的营销管理“吹风机模型”调整业务战略后，我竟然开发了全新的策略，不仅发挥了我们自身的优势，还成功切入了权益市场。这一过程正是用张帆老师所倡导的“用市场营销理念打破传统思维模式”这一理念，从战略上进行调整的结果，真有点不破不立的感觉。

这么多年一路走来，我感受最多也是变化最大的地方是，在华尔街时，我只关注交易，现在则会“穿上 CEO 的鞋”来看经营，随时关注资本市场的变化，理解我的投资人的需求，并努力为他们提供适合的金融产品。

这本书，不只是一本讲解市场营销的理论书籍，更是一张完整的商业地图。如果你正在创业，这本书可以帮你审视自己的商业模式，找出“为什么你的产品卖不动？”“为什么市场反应不如预期？”“为什么客户不买账？”的答案；如果你是一名职业经理人，这本书可以帮你理解“经营管理，公司为什么做这些决策？”“市场为什么是这样的？”“你自己在整个体系中的定位是什么？”等问题；如果你正在迷茫，不知道自己该做什么，这本书可以帮你找到属于你的竞争优势。

当你读完这本书时，你对市场的认知将彻底不同，你的商业思维将变得更敏锐，你的生存能力将变得更强大。

这几年，我经历过市场低谷，面对过极端行情，也接受过投资人的撤资和质疑。有的时候，做的一切都是对的，但市场就是不接受，这种挫败感曾让我怀疑自己的选择。但这几年我学到的最重要的一课是：市场不会为你改变，你只能为市场改变。

市场营销，不是表面的包装，而是对认知的塑造。它决定了你在市场中的位置，决定了客户是否理解你的价值，决定了你在商业世界里的生存权。对于正在创业、面临巨大挑战的人来说，这本书就像是一束光，帮你找到方向，理清思路，形成属于自己的竞争优势。

这不仅仅是一本书，更是一次对商业认知的重塑。

当你读完它，你会成为一个更有市场洞察力的人，更能适应变化的人，更懂得如何在商业世界生存的人。

而这，才是市场营销真正的价值。

赵林
管理合伙人
北京林道资产管理有限公司
2025 年 5 月 18 日于北京

作者自序

我眼中的MBA教育

记忆中第一次看到“MBA”这三个字母时，不知道它们具体代表什么。那是三十多年前的事了，当时我刚大学毕业，在一家报纸上看到一篇名为《MBA 大逃亡》的报道后，我才了解到 MBA 是工商管理硕士的英文缩写。报道主要讲述了当时国家为了应对国内市场对外进一步开放的需求，提升国有企业的竞争力和管理水平，选派了一批年轻有为的优秀青年前往美国攻读 MBA。然而，这些满怀热情的留学生回国，在原单位工作一段时间后，发现自己已经难以适应国内公司的工作方式和节奏，纷纷离职。这实际上就是所谓的“反向文化冲击”（Reverse Culture Shock），即长时间在不同文化环境中生活后返回家乡时所经历的文化冲击。当年，留学生回国时多少都会遇到这种情况；现在，在中国生活了一段时间的外国人回到自己国家时也会有类似的迷茫经历。

20 世纪 90 年代，我们国内的大多数企业经营理念和管理水平的确有很大的提升空间。随着改革开放政策的持续推进，越来越多的外国公司，特别是那些世界 500 强企业，通过代表处、合资公司或独资公司等形式在国内开展业务。大量的外资不仅带来了资金和技术，创造了大量就业机会，还引入了先进的经营管理方式，这些都在多个维度上影响和改变着国内的企业。例如，我父亲所在的国企常年在国内外多地进行基础设施建设，最初到达一个地方时都是住在火车车厢或简易房里直接开工。后来，他们会先建好员工自己住的房子，再开始工程建设，这些都体现了国内企业向“以人为本”的理念转变。

最近几年，有人一直在说“外企走下神坛”，我并不认同这种说法，我认为外企只是回归正常状态。经过多年的发展，许多中国公司的经营理念和管理水平都大幅提升，很多方面已经不弱于甚至超过了某些知名外企，比如自主创新能力、快速的市场反应等。我们注意到，近期有几个知名外企开始缩减在中国的经营规模，甚至有个别公司选择完全退出中国市场，这不仅是由于众所周知的地缘政治因素，更是因为中国公司的核心竞争力日益增强，特别是在一些行业中，民营企业的产品领导力和对市场的认知理解都优于老牌外企。这也促使一些著名外企开始重新思考其在中国市场的业务战略——是像以前那样在多个细分市场全面布局，还是专注于自己所擅长的领域，将利润指标放在首位。

如今，大多数中国公司的管理水平已今非昔比。面向大众市场的行业，即使是从事餐饮的小店铺也开始注重品牌建设和店面设计，对有助于品牌推广的移动应用能用尽用。越来越多有能力的中国企业开始进入国际市场，并在多个国家和地区取得了显著成就。我相信这不仅是国家政策鼓励的结果，也是国家积极发展商科教育、培养商业人才的体现。企业之间的竞争归根结底是人才的竞争。即便技术水平相同，资源相近，管理者水平的差异，会使他们在对市场的认知上和业务战略的制定上有很大的不同，业绩表现也会有很大差别。

20 世纪 90 年代，国内每年毕业的 MBA 学生不过数千名而已。二十多年来，MBA 专业的毕业生数量持续增长，各种类型的商科教育蓬勃发展，为中国企业当下和未来的长期发展打下了坚实的基础。

清华大学经济管理学院的讲台，是我职业生涯的顶点，也是我在大学教书的起点。有朋友问我为什么会选择教 MBA，我说能在一群有志向的年轻人的成长过程中做出一点点贡献，对他们工作和专业的认知有一些影响，是一件非常有意义的事情。当年远赴海外求学攻读 MBA 时，我从未想过有一天自己会站在清华经管的讲台上给 MBA 学生上课，而且这一站就是十余年。从 2015 年起，也就是我在西门子（中国）工作的最后四年，我开始在清华经管任教。对我的聘用充分反映了清华经管开放包容的用人理念，愿意邀请拥有丰富实战经验和实际案例的一线从业者与这些 MBA 精英交流碰撞。他们能够将理论知识体系与实际操作紧密结合，通过分享自己在企业中的成功与失败的经历，帮助学生更好地理解商业环境的复杂性和多变性，从而能在未来的职业发展中更加从容地应对各种挑战。这种方式不仅丰富了学生的学习体验，还极大地提升了商科教育的实用性和前瞻性。

清华经管是国内最早提供 MBA 教育的商学院之一，首任院长朱镕基曾说过，“对于清华经管学院，我唯一的希望就是能够跟世界上最好的经管学院比……要比就要有一个条件，就是要重视师资队伍的建设，一定要有第一流的师资，不惜重金到外面去聘请，哪怕只是讲学也要请来。”“我还提出一个问题，就是希望经管学院今后全部改用英语教学。我绝对不是崇洋媚外，因为现在经济在全球化，你不能跟外国人交流，又怎么能融入全球的经济呢？”清华 MBA 是通过了全球两大管理教育顶级认证体系认证的教学项目之一。全球所有高校的 MBA 项目中仅有约 1% 获得了这些认证，且每过几年需要重新认证一次。上一次重新认证时，学院相关负责老师请我作为外聘教师的代表参加评审。评审团成员包括墨尔本大学商学院院长、新加坡国立大学商学院院长和香港理工大学商学院院长。

评审当天，我以为自己只是走个过场，没想到评审一开始就被点名问及是否做研究。我回答说我不做具体的学术研究，但强调：“清华经管请我来教 MBA，是因为我不仅具备系统的知识体系，还来自业务一线，具有丰富的实战经验并掌握了许多实用工具，这些都能够帮助提升 MBA 学生的职业素养。”

我理解 MBA 教育的目标受众是有工作经验的专业人士，他们在实际工作中可能有一些困惑和挑战，或者期望提高自己的管理水平为未来职业发展做准备。因此，每当有人问我是否应该去读 MBA 时，我都会建议他们根据自己的职业发展目标来决定。每个人的职业背景和期望都不一样，不能盲目跟风。关键在于你自己对未来的选择，只要你努力就“一切皆有可能”。

记得在一次公司培训中，一位年轻人提到他已经 27 岁了，在大公司的工作还像是一颗“小螺丝钉”，想知道将来能不能变得和我一样。我当时淡淡地告诉他，我从来没有觉得自己成功，只是一个按自己想法工作和生活的教书匠而已。我说，你 27 岁就在 500 强企业工作了，而我 30 岁时还在酒店打工挣学费和生活费。那个时候一位知名咨询公司的顾问曾告诉我，不要想着将来会有多少钱，而是要把当下该做的事情做好，至于其他的东西，该有的都会有。多年后回想起来，这句话确实很有道理。

找一个自己喜欢又适合的工作并不容易，这需要一些尝试和体验，容许试错但不能过于频繁。人最难的其实是了解自己，职业发展要有长期规划和综合考量，有时也需要耐得住寂寞，静心积累并努力提高。我相信很多人对未来都有美好的希冀，有好想法不难，难的是有执行力。把梦想或想法积极推进并落地实施是不容易的，尤其是碰到挫折和困难时，仍能坚持的人并不多。我现在也常常告诉年轻人，不要在该吃苦的年纪选择安逸。很多道理在 20 岁、40 岁和 60 岁时明白，结果会截然不同。

2018 年秋天，在上海的产品管理课上，西门子医疗的产品经理陈敬华休息时来找我咨询 MBA 教育的事情。了解他的基本情况后，我建议他选择一所合适的学校尽快去读 MBA。没想到两年以后，他从我在朋友圈的分享中得知我也在上海出差，下班后特意穿过整个上海来找我分享他的 MBA 学习经历。我们在酒店大堂畅谈了两个小时，我看到他眼里有光，也感受到他读 MBA 开阔了视野后所带来的那种发自内心的快乐。去年他告诉我，他已经转到销售岗位，成为区域销售经理，并且把学到的东西都用上了。最让我开心的是，在他的孩子到了入学年龄时，他恰好因人才引进获得了北京户口。还是那句话，你只需负责努力，把结果交给上苍。

我对 MBA 教育的理解是，教学内容不仅要包含扎实的理论体系，还要有能让 MBA 学生带回实际工作中应用的实操工具。因此，我的课程一直采用全案例教学的方式。学生们自由分组，选择一个案例进行研讨：这个案例可以是创业项目，也可以是现有公司的产品。选择的案例会贯穿整个教学过程。大家采用所学习的思维理念和工具进行案例讨论，通过“Learning by Doing”（边学边干）的形式完成课程。同时，课后学生还需要针对特定的目标细分市场进行必要的市场调研与分析，基于合理的假设对案例进行可信的数据和信息补充。最终，学生们收获的是在解决经营中的实际问题时的思考方式，以及提出解决方案及付诸实践的能力。课程考核的指标不仅有学校要求的出勤纪律和出勤时间，还包括课堂讨论参与度、案例分析及执行总结报告。

我始终认为，一个 MBA 学生对自己的要求要高于一般职场人士对自己的要求，特别是清华经管的 MBA 学生，要有更高的要求才行。在职业生涯中，我们总会碰到各种各样的意外，有时一个看起来很小的行为，可能就影响了全局的走向。管理也是一种艺术，MBA 学生首先要把自己管理好，才能把业务管理得好。一屋不扫，何以扫天下？我一向对 MBA 的学生有严格的要求，注重出勤纪律及上课发言和讨论的投入度，所以对迟到的学生才会有“灵魂三问”：几点上课？现在几点？为什么会迟到？

有一次上课时，一个学生迟到了。我问他为什么会迟到，他回答：“帆哥，我昨天晚上十一点多才出差回来，今天早上起晚了，所以就迟到了。”我看着他特别淡定地回复道：“我昨天在香港出差，因为受台风影响，回到家时已经是今天凌晨 3:30 了。但我还是 6:30 起床，洗澡吃早餐，开车半个多小时到这里，应该是 8:50 上课，但我 8:30 就到了教室。我这么大岁数，你和我拼这个呢？”然后还白了他一眼。

在这么多年的教学工作中，大部分时间我都是第一个到教室的，有时候也会有几个学生已经在教室了。印象特别深的是 2024 年暑期的中文课，每次进阶梯教室时，都有一个学生已经在看书了。后来才知道，这个学生是天津昂林贸烽高新材料有限公司的总经理于亮，他不仅每次很早就到教室，也从未早退过。上课听讲非常专注，小组讨论时也非常积极活跃。后来我在悉尼休假时，他说上课内容对他工作帮助很大，但在准备小组报告时对教材中的一个箭头有些不明白，给我打电话来澄清其困惑。他们小组的案例选择的是他所在公司的实际业务。我知道这些学生平常工作都非常忙，所以对案例所涉及的细分市场的规模不要求有多大，但一定要特别明确。建议他们选择一个特定的行业和目标细分市场，把工具实际演练一遍，这样才能有机会充分理解和掌握。这个学生这门课最后的成绩是 A，是我印象中这么多年来我在清华经管给学生的第一个 A，往年的最高分是 A-。

耶鲁大学教授爱德华·塔夫特（Edward Tufte）在其著作《PPT 的认知方式》（*The Cognitive Style of PowerPoint*）中阐述了 PPT 这款全球流行的信息呈现软件在信息认知领域的霸权地位。我非常认可 PPT 在商业环境中的重要性，几乎所有公司管理层开会都会使用它。因此，我的课程中的小组报告是以 PPT 形式呈现的，我对报告的 PPT 有严格要求，即内容和逻辑要扎实，而不在于表面的炫酷。我会告诉学生一个好的 PPT 应具备哪些要点，课后阅读材料也以 PPT 形式呈现，希望不仅能帮助学生系统消化内容，还能让他们养成用图表说话的习惯。

尽管我也喜欢使用现代技术，在课堂上我还是偏好全程用粉笔板书，特别享受在清华经管建华楼教室用粉笔书写的感觉。我认为板书不仅仅是通过书写发问让学生回答，调动他们的思维和参与感，更是对学生最好的启发和对课程的梳理过程。我喜欢用各种图示表达理论体系和概念，简单明了。回答学生问题时，我也喜欢在黑板上画圈，通过圈与圈之间的逻辑关系展现问题的内在联系或可能的答案选项。演绎的过程即是思考的过程。

我最喜欢的 MBA 课堂充满热烈的讨论、思想的碰撞，不断有新的见解涌现。虽然我是课程的老师，但我从来不认为站在讲台上的自己所陈述的观点是标准答案或唯一正确的答案。我特别喜欢学生在课上针对工具和案例阐述不同观点和意见，不断在辩论中提高才是 MBA 学习的精髓。案例的讨论结果并不重要，重要的是思考体系和思考过程。无论是课上还是课下，在和学生交流时，我自己说的每一句话我都相信并且会去照着做。上课时，我感觉自己就像一个有经验的厨师，把厨房的锅碗瓢勺等工具逐一展示给带着新鲜食材、对厨艺略知一二的年轻人。通过介绍工具和使用规则，让大家根据自己的原料采用不同的烹饪手段，最终做出远超彼此预期的菜品。同时，他们也将这些工具转化为自己的本领，或许还会对这些工具产生新的理解和更多的实际应用。

我之所以写这本书，是因为我认为市场营销的理念在当今市场已经深入商业运作的核心，但许多人对营销的理解仍然停留在名人代言、广告或电商直播的表面——这些其实只是营销管理在终端市场的表现方式之一。

很多人说："商场如战场。"这句话听上去像一句老话，但它其实道出了一个很实在的道理：今天的市场竞争，真不是谁的“产品好”谁就能赢那么简单。市场在变，对手在动，客户的心思也在变，企业要想活下去、跑得快，光埋头做产品是不够的，还得抬头看局势，动手打硬仗。

在这场战争中，每个企业都在做两件事：一是创造价值，把产品和服务做得更好，真正解决客户的痛点和问题；二是参与竞争，在客户有限的时间、精力和预算里，跟竞争对手抢位置。这就像一场没有硝烟的战争——赢了，收入增长、市场份额、品牌地位都有了；输了，可能黯然退场，连被人记住的机会都没有。

真正的市场破局之道，是把“做好产品”和“打好仗”结合起来。要像带兵打仗一样，有整体观：先看清市场这块“地势”是什么样的（市场洞察和市场细分），再决定往哪儿打（目标客户群体、定位），然后设计打法（业务战略、市场策略），最后一步步执行到位（产品、价格、渠道、沟通）。这个过程，不能靠拍脑袋，也不能只靠情怀，得有一张清晰的“作战图”。

这本《营销战争——价值创造与市场破局之道》，就是想和你一起画你的营销管理作战全景图。我不是要教你一定去“打败”谁，而是希望每一位创业者、管理者，尤其是CEO、营销负责人，都能建立一种“战争思维”——在每一次决策前，先问一句：我们现在打什么仗？对手是谁？主战场在哪？我们的优势怎么发挥？

今天的市场，早已不是比谁“更好”的时代，而是比谁“更适应”的时代。适者生存，不是偶然，而是一整套系统思考和持续行动的结果。这本书，就是想陪你一起，把这场仗，打得更清楚、更扎实、更有胜算。

这是我写作本书的初衷，希望通过知识的力量让更多人受益。营销管理的水平决定了企业的生存状况，这并没有那么困难，只要你真的用心。

2025 年 5 月

于清华大学经济管理学院

导读

《营销战争——价值创造与市场破局之道》这本书的核心理念围绕国际观、整体观、客户视角及财务素养展开，强调了开阔视野、提升认知、掌握工具，以及知行合一的重要性。书中内容丰富，尤其值得关注的是作者介绍的两大体系和五大模型，这两大体系分别是“商业的定义”体系和营销管理“吹风机模型”体系，五大模型则包括行业周期分析模型、市场细分模型、知觉图模型、价格体系模型，以及市场沟通模型。

作者还建议读者在阅读过程中结合实际案例或企业状况进行深入理解和分析，力求将知识、模型、工具与实践紧密结合，从而达到最佳学习效果。这样不仅能深化对理论知识的理解，还能提高解决实际问题的能力。正如作者所言：在我的 MBA 课堂上，我带着一整套厨具和烹饪的方法，学生们带着食材，通过讲解和讨论，每个小组做出味道、风格各异的佳肴，他们大部分都能做出超出期望的精彩的案例。

第一部分　理解商业：全景俯瞰

在商业世界中，唯一不变的是变化本身。面对瞬息万变的市场环境，企业若想立于不败之地，必须回归商业的本质——商业的本质是基于对商业的定义的理解，明确产品服务的主体，探究如何更好地创造价值满足利益诉求，并能持续获得收入和利润。《营销战争——价值创造与市场破局之道》第一部分“理解商业：全景俯瞰”，以深入浅出的方式拆解现代商业的底层逻辑，将复杂的商业体系凝练为清晰的框架。作者凭借 30 余年的跨国企业实战经验，结合经典管理理论，提出商业的定义是“价值链协同体系”，强调客户、供应商、员工、资金与管理流程五大要素的动态协同，并通过客户关系管理、运营管理、供应链管理三大领域构建价值主线。本部分内容以案例为引，理论为骨，实践为魂。作者通过真实商业场景的剖析，揭示企业战略决策的底层逻辑。对于创业者、管理者或营销从业者而言，这一部分的启示在于：作为创业者、企业CEO、CFO、营销高管或其他企业高级管理层，你对商业的定义的理解将直接影响到公司的战略方向和营销决策的制定与落地。

第一章　一张图理解商业：整体观

1. 商业的五大要素：企业的五张牌

作者认为客户、供应商、资金、员工和管理流程五大要素是企业的五张牌。企业要像牌手一样，审视手中牌的强弱，灵活组合以应对挑战。例如，稻盛和夫的管培生街头卖面条的“生存训练”生动诠释了商业的底层逻辑——从需求洞察到成本控制，从市场适应到定价策略，每一个环节都是生存的试炼。作者重点强调，在经营过程中，无论遇到什么问题，都要记得做两个动作——后退一步，站高一点，以全局的眼光看待问题。

2. 商业的三大领域：客户、运营及供应链

实现商业的价值依赖于三大领域的紧密配合：客户关系管理、运营管理及供应链管理。客户关系管理需超越工具思维，构建客户全生命周期价值体系，运营管理的关键在于流程设计和赋能，供应链管理则需从原料到交付进行全链条优化。

3. 商业的两翼：资金与员工

资金与员工如同鸟之双翼，缺一不可。

现金流管理是企业经营中平衡应收、应付与库存周转的关键。员工则是组织的灵魂，需要给予应有的尊重和进行人性化管理。

4. 利润增长方向：开源、节流及供应链协同

利润是企业的生命线，但增长从何而来？作者提出三大引擎：开源、节流及供应链协同。开源不仅需要拓展市场、增强客户黏性、提升忠诚度，更需通过创新开拓新的收入来源；节流则强调精益运营；供应链协同的核心是告别零和博弈，与供应商双赢。作者指出，利润增长不是压榨，而是价值链的共振。唯有通过协同优化，企业才能在成本与价值之间找到平衡。

5. 商业的定义：绘制商业全景图

本节重点阐述商业的定义，也是绘制商业全景图。作者眼里的商业的定义是“价值链协同体系”，通过一张全景图，揭示商业各要素的关联：企业需以客户为中心，通过开源节流及供应链协同持续创造利润。作者认为，商业的全景图，是 CEO 的指南针，也是

执行者的路线图。无论是初创企业还是行业巨头，这张全景图都是一个系统性的思考框架，都可以借此建立一个全局的视角，即整体观。

第二章　价值主张：设计密码

客户为何选择你？作者指出，价值主张需回答三个问题：为谁创造价值？为他们解决什么问题？如何提供独特的解决方案？在 B2B 领域，需关注采购流程中的关键人物及其岗位考核；在 B2C 领域，情绪价值尤其值得关注。产品创新需从技术导向转向需求驱动，作者认为产品创新应该从客户的视角出发，去看客户的使用场景，更好地、前瞻地满足其利益诉求，不是为了创新而创新。

第三章　商业画布：让价值主张落地

如何将价值主张转化为行动？作者指出，商业画布是价值主张的落地，是系统性工具，涵盖价值主张、目标市场、收入来源等九大模块。让价值主张真正落地，就需要进行周密的考量并配备有效的工具，商业画布就是来达成这一目的的系统工具。

在商业画布中，要进一步明确，你的目标客户是谁？他们的诉求又是什么？他们会为什么样的产品价值买单？你如何找到他们并建立关系达成交易？你又如何挣钱？你会与谁合作？你的成本支出又会发生在哪里……

第一部分小结：商业的本质是持续的价值创造体系

《营销战争——价值创造与市场破局之道》第一部分的终极启示在于：商业的胜负手，既在战略的“望远镜”，也在执行的“显微镜”。无论是初创企业还是行业巨头，唯有以客户为中心，协同价值链各环节，方能在市场的不确定中锚定方向。商业不是单打独斗，而是需要多方的协同合作。从五大要素到三大领域，从两翼支撑到价值协同，作者为读者提供了一套完整的商业思维框架——既是对商业的本质的回归，也是对未来的预判。

第二部分　营销管理“吹风机模型”：操作逻辑

在商业世界中，营销不仅是企业创造客户的核心手段，更是连接市场需求与企业战略的桥梁。《营销战争——价值创造与市场破局之道》第二部分以营销管理“吹风机模型”为核心，系统阐述了如何通过动态、闭环的营销框架应对复杂多变的市场环境。这一模型由作者提出，并在近二十年的教学与企业实践中不断验证，成为一套兼具理论深度与实操价值的工具。营销管理“吹风机模型”是一个逻辑环环相扣的动态展示过程，形似吹风机的工作流程。其核心思想是：从市场洞察出发，进行系统分析、战略制定，通过执行落地回归市场，最终形成闭环，并在动态循环中持续优化。模型包含六大核心模块：市场洞察→ SWOT 分析→定位→业务战略→市场策略→营销组合，每个模块既有独立的功能，又需要紧密衔接，共同构建起完整的营销管理体系。

第四章　营销管理“吹风机模型”应用：工作坊

本部分内容通过大量真实案例与作者的实战经验，深入浅出地解析了如何将理论工具应用于不同行业场景。无论是 B2B 企业还是 B2C 企业，无论是初创公司还是成熟巨头，均可基于营销管理“吹风机模型”制定出适配的营销解决方案。

第五章　市场洞察：看看外面的世界

市场洞察是营销管理的基石，要求企业不仅关注当下数据，更需预见市场发展趋势。法规政策直接影响市场准入与商业模式；行业生命周期从导入期到衰退期，企业需要通过市场调研摸清市场状况，并根据所处市场阶段制定和调整策略；作者认为“四象限模型”（多功能 / 基本功能、高价格 / 低价格）强调各细分群体的利益诉求，有针对性地进行产品价值主张设计。

第六章　SWOT 分析：我们是谁

SWOT 分析需从客户视角出发，与竞争对手对标，更客观地审视自己，做到知己知彼。内部因素（优势与劣势）方面，优势需转化为客户价值，劣势需直面短板。外部因素（机会与威胁）中，机会源于趋势，威胁需未雨绸缪。在动态视角下，机会与威胁可相互转化，比如客户忠诚度低既是威胁，亦可视为市场机会。

第七章　定位：我们要去哪里

定位需从企业在产业链中扮演的角色出发，明确市场地位，并通过相应的产品来实现。企业需明确自身在价值链中的角色，市场定位分为领导者、挑战者、跟随者。通过“产品知觉图”多维度分析客户需求及优先级排序，通过差异化进行产品定位。

第八章　业务战略：我们如何实现

SWOT 分析让企业知道“我们是谁”，定位环节确定的是“我们要去哪里”，而业务战略所要达成的则是回答“我们如何实现”。战略是选择的艺术，需平衡长期愿景与短期落地，战略分解是将企业目标转化为各部门可执行的计划并协同合作。

第九章　市场策略：三个选择

市场战略决定了企业在所处行业和市场的整体及长期格局和目标，而市场策略则是明确市场战略在营销管理中的执行和落地，回答“是什么”“为什么”“做什么”和“怎么做”的问题。市场策略需围绕产品领导力、客户关系、运营优化三大维度展开。技术领先与持续创新是产品领导力的重要体现；在客户关系上，深度服务与终身价值至关重要；高效运营则涉及成本控制与流程优化。

第十章　营销组合：落地呈现

营销组合 4P 是营销管理在市场上的具体呈现方式，也是营销管理在客户端落地的重要工具。4P（产品、价格、渠道、沟通）需动态协同，而非孤立执行。营销组合的目的是确保合适的产品，以合适的价格，在合适的地点，提供给合适的目标客户群体。

第十一章　营销绩效：用数据说话

一个好的营销管理离不开客观、合理的营销绩效评价。营销绩效评价是动态校准企业战略的核心工具，需平衡短期收益与长期价值。财务指标包括销售收入与市场份额，二者需动态平衡，应收账款与库存周转反映企业运营效率，销货成本与费用控制通过行业对比优化成本结构等。

第十二章　营销管理“吹风机模型”案例：知行合一

作者在 MBA 教学与诸多企业的工作坊中，强调“知行合一”是贯穿始终的核心理念。从商业的定义、市场洞察到营销管理“吹风机模型”，通过模块化拆解帮助学生建立完整的认知体系，并能够制定从市场洞察到战略落地的营销管理方案设计。

第二部分小结：一套工具，一种思维体系

《营销战争——价值创造与市场破局之道》第二部分以营销管理“吹风机模型”构建了一套完整的且实用的营销管理体系。它不仅是 MBA 实践课程的知识体系，更是企业在所处行业生命周期的营销管理手册。作者通过本章传递的核心思想是：无论科技如何进步，营销的本质始终是在一个市场环境中，充分理解目标细分群体诉求，并通过有竞争力的产品更好地满足这些利益诉求，同时还能获取相应的收益。

第三部分　AI 时代的营销：业务赋能

随着 AI（人工智能）技术的发展，世界正步入一个全新的时代，为全球商业领域带来了多方面的变革和机遇。第三部分探讨了 AI 在现代营销中的应用及其带来的深远影响。从市场洞察到供应链管理，再到个性化定价策略和客户满意度分析，AI 正在重塑企业与客户的互动模式。本部分不仅强调了 AI 技术的实际应用价值，还讨论了如何有效实施 AI 战略以实现业务增长。

第十三章　AI 应用：赋能营销管理“吹风机模型”

通过语音识别、实时翻译以及创建本地化的虚拟客服形象，AI 极大地提高了沟通效率和服务质量，促进了订单的增长和市场的扩展。AI 驱动的技术不仅能解决语言障碍问题，还能显著降低成本并提高客户满意度，成为企业参与国际贸易的重要工具。

第十四章　AI 实施：价值导向

最后一章强调了企业在实施 AI 战略时应遵循的原则——即始

终以创造实际业务价值为导向。企业需识别那些能带来最大价值的应用场景，并基于最终的价值产出做出决策。同时，企业也应注意简单有效的解决方案同样重要，并非所有情况都需要高度复杂的 AI 系统。通过科学规划和执行，企业可以充分利用 AI 的优势，实现业务优化和创新，获得可持续的竞争优势。

第三部分小结：拥抱 AI

第三部分全面阐述了 AI 技术如何在营销领域发挥重要作用，无论是改善内部流程、开发新市场还是增强客户体验，AI 都为企业的营销管理提供了更多选择。

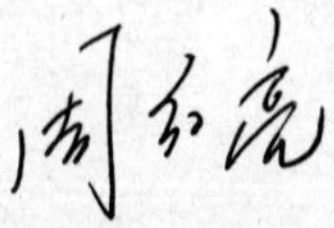

2025 年 5 月 18 日

每天，这个世界上都有成千上万的公司被创立，也有成千上万的公司黯然离场，无论起点高低。在不同的商业时代，都是铁打的市场、流水的公司——市场就像是那位永恒不变的导演，而公司则是不断更迭的演员。

创立公司的目的是什么?

也许很多人会说是想赚钱。当然，也有人会说是为了像史蒂夫·保罗·乔布斯（Steven Paul Jobs）一样去改变世界。在当前市场经济体制下，大多数公司的动机依然是持续创造更多的财富，努力做到股东权益回报最大化，同时能承担更多的社会责任。

在这个一直动态变化的市场舞台上，我们如何才能做到游刃有余，使自己的角色更加稳固呢?

或许答案在于：拓宽视野，深化认知，掌握工具，并将这些要素融为一体，知行合一。这不仅是我们的追求，也是引领我们在商业世界中前行的基本原则。

第一部分

理解商业：全景俯瞰

每个国家，每个企业，每个人，只有更好地理解全球商业环境的变化和市场经济的游戏规则，更具有创新精神和创新能力，才能在激烈的竞争中生存和发展。

——张维迎，《认识商业》序“看不见的手，看得见的企业家”

第一章
一张图理解商业：整体观

供求分离之后，供应者和需求者必须变成一个整体，必须依靠供应者和需求者之间的有效连接，来构建持续交易的基础。

——包政，《互联网的本质》

多年来，在商业领域，我们看到层出不穷的优秀管理者，在不同行业、不同领域持续获得成功，从所带领的公司在业界的高度，到其个人的职业发展，都十分引人注目。

但是，我们也能看到很多从基层岗位开始，摸爬滚打一路走到高位的管理者，在跨行业、跨领域后却很难继续有高光表现，甚至出现令人难以理解的决策。我认为其中最重要的原因就在于过于依赖自己以往的经验，将当时借助于行业红利等带来的机会而达到的成就看成是个人的能力所致，既缺乏总结提炼，又对商业的本质缺乏深度的洞察和理解。在市场经营中，企业商业版图如何构建，进攻哪一个领域，营收是否能达到预期，产品有没有竞争力等问题，虽然貌似都是营销管理应该解答的，但这些问题的本质其实是在定义商业，即你的目标客户是谁，收入来源有哪些，靠什么盈利，为了达成这些目标你需要进行哪些系统化的思考，需要搭建什么样的价值协同体系等。

十几年前曾与一个大型上市公司合作高管能力提升项目，本项目旨在提升公司及下属企业高管的市场营销管理能力。在调研中，我问公司的 COO（首席运营官）："是要谈业务，还是要'洗脑子'？"

对方回答："我要'洗脑子'，帮助大家系统梳理一下营销管理体系。"因此，在三天的集中学习中，有两天半采用了工作坊的形式，让大家自由选择一个业务案例，行业市场或大众市场均可，就是不能涉及现在公司所在的行业。最后半天才是针对自己业务中遇到的挑战和困难的问答环节。

我其实就是想让大家先离开自己的舒适区，抛开头脑中已有的条条框框，在面对完全陌生或不熟悉的行业时，看看大家是否还拥有系统化的思维——通俗一点说，做事情是否有套路。

第一天开始上课时，一位穿着正装的某公司海外事业部总经理站起来说："我是知名商学院的MBA毕业生，每年在海外有几十亿元的单子，我为什么要听你的课？"我能明显地感受到他是带有一些个人情绪的，但还是非常客气地说："我相信领导让你来听课自有他的道理，如果你觉得这门课不适合你，你现在可以离开，我不挽留。"他选择留下来继续听课。

在最后半天的问答环节时，他站起来很客气地当众问了很多问题，其中有一个问题让我印象特别深刻。他说每年的销售收入不确定，总有一种"吃了上顿没下顿"的感觉。我追问他单子从哪里来，他说都是上级公司给的。我对他说："你在开玩笑吧，作为一个总经理，你应该对所负责的市场有自己的判断，不能总是等着母公司给你分配销售收入。比如，如果要进入印度尼西亚市场，你首先应该对这个国家相关的产业政策有所了解，特别是政府对未来产业发展的方向以及对海外公司参与投资及竞标的要求，还有这个国家能源的结构，风电、火电、水电以及新能源的占比，你的目标细分市场需求潜力及增长潜力，等等，这些信息你都应该做到心中有数才行。"我其实想表达的是，这些要素在任何市场中都会存在，只是因为产品不同、细分市场不同，管理者在业务经营中考虑的重点会有差异而已。

还有一位来自二级公司较为年长的董事长的发言让我很感动，他在结束时和大家分享说，来之前他们正在做公司的战略规划，现在上完课才知道那个战略规划需要提高和改善的地方太多了。这位董事长的发言，让我看到的是一位企业高级管理者的谦逊和好学，以及对全新理念秉持的开放心态。

01　五大关键要素：企业的五张牌

每个企业都是一个封闭的集成系统，内部各个组成部分性能独特却又相互关联。优秀的管理者既洞悉每个部分如何独立运行，也熟知各部分之间如何相互协作。

——苏世民（Stephen A. Schwarzman），

《苏世民：我的经验与教训》

记得当年从 MBA 毕业后加入西门子移动通信时，我的直接上司是一位德国博士，Dr. Ralf Haas，人称“Mr. Perfect”。他做事极为挑剔，行事风格颇为强势。如果他询问我是否可以去做一件明显不合理的事情，比如去“撞南墙”，我一定会从我的角度晓之以理、动之以情地劝说他，让他明白这样做是行不通的。

但如果他已经做出了决定，这时候再阻拦他，即便我可能是全公司对他最好的人，这一刻他也只会怪我不支持他。既然对方已经下了决心，我们应该做的是确认他是否真的要这么行动。如果答案是肯定的，那么就应该支持他的决定，从背后推他一把——如同“不撞南墙不回头”一样，早撞早知道结果。这也是展现执行力的表现。

实际上，我想表达的是，员工与领导之间的区别，其实和课堂上学生和老师的区别一样，就是坐着和站着的差异。坐下来，你看到的可能是眼前的障碍；而站起来，就能看到障碍后面隐藏的机会。这堵“南墙”不撞，我们可能就无法得到那面墙背后的“金银珠宝”。

三十多年的职场经历，我悟出一个道理：在经营过程中，无论遇到什么问题，都要记得做两个动作——退后一步，站高一点，以全局的眼光看待问题。这样不仅能避免不必要的冲突，还能找到解决问题的新思路。

张帆观点：

无论遇到什么问题，都要记得做两个动作——后退一步，站高一点，以全局的眼光看待问题。

作为创业者、CEO、CFO、营销高管或其他中高层管理者，你对商业的理解将直接影响到公司的战略方向和营销策略。

深入理解商业的本质，不仅能够帮助我们明确企业的目标与愿景，还能指导我们更有效地进行营销管理。

这正是在我们正式探讨营销管理之前，要先分析商业的定义的原因所在。

让我们先看三个案例。

第一个案例是稻盛和夫（Kazuo Inamori）让管培生售卖煮面条的实习建议。

稻盛和夫曾提出，为了让未来的经营者更好地理解商业，最好的实习方式之一是让他们去街头卖面条。他建议，给予每位管培生5万日元启动资金，提供一辆面条车，让他们在一个月的时间内，每晚都在京都的某个地方卖煮面条。

在这个过程中，他们会遇到进货、制作汤料、选购配料等挑战。比如，面条可以从制面厂购买，也可以选超市的生面或干面；汤料的好坏直接影响口感；配料的选择和来源也多种多样，在操作中可以通过不同的方式来降低成本。定价也是一个关键，价格太低虽然能吸引更多客户，但可能导致利润微薄。

通过这样的实践，管培生不仅学会了如何控制成本、提高效率，还学会了如何根据市场需求调整策略。即使每天的差异看似微小，长期积累下来结果也会大相径庭。有的人因此积累了宝贵的经营经验，甚至发展成连锁店铺；当然，也有的人停滞不前。

第二个案例是英特尔前 CEO 安迪·格鲁夫（Andy Grove）在其著作《格鲁夫给经理人的第一课》（*High Output Management*）中描述的理想制造流程与销售流程。

制造流程是从原材料获取开始的，经过不同的生产阶段，最后将成品送至仓库。与此同时，业务人员开始寻找潜在客户，与其接洽，最终客户下达订单。

理想的情况是，客户下单的同时，产品已完成生产并到达出货点。

第三个案例是宜家家居如何有效启动运营第一家大型门店。

瑞典宜家家居创始人英格瓦·坎普拉德（Ingvar Kamprad）在创建第一家 47000 平方米的大型店面时面临巨大挑战。为管理众多商品并使其中至少 20% 的商品保持热销，他组建了四个功能性团队：

采购团队根据销售数据和市场预测调整库存，储运团队负责高效物流，促销团队设计场景感极强的展示区并制作销售指南。为了统筹这三个团队，英格瓦成立了商品目录设计团队，负责设计商品目录并管理运营，确保能高效的运转。

通过这种模式，宜家成功运营和管理了第一家大型门店。

从上述三个案例中，我们可以初步了解商业的构成要素。

企业在创立之初，要启动一项新业务，或是分析一家公司及其业务时，需要明确五大关键要素（见图 1.1）：客户、供应商、资金、员工和管理流程。这些要素相互关联，共同支撑着企业业务的运营与发展。

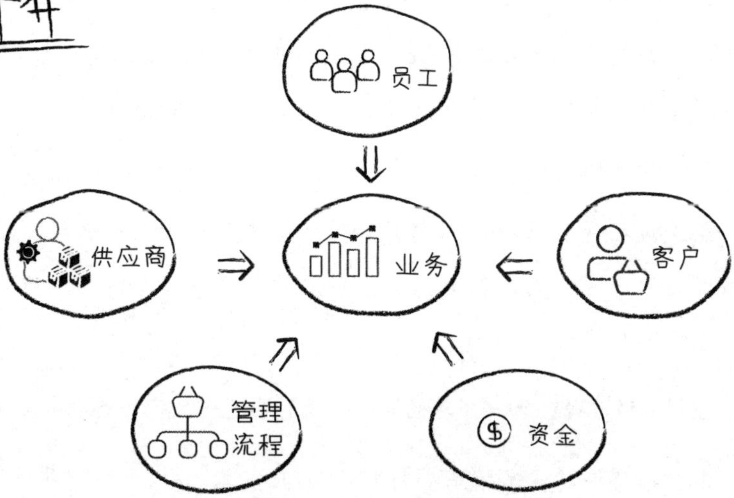

图 1.1　支撑企业业务的五大关键要素

商场如战场，企业家们常常借鉴军事智慧来指导商业决策。在中国，许多企业家将《孙子兵法》等经典著作中的战略思想应用于企业布局、业务拓展和危机处理。然而，以固定不变的“术”应对市场中瞬息万变的“势”，并非长久之计。尽管兵法能提供宝贵的策略启示，但现代商业环境复杂多变，要求企业具备更高的灵活性与适应性。

我有一个学生，工作认真勤奋，但内心一直有着一个开面包房的创业梦想。好在他是一个虚心的“创业小白”，专门为这个项目来找我咨询，我马上就想到了郭丹——我多年前在南开大学商学院教过的 MBA 学生，曾经是星巴克（中国）的高管，后来入职天津祥禾饽饽铺独当一面。他曾邀请我去天津看这个品牌的发展历程，在门店选址、经营及营销等方面经验丰富。我介绍他们认识并沟通后，“创业小白”便去门店实地考察。他发现祥禾饽饽铺的一家门店灯光昏暗，乍一看，像是闭店或者暂时休息的状态。他开始以为这可能是这家店出于对节能要求才调暗了灯光，为确保调研采样的严谨性，他又先后走访了天津的另外三家门店，结果发现这些门店都存在同样的问题，便反馈给了郭丹。再去门店时，发现店内灯光已经变得明亮且舒适柔和，让购买过程充满温馨与惬意。这说明只有管理层真正关注客户反馈，并及时调整改进，企业才能具备更大的灵活性和适应性去面对挑战。

除此之外，真正的挑战在于如何在保持内部管理创新的同时，敏锐捕捉外部趋势，借势而行。比如在“十四五”规划的指导下，顺应消费升级的趋势，抓住市场增量的机会。此外，企业家还需构建赋能型组织和高效管理结构，以提升团队的自主性和响应速度。最终，企业家手中的牌——即其资源和策略的选择——决定了能否在不确定性中找到光亮，引领企业在不断变化的竞争格局中获得优势。

> **张帆观点：**
>
> 在商业要素中，客户、供应商、资金、员工、管理流程，你最有把握的是哪一个？为什么？我想提醒的是，你最擅长、最有把握的要素未必就是最能够帮助你获得商业成功的要素。

在商场上，你手里有几张牌可以打呢？

在我看来，这些要素就是你手中的牌，看看哪张牌强？哪张牌弱？这几张牌应该如何组合？

1. 第一要素：客户

一家企业把握住了目标客户群体的真实需求，便可谓掌握了企业经营的密码。企业只有深入理解自己的目标细分群体，才能够有的放矢地开展后续的营销管理。

2. 第二要素：供应商

供应商是指为企业顺利开展业务提供各种支持或资源的商业群体。根据不同的业务模式和需求，在不同行业的供应商因为掌握的资源不同而对业务的话语权也有所不同。

3. 第三要素：资金

对企业而言，有充足的启动资金是开展业务不可或缺的要素。保持正向的现金流对于企业的持续运营至关重要，它确保了企业能够按时支付员工薪酬、供应商账单和其他运营成本。良好的营运资本管理可以提高企业资金的使用效率和流动性，保证日常运作顺利进行，并减少不必要的对外部融资的需求。

4. 第四要素：员工

在企业管理中，讲求天时、地利、人和。其中，员工不仅是企业的价值创造者和战略执行者，也是实现企业使命和发展愿景的推动者。

5. 第五要素：管理流程

企业运作过程中，针对某一具体的业务进行管理时，如果要保证员工顺利执行并完成商业经营任务，自始至终都需要有明确的工作关系和管理流程。

在五大关键要素中，客户、供应商、资金、员工、管理流程，你最有把握的是哪一个？为什么？我想提醒的是，你最擅长、最有把握的要素，未必就是最能够帮助你获得商业成功的要素。

读后思考

某上市公司在汽车零部件行业的细分市场占有率超过 30%。近几年净利润维持在 5000 万元左右，2023 年营收 6 亿元。

老板考虑：看了不少同行业公司，估值较合理，有意向并购。老板又想涉足一些新兴的行业。

这个公司该如何增长？有哪些牌可以打？

02 三大领域：客户关系管理、运营管理及供应链管理

我们虽然兼并了通用家电，但我们并不是领导，也不是上级，我们只不过是你们的股东。我们所有人的领导和上级只有一个，那就是用户。在如今的物联网时代，我们必须与用户不断地进行交互，因为用户需要的是体验，而不是单纯的产品。

——张瑞敏，《永恒的活火》

前两年，有一家在某一工业制造细分领域曾经是技术领导者的德国公司找我。这家公司在国内的销售收入一直呈下降趋势，不论是产品种类还是产品的技术性能，在国内外市场都被曾经一直跟随的中国公司远远超越。他们期望我能来帮助主持一个战略研讨会，线上参加人员是德国总部董事会的八位成员，线下是中国公司的八位主管。我和联系我的 HR 说，我要和主管业务的人见面沟通后再做决定。

记得那天，我和该公司的总经理、副总经理及 HR 总监一起开了两个小时的会，总经理侃侃而谈，提了很多具体的要求。最关键

的是，他所说的市场营销和我的认知完全不一样，既关注竞争对手，又不做竞争分析，只是要看竞争对手的企业文化、办公室氛围等。坦率地说，我真被搞糊涂了。我说，如果你所有的关注里没有客户的利益诉求，那就是在闭门造车，这个战略研讨会也没有意义。副总经理说："张老师，我们再给您一些信息，您看看再做决定如何？"我当时就拒绝了。一年以后，这位总经理被迫离职了。

如果一个 CEO 既缺乏商业敏感度，又没有战略视野，还喜欢搞一些虚头巴脑的场面事儿，这一结果就是可以预见到的。

很多年前，当时的西门子全球 CEO 彼得·罗旭德（Peter Loescher）来中国访问，在西门子（中国）的会议大厅举办了 Town Hall Meeting，即员工大会。在问答环节，离我不远的一位产品经理讲述了自己所遇到的各种挑战，希望 CEO 能给一些建议和支持。在行业市场中，西门子业务领域多元化，也有着非常丰富的产品线和解决方案，在技术领先和创新方面尤为突出。我相信这位 CEO 未必知道公司有这款产品，但他的回答还是非常全面和得体，这就是格局和视野的不同。

在实际工作中，我们如何面对各种挑战，看待问题的视角选择本身就是核心竞争力。成功的经营管理需要在"仰望星空"与"脚踏实地"间找到平衡。在决策中，你是看大还是看小，看远还是看近，是站着还是坐着，不同的选择对经营结果的走向都会有不同的影响。

在我眼里，一个优秀的 CEO 不仅要能登高望远，有视野、有格局，还要能将这些落实到企业的经营中，即客户关系管理、运营管理和供应链管理，这三大领域共同构成的商业价值的核心主线。

一、客户关系管理

我眼里的客户关系管理（Customer Relationship Management，CRM），不是一个只会维护客户关系的复杂的软件系统，而是一种通过策略、技术和数据的整合，系统性优化客户生命周期价值的、体系化思考的商业方法。

客户关系管理包括分析与决策、营销管理、销售管理、客户服务与支持等几个方面，即通过对市场营销、销售、服务与技术支持等众多与客户紧密相关的领域进行管理，不断地保持并增加客户总额。

客户关系管理的最终目标是吸引新客户、维护老客户，同时增强客户的黏性和忠诚度，保证企业有稳定可持续的销售收入，以及保持企业在相关市场的品牌影响力。

围绕客户需求思考的问题包括以下四点。

（1）客户群的规模及其潜在市场购买力如何？我们如何衡量出未来发展趋势是上升还是下降？

（2）客户对产品或服务有哪些核心诉求？影响其购买行为的决策因素有哪些？

（3）客户群体带来的收入和利润是否可持续？通过何种营销手段可以触达客户，并获得他们的关注，从而实现成交？

（4）客户更在意的是产品功能，还是产品设计或品牌，甚至情绪价值？

所谓的“产品好却卖得不好，产品不好却卖得很好”的市场现象，不仅仅是销售问题，也是产品定义与目标细分市场需求之间的不匹配。

> **张帆观点：**
>
> 从客户角度出发考虑需求，才是真正的以客户为导向。

有人会说我有很棒的技术，但其实这远远不够。首先，所谓的“很棒”是指这项技术是否符合行业的发展趋势，以及能否从客户的视角真正解决目标群体的痛点并满足其利益诉求。

有些公司只注重技术研发上的投入，认为自己的技术比竞争对手领先很多，但这其实是不够的。技术投入还要与行业发展方向一致，并能很好地满足客户的期望。只有符合客户需求的“好”，才是市场意义上真正的好。只有真正从客户角度出发考虑问题，才能让产品既叫好又叫座。

二、运营管理

我很认同 IBM 前 CEO 路易斯·郭士纳（Louis Gerstner）关于流程的观点。他认为，伟大公司固然是不可能仅仅建立在流程基础上的，如果你的公司所拥有的是一个过时的、断断续续的和行动迟缓的流程——特别是那些你所在行业中引导你走向成功的关键性流程也具有这些特点，那么你必将会成为一个失败者。

我知道令有些 CEO 非常头疼的一件事是，任务安排下去后，结果却不尽如人意，业务也因此受到负面影响，很多关键安排到最后竟然不了了之。

多年前从事业务工作时，我曾参与公司的多个和外部知名咨询公司合作的重要项目。在具体的执行中，让我印象最深的就是在与区域负责人沟通 CEO 对项目的想法时，通常会遇到很多的阻力。当时我对此不太理解，现在我明白这些阻力不仅是因为相互之间的视角不同，更是由彼此对业务的理解不同所致的。

问题究竟出在哪里呢？

答案是出在运营管理上。

企业运作过程中，管理某一具体的业务时，如果要保证员工顺利执行并完成商业经营任务，自始至终都需要有明确的工作关系和运营管理。

运营管理的内容主要包括以下三点。

（1）一项管理工作从开始到最后完成的全部过程顺序；

（2）岗位责任及各岗位之间的相互关系；

（3）信息传递和反馈的路线、方法及手段等。

员工的工作行为准则也依赖于运营管理来确定，无论是工作实施过程中的内部分工、部门协调，还是授权管理等方面都可以依照规定进行。这里我特别想强调的一点是，绝对不能忽视企业内部，特别是上下级和协同部门之间的信息流通的重要性。良好的沟通机制非常重要。企业的信息就像人体内的血液，承担着循环流动将各个器官串联起来，完成新陈代谢，维持机体内环境稳定和机体健康等重任。

在准备本书有关流程的内容时，我翻阅了由扬·冯·布罗克（Jan vom Brocke）和扬·门德林（Jan Mendling）编著的《业务流程管理案例集》（*Business Process Management Cases：Digital innovation and Business Transformation in Practice*）。我看到其中一个案例是关于“西门子流程参考库”的内容，感到非常亲切。

西门子是一家拥有170多年历史的跨国企业，我有幸在其多个岗位上工作了近20年，得以接触大部分的业务单位和合资工厂。在我看来，西门子实际上是一家以流程为导向的企业，在各个层级进行经营活动时，都是依靠相应的流程来进行约束和管理的。给我留下最深刻印象的是流程参考库（Reference Process House，见图1-2），我认为这是西门子最重要的、提纲挈领式的指导文件之一，指导着全球数千家公司的经营管理。

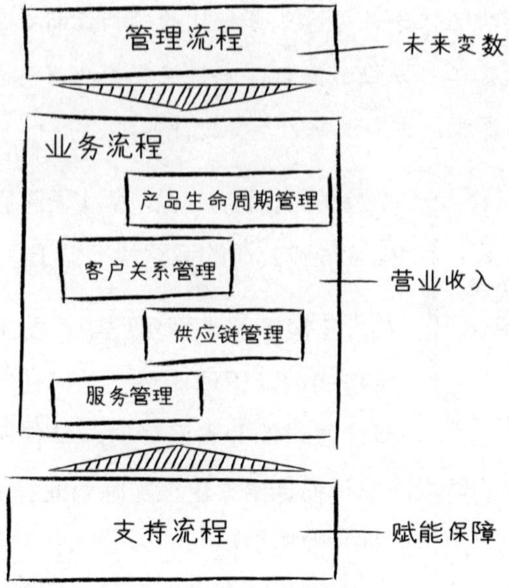

图1-2 流程参考库

管理流程模块主要负责预测未来的全球发展趋势，例如人口老龄化、资源潜在短缺等。结合西门子自身的核心竞争力，该模块会给出方向性的建议。

业务流程模块分为四个子模块：客户关系管理、产品生命周期管理、供应链管理和服务管理。这一模块的任务是根据发展趋势和技术迭代更新，研发相应的产品提供给目标客户群体，同时确保通过供应链管理来保证这些活动的有效完成。因为行业市场的特点，西门子还通过服务管理将数字化技术、深厚的行业知识和以客户为中心的理念深度融合，从保障设备可靠运行，发展到驱动效率提升、促进数字化转型，最终目标是最大化客户资产的全生命周期价值，并建立长期互信的合作伙伴关系。这不仅是公司重要的收入来源，更是其区别于竞争对手的关键差异化优势，是其在工业领域保持领先地位的核心战略之一。

支持流程模块的任务是保障业务模块的顺畅运行。例如，当公司在某个地区新建工厂或办公室时，支持流程模块将负责推动这一过程，包括人力资源、共享服务等各类支持部门。

> **张帆观点：**
>
> 流程是把双刃剑，在规范管理、规避风险和运营效率上要兼顾平衡。

然而，过于冗长或过于滞后的管理流程会导致公司的运营效率低下。

在很多超大型企业中，员工必须遵守严格的运营管理流程，尤其在处理具有创新性要求的业务问题时，往往更看重是否遵守了相关流程的要求而非具体结果，这在实际商业竞争中是十分不利的，可谓是“成也流程，败也流程”。

多年前，一家大型企业在一个本应获得大量订单的市场增长期，业务表现却异常低迷，竟然连续3个月没有接到任何订单。探究其背后真实原因，居然是公司参与投标时需要准备200元现金购买标书，而申请这一费用要先通过公司新增的合规审批流程。合规官对业务缺乏了解，流程的审批时间长达两周，严重影响了投标的及时性，直接导致业务停滞。

期间，公司销售部门多次向上级反馈并提出改进意见，直到意识到这一问题已经严重影响了业务时，上级领导才做了修改审批流程的决定。修改后的流程使得员工在申请提出的一个工作日内即可获得所需资金。

运营管理的有效性会体现在经营效率的各个方面，包括但不限于：

（1）研发；

（2）产品生命周期；

（3）精益生产；

（4）销售收入；

（5）销售及管理费用；

（6）应收和应付账款的账期；

（7）库存的周转；

（8）现金；

（9）物流等。

如何具体衡量运营管理的结果呢？主要通过三大财务报表来呈现，即资产负债表、损益表和现金流量表。

资产负债表：反映企业在某一特定时间点的经营规模、债务结构和基本的资产状况。

损益表：展示某一个财务周期内企业的盈利能力。

现金流量表：显示企业在某一财务周期内的现金流和现金变化状况。

张帆观点：

企业经营的三大财务报表中的每一个数都是会说话的。

每一家公司都有自己的三大财务报表，这三大报表不是冷冰冰的数字，而是反映了企业在相应的财务周期中经营能力的方方面面。所谓的财务周期，就是企业根据外部要求或内部需要对经营数据汇总准备财报的时间，也可以是会计期间（Accounting Period 或 Fiscal Period）。根据连续经营假设，将连续的经营过程划分为适当的时间段落，在每一段落结束时做一次结算，此种时间段落作为计算损益的时间单位，称为会计期间。例如，一个月、一个季度、一个年度。比如按照证券交易所的要求，上市公司每年至少准备四次财报，即第一季度报、半年报、第三季度报和年报。各企业也可根据自己的实际情况来整理汇总数据形成报表，通常很多有规模的企业是按月来准备的，以便管理层根据数据变化做及时调整。

资产负债表的总资产反映的是企业的资产规模，资产规模不能等同于经营规模，还包含了企业进行的和自己主业经营无关的外部投资，比如购买政府国债、作为大小股东入股某公司但不参与实际经营等。资产负债表中，和实际经营相关最多的流动资产通常是现金、应收账款、应付账款、库存等，以及相关的固定资产。我们可以通过这些科目与经营规模的占比变化，来考量实际的经营情况。比如，当我们要看应收账款和库存占比是否过高时，不仅要和自己的历史数据作比较——看占比变化，看自己的平均水平——还要和行业内对标的竞争者比较。虽然行业和行业不一样，但总体来说过高的库存占比和应收账款占比反映的是产品在市场上的核心竞争力不强。

损益表反映的是盈利能力，包含销售收入和主要的经营成本，比如销货成本、研发成本、销售及管理费用、折旧和分摊等，还有一些税费和财务成本。对于损益表，我认为不仅仅要看成本控制情况，还要看经营效率情况。通过比较各个成本与销售收入的占比，来看改进的空间。同时，还要看销售收入中应收账款的占比，一定要抓应收账款的回款。超过账期的应收账款，时间越长，风险就越大。一笔应收账款没有收到回款成为坏账，就可能让企业从账面盈利转为实际亏损。

西门子移动通信业务集团曾经是西门子全球的业务明星，最后被德国总部决定出售的主要原因之一就是 EBIT 不高，即息税前利润不高，这也是经营利润。这一财务指标没有达到管理层对利润率的要求，不仅远低于当时的爱立信和诺基亚，也低于北电等。其中很大一部分原因就是损益表中的销售及管理费用占销售收入的比例过高，同竞争对手相比不合理。

现金流量表直观上来说是企业实际的现金流入和流出，它不仅是财务健康的“晴雨表”，更是企业战略执行力的体现。企业现金流管理需在安全、效率和增长之间找到动态平衡，理想状态是保持流动性安全的同时避免资金闲置，通过精准预测与调度实现“现金需求与供给的动态平衡”。这种能力既取决于现金流管理水平（如应收应付账期优化），也受商业模式本质影响——强势品牌往往拥有更优的现金周转结构（如预收款、低存货），而产品竞争力弱的企业易陷入现金流被动。此外，经济周期与行业特性也需纳入考量，例如，科技公司需储备现金应对研发投入，而零售企业需维持现金的高周转率。

三个报表相互补充，从多个层面反映企业的财务和经营状况。

不能将它们拆开单独来看，需要结合在一起分析，同时还要看具体的关联交易。专业的财务人员要按照会计准则把报表做平、做好，报告结果不仅要经得起企业的内部审计、满足业绩考核的要求，还要经得起政府工商税务的核查以及外部社会审计。企业中非财务岗位的管理者，则要通过报表来判断业务表现并做出决策。报表上的每一个数都是会说话的，也都有自己的故事。所以能看、会看财务报告是企业管理人员的一个必备能力。

我做培训时服务过一家制造业公司，其员工餐厅的服务是由第三方提供的。A 公司的食材新鲜、餐饮花样多、服务好、报价低；B 公司食材能满足基本要求，餐饮花样一成不变，服务一般，报价还高。但最后中标的是 B 公司，原因是 A 公司要求费用月结，B 公司则接受年结。表面上看是这家制造业公司的现金流不够好，实则是公司自身在市场的核心竞争力不够，导致现金流吃紧，所以只能选择 B 公司。

这家公司的现金管理的确有很多问题，有时候连员工的出差报销都没有能力支付。在这种情况下，公司负责应收账款回款的员工如此需要管理层支持，却在开会时见不到公司 CFO。其实，我觉得应该倒过来，由 CFO 一直督促这位负责回款的员工才对。

三、供应链管理

在钢铁行业中，有三大铁矿石供应商，即巴西淡水河谷公司（Vale）、澳大利亚必和必拓公司（BHP Billiton）和英国力拓集团（Rio Tinto）。由于它们掌握天然资源，处在整个行业产业链的上游，在产业链上拥有非常大的话语权。

供应链是指产品或服务从原材料阶段到最终到达客户手中的整个流程中，涉及的所有业务活动和组织构成的一个网络系统。它涵盖了从原材料采购、生产制造、库存管理、运输配送直到销售给最终客户的各个环节。供应链管理则是指对上述供应链中的所有活动进行规划、协调、操作、控制和优化的过程。

供应链管理可分为狭义供应链管理和广义供应链管理。我们通常讨论的供应链管理大多为狭义供应链管理，主要指的是面向企业内部的供应链管理；而广义的供应链管理则是在此基础上，额外考虑公司的研发进度、产品管理，以及市场营销策划等，甚至针对公司经营模式进行全面思考后，再进行决策。

供应链管理在当前的电商等环境中占据着重要地位，通过集成的理念和管理方法，不仅可以降低成本，还可以使供应链的运作达到最大程度的优化。

在现代零售业中，电商平台兴起之前的传统大卖场，如家乐福、沃尔玛，以及后来新兴的商业体如万达、大悦城、万象城等，因其强大的聚客能力，在选择供应商及拟定合作条款等方面曾拥有很大的决定权。

1995年，家乐福在北京东三环开设了国内首店。家乐福这种大卖场的业态进入国内需要考虑当地的经济水平和消费习惯。由于消费者在大卖场的单次采购量会相对较大，如何将采购的日用商品带回家就成了一个关键问题，这就使客流量和市民的出行方式形成较强的相关性。

在筹备开业前，家乐福曾通过一家北京的猎头公司寻找合适的管理层人选，而我当时恰巧在这家猎头公司短暂工作过。在准备本书时，我查询了历史数据，那个时候北京市的民用客车保有量为36.85万辆，家用轿车保有量在此数据范围内占比相对较少，人均家用汽车保有量处于极低的水平。当时，法国消费者与我国消费者的消费习惯完全不同。为此，家乐福在开业后的很长一段时间内为消费者提供免费班车，尽可能地扩大所能覆盖的地理区域，增加客流。

然而，随着互联网的普及，传统的商业业态也面临挑战，因为中国市场变了，中国的消费者也变了。如今，许多线下销售行为已转移到线上，高效便捷的物流和仓储服务，包括冷链配送在内的高标准配送服务，使人们习惯于在网络平台上购物，一些电商平台成为新时代的"大卖场"。

张帆观点：

供应链管理是企业实现快速响应市场需求、提升产品交付效率、增强竞争力和客户满意度的核心支撑。

供应链管理在营销管理中扮演着至关重要的角色。有效的供应链管理能够确保产品从供应商选择到原材料供给，从生产制造到成品发货，按时、保质、足量地到达客户手中，从而提升客户满意度并促进销售。

企业在制定市场营销策略时，必须充分评估供应链的能力，包括但不限于供应商管理、成本构成、生产能力、物流模式、库存计划、配送方式等，以确保营销承诺得以实现。供应链管理通过整合上下游资源、优化流程和协同运作，有效降低成本、提升效率，为企业增强竞争力和客户满意度提供核心支撑。

在2020年前后，工控领域的国内企业汇川技术在面对中美贸易战等巨大挑战时，基于对供应链市场及地缘政治形势的深入分析，迅速做出了增加进口电子元件安全库存、加速多家原材料供应商开发，以及缩短供应商开发周期的战略决策。在 2019 年至 2022 年间，凭借这一系列供应链优化策略，汇川技术成功将工业变频器及交流伺服系统的市场份额从 2019 年的 10.7% 显著提升至 2022 年的 21%，市场占有率排名从第四跃居首位。通过实施快速交货且具有韧性的供应链管理体系，汇川技术不仅在这一时期实现了弯道超车，还迅速跃升为行业领导者，超越了传统的日系和德系品牌，重塑了市场竞争格局。

读后思考

对于一家初创公司的管理者来说，你认为商业价值主线的三大领域中，哪一个领域是重中之重？为什么？

03　商业的两翼：资金和员工

管理者的任务，在于运用每一个人的才干。就像圣经中那段“塔兰特寓言”所说的一样，管理者的任务就是要让各人的才智、健康以及灵感得到充分发挥，从而使组织整体效益得到成倍的增长。

——彼得·德鲁克（Peter Drucker），《卓有成效的管理者》

在课堂上，经常有销售总监开玩笑说，他每天早上一起床就欠别人很多钱，得想着去哪里才能挣到这笔收入来平账。我开始以为他说的是房贷，一问才知道他说的是他的业绩考核指标。对于企业经营者来说也是一样，无论身处哪一个层级，只要你的岗位要背负销售收入的指标，你就要考虑全年的收入指标平摊到每个工作日是多少，靠谁来完成，怎么完成，费用从哪里出……这些问题都经常会在脑海里出现。

相对于商业的价值主线，即客户关系管理、运营管理和供应链管理这三大领域，资金和员工则构成了商业的两翼，这是我要特别强调的。

一、资金

今年5月，媒体上有知名企业高管在某个专访中的言论引起了很多人的不满，他提道，“我们做生意，不用自己拿本钱，都是用别人的钱在做生意。”这句话从企业自身的利益来说没有错，但我觉得这句话若想成立，还要符合必要前提。任何一家企业在成立之初都需要有启动资金，在把企业做大做强后才可能拥有很强的议价能力，这个议价能力是对上下游来说，即针对你的客户和你的供应商的讨价还价能力。和资金相关的议价能力通常是指价格和账期。在企业客户端主要就是企业的产品销售价格，货款的回款，即应收账款的账期。在企业供应商端，就是原材料或半成品的采购价格和相关费用的支付，即应付账款的账期。

在产业链上实力雄厚的企业的确会在客户端和采购端具有很强的议价能力。曾经有一个公司的总经理和我说，他们企业是某大公司的客户，也是其供应商，但付款条款完全不一样。在面对客户时，这个大公司对客户的付款账期有利于自己，即要求客户付款时间短；而面对供应商时，其付款账期同样有利于自己，即给供应商的付款时间长。我问这位总经理既然付款条款对你这么不公平，为什么还要继续合作，他回答说因为这家大公司合作靠谱，而且我还能有利润。我认为，在合作中，要满足双方彼此的需求，真正做到双赢，这才是核心所在。

所谓的企业现金周期为负意味着企业在运营过程中能够有效地利用客户和供应商的资金来支持自身的经营，即企业用客户支付的货款来支付供应商的货款，打个时间差。这表明企业在产业链上具有很强的谈判地位和影响力，能够争取到有利于自己的价格水平和付款条款。从精益生产、运营效率和自身利益来说，这无可厚非，但如果对此追求极致，而漠视其他合作方的利益，长远来讲肯定会对自身的经营有反噬效应，损害的也是整个产业的发展。

对企业而言，启动资金是开展业务不可或缺的要素。

在公司创办初期或是在第一笔销售款项未回收时，此时没有收入或收入较少，难以支撑企业顺利启动并开展业务，因此需要一笔足够的启动资金。

张帆观点：

对于初创企业来说，启动资金的作用可谓是“扶上马送一程”，让企业自身产生持续的“造血”能力同样至关重要。

对于初创企业来说，启动资金的作用可谓是“扶上马送一程”。更重要的是企业的经营管理者后续持续创造销售收入，使资金形成健康流动和合理周转。只有这样才能为股东创造更大的经济价值。

要实现现金流和资金的良性循环，最理想的状态是利用企业的销售收入，即客户的付款进行周转，为此有三个关键点：

（1）客户支付给企业的货款账期；

（2）企业支付给供应商的货款账期；

（3）库存的周转，包含原材料、半成品和成品。

我的观点非常明确，现金是有成本的。原则上，在非经济下行或调整时期，企业不应该把太多的现金闲置在账上不动，因为这些资金如果用来投资或者扩大生产，可能会赚得更多。最好让资金充分流动起来，投入到日常的经营运作中，而不是让它静静地躺在账户里睡觉。同时，良好的现金管理能确保当公司需要支付费用的时候，马上就会有客户的现金付款到账，这是非常理想的状态。

如果企业在经营中需要融资，最好与专业银行或机构沟通，远离一些打着融资租赁名头的高利贷公司。这些公司表面上通过商业合同提供看似合理的现金支持，实际上却是一个大陷阱。我的一个MBA学生曾经因为经营困难，需要200万元的贷款，找过一家融资租赁机构。其表面上的利率没有比银行贷款利率高出多少，但加上在付款时一次性扣除的所谓的销项税和每年1.2%的手续费，在发放贷款时要一次性支付三年的手续费，到手只有150万元，综合下来比高利贷还厉害，吃相极其难看。因此，收入模型的测算一定要充分考虑经营中的各种不确定性，并要有相关预案，不能病急乱投医。

> **张帆观点：**
>
> 现金是有成本的。企业若将太多现金闲置在账上，通常是现金管理没做好，是一种资源浪费。

我知道有B2B销售型的公司在经营中追求零库存。也就是说，只有当客户先付了定金之后，公司才去进货。这样做可以减少资金被压在货物上的时间，提升经营效率，降低持有库存的风险和成本。

库存其实是资金的固化形式，会占用企业资金，使其无法用于其他用途。对于B2B销售型的公司是否应该追求“零库存”这一问题，需结合行业特性、供应链管理能力及客户需求综合判断。这类公司应避免盲目追求零库存，转而建立精益化、弹性化的库存管理体系。最终目标不是消灭库存，而是找到库存的最优水平，让每一件库存都成为增值的流动性资产，而非成本负担。

零库存管理不适用于大众市场的快消品和部分低价值的耐用品，这是由行业特点和消费者购买行为决定的。曾经看过一则报道，大意是某财经记者问董明珠，看到最新的格力财报上有一百多万台空调的库存量，是不是意味着格力的销售没有那么理想。结果董大姐特别硬气地回答，这个库存数目意味着格力在全国的门店基本上没有现货。

记得有一次和朋友林红一起和她的客户吃饭，回去的路上，作为大学老师的她说，在客户的总经理提到他的企业缺钱时，她以为我要给这位总经理讲很多道理，再告诉他该怎么去操作，结果我直接就说要抓应收账款。我说，他经营缺钱，基本上都是应收账款回款太慢，应付账款支付得又太快。想要手上的现金多，首先要把应收账款收回来，这是最直接见效的办法。当然，如果公司应收账款太多，可能也是你的产品竞争力不够，在有关合同的商务谈判中可能在对付款账期的要求上处于弱势，这是导致客户付款账期对自己不利的主要原因之一。

我在西门子工作了近二十年，对西门子公司现金管理政策有极为深刻的印象。在 2000 年加入西门子移动通信时，公司业务非常好，我有公司联名的信用卡，且信用卡公务消费由公司承担还款，同时还有 3000 元人民币作为因公行为的日常周转现金。几年后管理层为了优化业务部门的现金管理，对很多财务政策做了调整，因此公司联名的信用卡消费就需由个人承担还款了，员工手中也不再有周转现金。由于报销审批流程的原因，这对出差较多的员工不太友好，即如果出差报销款未到账，到了信用卡还款日，员工需要自己先行偿付。所以当时我通常建议同事出差回来后，第一时间把要报销的票据按规定准备好，并在系统内提交，避免这些票据无效率地压在自己手里，给自己造成不便。但对于公司而言，这样做不仅减少了资金浪费，还提升了资金使用效率，将钱用在实际经营中创造更多价值。每一个新财年开始时，财务部就会将某一个工作日固定为除工资外其他报销行为的付款日，这背后体现的是公司强大的现金管理能力。作为一名员工，我从未碰到西门子拖欠或晚发工资的情况，若薪资发放日遇到节假日，就会提前支付薪资，这一点非常值得肯定。

二、员工

员工是公司的核心竞争力之一。在企业管理中，讲求天时、地利、人和。中国传统儒家文化高度重视“人和”这一理念。在现代市场竞争机制下，尽管对“赢得人心”有了新的诠释，但毫无疑问的是，只有凝聚人心的企业才有更强的生命力和发展机会。

无独有偶，深受中国文化影响的日本，在企业经营中同样体现了“人和”的精神。

稻盛和夫曾说：“人们常说人心易变，我却认为在当今世界上，再没有比人心更强大的东西了。”这句话体现了人心在企业管理中的重要地位。他认为，在管理公司的过程中，“人心比什么都重要”。

稻盛和夫将“敬天爱人”确立为社训，并在其经营哲学的指引下，他获得了巨大的成功，先后创建了两家世界500强企业。

2010年，已经退休的稻盛和夫先生受日本政府委托管理日本航空。78岁临危受命，将岌岌可危的日航从破产边缘挽救回来，使这家世界500强企业在2011年重新翱翔于蓝天。

我非常欣赏稻盛和夫所倡导的“敬天爱人”理念。员工是确保企业顺畅运作的核心力量，给予他们应有的尊重至关重要。

> **张帆观点：**
>
> 员工是确保企业顺畅运作和不断创造价值的灵魂。

我记得当年央视经济频道有一个名为《公司的力量》的深度系列报道，里面有这样一段描述，20 世纪经济大萧条时，因为公司业绩不佳，松下幸之助的两位高级助手建议他裁员。但他没有这样做，在召开员工大会时他说："由于市场需求不高，我们只能工作半天，但依然会发放全天的工资。希望有能力的员工在不上班的半天能帮公司推销一下产品。"结果那一年成为当时公司历史上业绩第二好的年份。

我不认可"客户是上帝"这种说法，在商业的环境中，我更喜欢平等互利的氛围。企业在努力满足客户的利益诉求时，也要考虑员工的利益，尊重员工，要做到"员工友好"。如果出现"人心散了，队伍不好带了"这种情况，企业的管理者需要反思背后的原因。

我不喜欢航班上有个别资深常旅客对空乘人员趾高气扬的态度；我也不喜欢看到网约车平台对某些乘客不良行为的纵容；我更不愿意看到很多外卖小哥在风雨中竭尽全力地奔跑，只为努力不超时，以达标后台苛刻无情的各种算法给的时限。我们很多人都既服务别人，又享受别人所提供的服务。服务中出现一个小的失误不是大事儿，外卖晚到几分钟也不是天塌下来的事情。我们既要尊重对方，也尊重自己，这个社会才会和谐发展。

2022 年，中国电商巨头京东集团以战略性收购德邦物流为契机，解决自身在大件物流上的短板并拓展供应链能力。然而，并购后的整合暴露出德邦员工社保缺口问题，京东创始人刘强东力排众议，推动了一项涉及数万名员工的"五险一金"补缴计划，同时要求高管降薪以平衡成本。

2025 年 2 月 19 日，京东宣布自 3 月 1 日起，将逐步为外卖全职骑手缴纳包括养老保险、医疗保险、失业保险、工伤保险、生育保险和住房公积金在内的“五险一金”，为兼职骑手提供意外险和健康医疗险。我非常感动于这一举措，每一份工作都值得被尊重。这不仅仅是为辛苦的外卖小哥带来一股暖流，也是京东在尽可能追求利润和维护员工权益之间选择了后者，既是业界榜样也是企业核心竞争力的体现。

那段时间在网上还看到这样一个帖子：“很多人认为京东仅仅对美团有冲击，其实京东将影响整个社会体系。一旦低学历者也能获得体面的社保，也能有一份收入几千元、能养家糊口的工作，教育将不再内卷。京东起了带头作用，美团也不得不跟上，其他行业也会有连锁反应。我们知道西方发达国家人工很贵，即使是清洁工，收入也不比白领低，京东这一步，将推动整个社会更进一步。”

员工是企业发展的中坚力量，管理者不能高高在上，不喜欢有些人成为高层管理者后就一副傲视群雄的那种舍我其谁的感觉。绝大部分人都是一步一个脚印成长起来的，不能因为自己当初吃过苦、有了一点儿成就就变得嚣张，忘了来时的路。“多年媳妇熬成婆”的人在职场上通常有两种表现：一种是不忘初心，心怀敬畏；还有一种就是把自己吃过的苦让下属都再吃一遍，工作中没有体恤只有跋扈。我更敬佩前者。

1994 年夏天，我在内蒙古呼和浩特的一家期货公司负责开业筹备的管理工作。记得那是 7 月下旬，我的秘书梁艳告诉我，7 月 15 日之后加入公司的员工，在 8 月 1 日之前不会有工资。当时公司还没有人事部，我便打电话向负责薪酬的总务部经理查证此事。对方回复说，这是主管业务的副总经理那总的决定。我非常生气地说：“你去问问那总，少付她一天工资行不行？作为企业管理者，如果对员工都没有信誉，又怎么可能对客户有信誉呢？”在我的坚持下，公司召开了员工大会，对近期工作进行了安排部署。会议结束时，公司解释每月 15 日为工资核算日，15 日之后加入公司的员工，当月工资将与次月工资一并发放。几个月后，由于对主要管理者理念和行事风格的极度不认可，我选择了离开。一年多后，据知情人士透露，那位姓那的副总携公司几十万元款项潜逃，移民至新西兰。

我非常不认同“996 是福报”的观点。因为个别项目的赶工，偶尔为之可以理解，但如果是常态那就是企业用人的理念有问题了。我们工作是为了更好地生活，不能为了工作搭上健康，甚至因工作危及生命。其实，人生不用那么着急，很多事都不能走极端。算法和考核上多考虑一些人性，多一些平和的心态，让工作合理的“卷”，而不是极致的“卷”，有温度的企业才能飞得更高，走得更远。

在我以往的企业培训中，总会遇到这样的问题：“我能和领导说‘不’吗？”

我的风格是，在该说“不”的时候一定要坚定地说“不”。

企业的组织架构图通常都是金字塔（见图 1-3），CEO、总经理在最上面，中间是中层各职能部门的管理者，下面是基层员工，他们代表公司直接面对客户。每一层都承担着信息传递和相关的决策授权，中间的箭头既代表着指令，也可以是指导。企业高层制定了战略发展方向，到了员工层级，碰到的可能是依靠自己的能力趟不过的河、翻不过的山。一个好的战略既要考虑到发展目标，又要兼顾资源配置和在基层一线的具体执行情况，它应该包含双向的信息传递和沟通。

虽然一线员工在组织结构金字塔中是基石，但在实际工作中的态度应该是图 1-3 中的倒三角形所呈现的。自下而上每个层级之间也应有一个箭头，这个箭头代表的是支持，即员工尽心尽力做好自己的岗位职责，在超出自己能力范围的时候，上级要提供所需要的支持。我经常和学生开玩笑说，你的直接领导是你的“长工”，没有他的支持，你可能不会那么顺利地完成岗位职责；你直接领导的领导是你的“短工”，在必要时，他可以通过提供资源帮助你的直接领导来支持你履行岗位职责。这些支持都来自良好的信息传递和沟通机制。

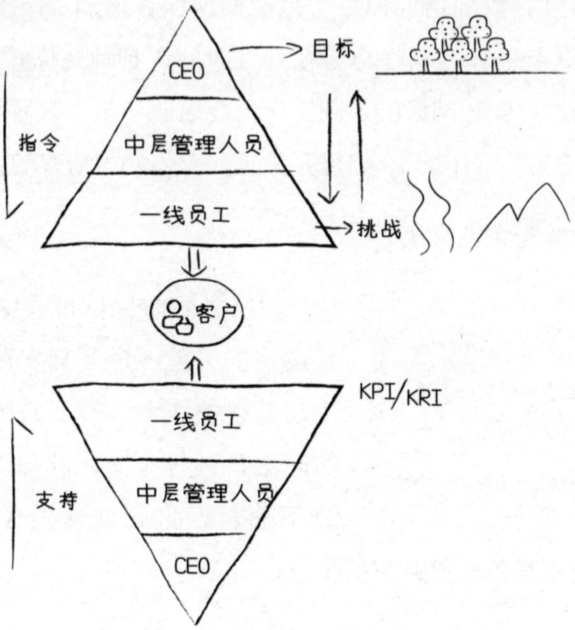

图 1-3　企业组织架构与理想工作模式

我相信很多人都喜欢“钱多、事儿少、离家近”的工作，这是人性的自然反应，无可厚非。企业经营者应该理解和尊重这一点，可以通过 KPI（Key Performance Indicator，关键绩效指标）和 KRI（Key Result Indicator，关键结果指标）进行管理，以确保员工的工作效率，按时完成任务，实现目标。

管理层通过数字化系统、目标管理、信息反馈和预算等手段，降低决策风险，确保授权的有效性。此外，在公司经营中，没有不好的员工，只有不好的制度。合理的薪酬体系、绩效考核体系和培训体系是确保员工状态良好的关键。

1. 人员配备和培养

为了确保公司按照既定方向运营，需要对现有人员的配备进行评估。建立完善的培训体系，包括通识课程培训、高潜课程培训（管理层储备培养，明确员工在什么时间达到什么岗位）、岗位技能培训和解决实际问题的定制工作坊或培训（如“如何完成年销售额提升 30%”工作坊），是提升员工能力和公司绩效的重要手段。

2. 团队与企业文化

张帆观点：

企业文化很多时候实际上是企业领导者自身文化的体现。

团队领导和团队成员之间的关系是成功的关键。企业文化在这个过程中起着重要作用，很多时候企业文化实际上是领导者文化的体现。公平、公正的管理是团队建设中的一大挑战，需要领导者不断努力和改进。

读后思考

一家企业的创始人要求 HR 总监在招聘员工时“用二流的薪资招来一流的人才”，你是否认可这种观点？为什么？

04　利润增长方向：开源、节流及供应链协同

我曾经说过，除非有一天，大家需要的所有商品都能直接3D打印出来，并传送到家，否则零售商存在的意义，就是不断提高效率，降低中间环节的费用，为消费者创造价值。这其实正是京东构建的自营电商体系所努力追求的。我们自建仓储物流、减少中间环节，就是希望以更低成本、更低的消耗，为消费者带来更低的价格、更大的价值。

——刘强东，《富甲美国：沃尔玛创始人山姆·沃尔顿自传》序言“做零售，怎能不读沃尔玛”

有一次家里换洗衣机，我一如既往地选择了西门子品牌。工程师上门安装好后，问电源插座在哪里。我说，把冰箱拉出来，插在后面的插座上。工程师说，那你使用完怎么拔掉呢？我说，不用拔。他说，不拔掉插头会一直带电。我说，不是有开关吗？他说，有开关也是一直处于带电状态。我说，原来的洗衣机就是这样插着的，没问题。他告诉我说，原来的洗衣机是机械传动的，而这款电气化程度要高很多。如果一直带电，一块电路板坏了的话，更换新的电路板就差不多需要花2000元。我说，不是有质保吗？他说，

质保是三年，要不您花 499 元买一个延保，多得四年的质保，这个洗衣机用七年也就差不多了。看着工程师一脸的诚恳，感觉完全是为我在考虑，我就买了延保。我和我的学生说，我买延保是期望洗衣机出问题吗？当然不是，我买的是心里踏实——七年之内，随便坏都不用在乎和担心。也正是因为这个延保，企业在销售产品的同时，还能通过工程师在安装现场从客户视角进行的沟通，使企业开源并获得了保费收入。

我注意到，最近在京东的平台上购买家用电器时，很多产品都有几年内换新的服务选项，费用也不高，非常合适。对企业来说，这是增加销售收入的一种方式——如果品控做得好，或许还是一个没什么成本的盈利点。

对于经营企业来说，利润始终是企业最为关键的考核指标之一。我相信 99% 的公司的终极目标都是合理合法地把手上的钱变成更多的钱，这是企业可持续发展的基本要求。正如管理大师彼得·德鲁克所认为的，利润不是一种原因，而是一种结果，它是企业在市场营销、创新和生产率方面所实现的绩效结果。

作为 CEO、经营副总或营销总监，即便面临客观困难，甚至内心存在抵触情绪，上级领导也会要求你接受这些挑战性的目标。面对这样的挑战，你应该如何应对并实现利润最大化？在我眼里，领导力与职务、年龄、教育背景和性别都没有关系，具备领导力的是那些在组织面临困难或挑战时，能够积极主动带领团队寻找解决方案的人，而非那些干坐着等待被环境改变的人。

利润是整个商业价值链协同体系中最重要的输出结果之一。

无论企业想要提升利润的总量还是利润的百分比，都绕不开以下三个方面。

一是增加销售收入：通过拓展市场、吸引更多的客户购买，同时提升客户满意度，增加复购并推出新产品或服务。以技术创新驱动，从产品到解决方案，以及优化定价策略来扩大收入来源。

二是降低经营成本：精简流程、提高运营效率、成本透明化、减少坏账风险、缩短应收账款账期、提高产成品的库存周转率，做到精细化管理。

三是供应链协同：与供应商建立更紧密的合作关系，优化库存管理，确保供应链的灵活性和响应速度。

基于前文所说的企业经营的五大关键要素，通过提升利润的三大领域，我们演绎得出图 1-4，这也是我所认为的商业的定义。

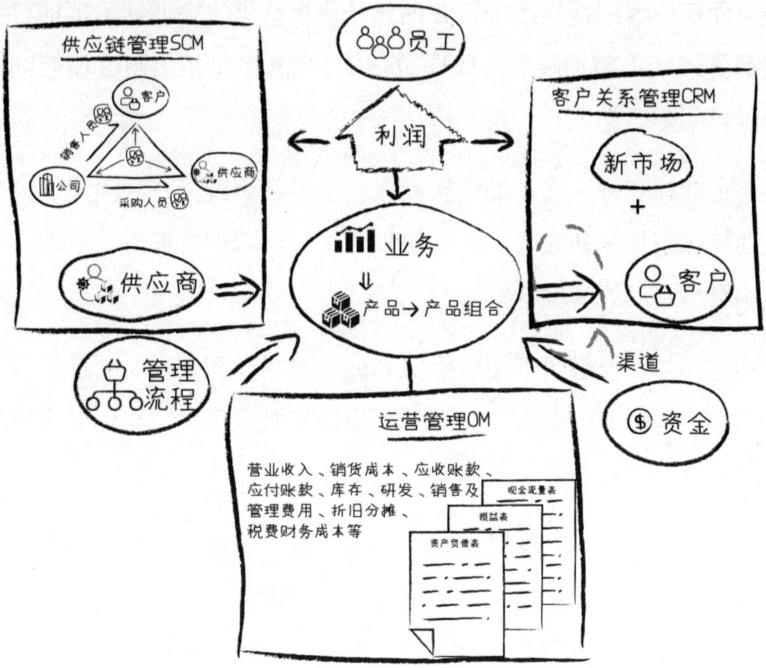

图 1-4　商业的定义

接下来，我们将对上图逐一进行分析。

1. 开源：增加销售收入

企业的销售收入通常来自产品和服务。由于各行业的特性不同，收入获取形式也有所区别。例如，在行业市场（Business Market，即“B2B 市场”）中，设备的维护保养和售后服务可能成为公司利润的主要来源；而设备销售仅是促成这些后续服务收入的原因之一。对于大众市场（Consumer Market，即“B2C 市场”）来说，耐用品市场和快速消费品市场各自具有不同的特点。在耐用品市场中，如汽车和家电等领域，与 B2B 市场有相似之处，产品的维护保养和售后服务同样是重要的收入来源。而在快速消费品市场，除销售产品本身外，企业还可能通过会员费等形式来增加收入，比如京东的 Plus 会员和山姆会员店的年费等。

> **张帆观点：**
>
> 销售收入的增长取决于产品线的发展，也取决于商业模式的选择。

企业有多种手段增加销售收入。在多数情况下，产品竞争力是企业持续增加销售收入的核心基础要素之一，但并非唯一要素，其作用需结合具体情境分析。

首先，在既有市场中，要努力通过寻找新客户来不断增加客户的总量，同时对于老客户，应当积极提升客户满意度和忠诚度以增加其黏性和复购率。

其次，在产品的销售上，可以引入更多更优质的渠道经销商，以覆盖更多行业和区域，尽可能触达更多客户。

最后，通过不断的技术更新迭代，研发新产品，从客户实际需求出发，提供切实可行的解决方案，帮助客户解决痛点，在更多细分市场获得销售收入。

行业市场和大众市场，因为面向的群体及行为特征有所不同，在进行客户关系管理时，也应当注意落地方式的差异化，这一点将在后面的章节进行讨论。

2. 节流：降低经营成本

企业的利润是价格和成本之间平衡的结果。对价格的决定权很多时候要看企业在产业链上的议价能力，大多数的时候产品价格是客户、竞争者和企业之间角力的结果。

在外部市场竞争激烈的时候，要想维持利润水平，成本控制就是必要的手段之一。如何降低企业的经营成本呢？首先我们要确定经营成本都包括哪些方面。

对于制造业的企业来说，这些成本包括原材料的采购成本、生产成本、生产线上的直接人工、厂房设备的折旧及分摊、研发成本、销售及管理费用，还有税费和财务成本等。

企业在做成本管控或试图降低成本时，一定要有战略眼光，要关注成本结构的合理性而不是总额。不能以牺牲未来的业务增长为代价，也不能降低客户的体验。应当通过精益生产、优化应收账款账期和库存周转率，以及控制销售及管理费用占销售收入的比例等措施来提升运营效率。

例如，在技术主导的行业中，是否在技术升级迭代和产品开发上持续保有足够且有效的研发投入；所提供的产品价值主张是否与客户实际利益诉求相匹配，并且是否比竞争对手做得更好；销售及管理费用与销售收入的占比水平在业界是否具有竞争力；财务与管理上的效率比较优势，如应收应付账款的账期及回款能力、库存周转率、现金管理水平、年度投入及产出等，都可以作为衡量标准。这些均可以通过财务三大报表数据的各种分析比较，为业务经营提供决策基础。

我打过交道的两个公司的 CFO 都是德国人，在降低成本这件事上的决策方式却截然不同。一位关注短期报表，而另一位则更看重企业中长期的利益。

一位是某大厂的 CFO，提前一周写邮件给我说，因为成本管控，把半年前就确定好的给管理人员的财务课取消了，我回信表示理解并谢谢告知。

另一位是时任西门子医疗集团的 CFO Claus，在西安现场看了我上的两天财务课后，在我送他出酒店时，他和我说“你不用送我了，我马上追加七轮这个课程。”这句话让我愣了一下，因为是版权课，这意味着要多花好多钱。我说你不是要降成本吗？不能因为我们曾经同在一个业务单位工作过就这样照顾我。他回答说公司的确要降成本，但不能 CFO 一个人在上面空喊，这需要每一个人的改变。他告诉我，不止一个员工问他为什么以前他不这么关注费用支出，感觉现在是斤斤计较。他希望通过培训达到这样的目的：让大家明白公司的钱是怎么运作的，理解公司为什么要做成本控制，思考如何能够通过不降薪而达到降成本的目的。他说我要让全部的中高层管理者都上这门给非财务岗位员工的财务课，这不仅可以让他们更好地理解公司的财务政策，也能改变他们的经营行为。

我非常认可他的这个想法。我认为在战略落地时，员工在岗位上的主观意识对战略落地的成果至关重要。如果员工在做每一个业务决策时，都能考虑这个决定对公司成本结构的影响，该花的钱一定要花，不该花的钱坚决不能花，秉承“有钱用在刀刃上”的理念，而且从上到下所有级别的员工都要遵循这个原则，那么，公司成本管控或降低成本的目标就能实现。

3. 供应链协同

从传统供应链到现代供应链、数字化供应链，再到智能供应链，供应链的发展历程是一个不断升级和优化的过程，每一次变革都带来了新的机遇和挑战。

具体来说，优化供应链管理体系即通过管理好供应链的所有参与方，包括提供原材料的供应商、具有产品需求的客户，利用好整个供应链条中的所有可用条件，并统一协调与配置，最终实现增加利润的目标。

> **张帆观点：**
>
> 一个好的供应链管理体系不是单纯地通过“压供应商”来转嫁企业自身的成本和压力。

相信很多人还记得当年丰田公司的召回门事件：丰田汽车公司在 2009 年 8 月宣布在中国市场召回 68 万多辆汽车，涉及凯美瑞、雅力士、威驰及卡罗拉等车型。这是自中国 2004 年实施汽车召回制度以来，数量最大的一次召回行动。召回的主要原因是零部件出现缺陷，包括油门踏板故障隐患、脚垫滑动卡住油门、刹车底盘失灵等问题。这不仅影响了丰田的声誉，也为消费者的安全带来了潜在的威胁。当时，这一事件引发了消费者对丰田质量神话的广泛质疑，并促使丰田重新审视其质量管理和供应链管理策略。

几年前，我的学生陈祎祺是西门子医疗公司的采购总监，在一个财年结束时他和我说他的业绩考核指标是通过降本实现的。在一个成本控制项目中，他通过测量了供应商给公司发货时设备包装箱的木板间距，并建议在确保包装安全和合格的前提下，适当增加板材的间距，一年内包装和运输费用减少了 200 万元。这不仅降低了成本，还维持了供应商的利润率，实现了双赢。

我们可以将“从供应商、公司到客户”形成的传统线性价值链折成一个三角形（见图 1–5），探讨在企业内部各部门之间的信息流动和协同合作。通常来讲，销售人员见公司的客户，采购人员见公司的供应商，这都是他们正常的工作职责。但我建议，对于经营规模体量大的公司的采购人员，也应建立拜访公司客户的机制，去了解客户端的诉求，这样在选择供应商的时候能够做到有的放矢，更有针对性。

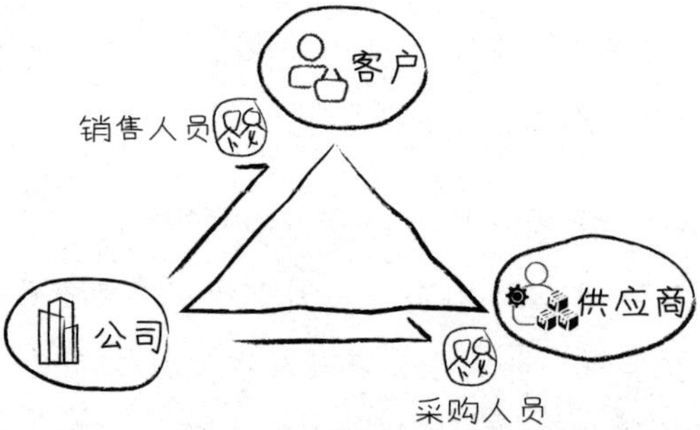

图 1–5 销售人员和采购人员通常的工作导向

很多年前，西门子东北亚采购部要解决实际的业务问题，我和当时的首席采购官——一个名叫 Deligence 的法国人沟通。在理解了他的想法和要解决的问题后，我把采购人员放到这个三角形的中间（见图 1-6）：即采购人员也需要去拜访公司的客户，了解客户市场的发展变化、客户对产品的利益诉求，回来看看公司的核心竞争力，再去看哪些供应商应该是自己优选的。

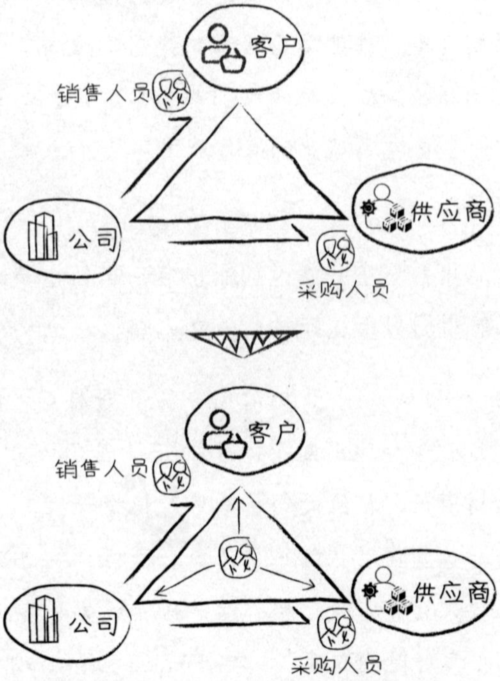

图 1-6 采购人员需要理解公司客户的诉求

公司不仅是产品或服务的提供者，还是连接客户与供应商的桥梁。通过建立有效的沟通渠道和协作机制，公司能更准确地捕捉客户需求，选择最优供应商，优化价值链，为客户创造更多价值，同时提升自身效率。

张帆观点：

采购部门也需要直接与企业客户互动，理解客户行业发展趋势和利益诉求，这样才能结合企业的核心竞争力，更有针对性的选择供应商。

山姆·沃尔顿（Sam Walton）在自传《富甲美国》（*Sam Walton Made in America*）中提到“管理人员必须认真听取那些分店销售

员的意见。我们在本顿维尔有218个采购员，我们必须时刻提醒他们，他们真正的工作是为分店的销售员提供支持，否则的话，你的公司就是一个总部遥控指挥的体制，就会同每家特定商店的客户需求脱节，结果就会是，在巴拿马海滩的分店里堆满了卖不出去的工作靴、工作裤和猎枪，而那里的人们却急需水枪、鱼竿和玩沙子的桶、铲子；同时，巴拿马城里的分店则有一大堆卖不出去的海滩用品，落满了灰尘。”

从长期战略来看，企业通过创新思维，对商业模式进行优化和重构，也有可能提升获取稳定利润的能力。

在民用航空领域，对于罗尔斯·罗伊斯公司（Rolls-Royce Plc.，简称“罗罗”）和通用电气公司（GE，现GE航空航天）等航空发动机制造商来说，传统的销售方式是把发动机卖给飞机制造商或航空公司，并负责发动机的维护保养。这样，航空发动机制造商的销售收入主要来自销售发动机、运维保养服务和备品备件等。后来开始推行“按飞行时间付费”，即PBH，Power-by-the-Hour的长期服务模式，替代一次性产品销售模式。

“罗罗”是这一转型的率先实践者，在1962年率先推出这种模式，开创了航空发动机行业的服务化转型。也就是说，航空公司按发动机飞行小时数支付费用，“罗罗”负责发动机的全生命周期维护（包括维修、备件、技术支援）。据已有数据分析，“罗罗”收入的50%以上来自售后服务，其Trent系列发动机广泛采用此模式。有数据表明，“罗罗”服务收入占比持续提升，2022年达54%，同时帮助客户（如阿联酋航空）降低15%的维护成本。

GE航空航天推出类似的“True Choice”服务协议，覆盖发动机维护、性能保障和数字化监控。例如，GE航空航天为波音787的GEnx发动机提供“On Wing Support”服务，按飞行小时收费。

这一商业模式的改变，使航空发动机制造商摆脱了传统销售的一次性收入，而且服务性收入对经济周期和飞机订单波动的敏感性低于一次性收入，庞大的存量市场可以让销售收入更加稳定且可持续性增长。服务收入的利润率远高于产品销售收入，还能增强客户黏性。良好的服务水准，为获取潜在的订单做好铺垫。

对于航空公司来说，这种模式不仅降低了初期资本支出，即航空公司无须一次性购买发动机（通常单台成本达千万美元），转为按飞行小时数支付费用，减轻财务压力。维护成本（占发动机生命周期成本的约70%）由制造商承担，航空公司将不确定的维修支出转化为固定成本，避免因发动机故障导致的意外停飞损失，制造商的专业维护团队可快速响应问题，减少AOG（Aircraft on Ground，飞机停场时间）。同时，航空公司可聚焦核心业务，将资源集中于航线运营和客户服务，而非维护技术团队和备件库存管理。

“罗罗”和GE航空航天的“按飞行时间付费”模式，本质是从“卖产品”到“卖服务”的商业模式重构，实际上也顺应了行业发展趋势，即航空业向“服务化”转型。但这一商业模式重构也面临着诸多挑战，比如制造商的责任加重，需建立全球维护网络并提升快速响应能力；数据安全与隐私问题，发动机运行数据归属与共享需明确规则；航空公司议价权削弱问题，长期协议可能限制航空公司的灵活性选择。

利润既是企业生存的基本要求，又是未来发展的源泉，因而追求利润是绝大多数企业的首要任务。但是，在我看来，有能力的大型企业不应该把自己变成一个只看利润指标的纯财务公司。在极致追求利润的行为中违反商业道德，这不仅会对企业自身产生恶劣影响，也会给行业发展带来反噬。在我眼中，一个好的企业需要努力让股东、管理者和员工的利益取得平衡，在外部满足客户需求的同时，能够引领行业发展，承担更多的社会责任。

读后思考

有一家制造业公司，其市场销售收入在近几年虽已达到一定规模，但增长乏力。这家公司期望能够进一步提升公司的利润。作为公司管理层，你有哪些建议?

05 商业的定义：绘制商业全景图

三井财团依靠旗下的三井物产获取高端资源，获取那些对其他企业具有影响力和支配力的高端资源，诸如资本、技术、人才、知识、信息、能源、矿产资源，等等，从交流协作到项目合作，再到资产合并，由浅入深，由远到近，循序渐进，打造产业价值链闭环，并成为掌控产业价值链网络的组织。

——包政，《互联网的本质》

在一次课上，一个学生问我如何从 CEO 的视角看待业务。通过不断的提问和互动，我们基于前面讨论的五大关键要素、三大领域、商业的两翼，现场构建了一张业务概览图（见图 1-7）。经过系统的梳理与整合，我认为这张图不仅清晰地展现了各要素之间的关系，也是一个非常有价值的业务分析模型。因此，我决定将其固化下来，作为自己教学和实践的参考框架。

这张图在前文中就出现过一次，我称之为商业的定义，本章专门阐述其内涵和应用。

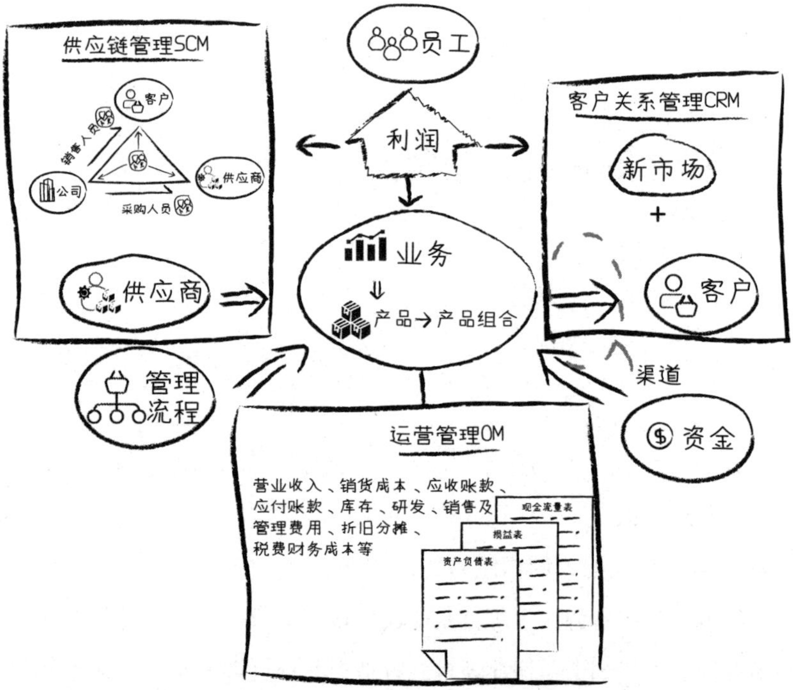

图 1-7　商业的定义——价值链协同体系（业务概览图）

我们处在一个不确定的时代，各种各样的商业业态并存。如何化繁为简，在遇到问题时能够犀利且系统地思考，并提出合适的解决方案，这是我们每一个职场人都需要掌握的技能。

如前文所述，我们阐述了企业经营的五大关键要素及它们组成的三大领域，即客户关系管理、运营管理、供应链管理。它们承担的职能不同，但都是为企业获取利润服务的。通过开源、节流及供应链协同，让企业获取持续稳定的利润，不仅是对商业模式有效性的直接验证，也是企业生存和发展的基础。

张帆观点：

商业不是孤立的交易，而是开放的生态系统。

从模型角度来看，商业可被视为一条由

多个环节组成的价值链，同时也是一个高度集成且互相依存的合作网络。它不仅仅是组织机构的概念，更是众多个体行为汇聚而成的集体表现；不仅是专业化分工与一体化作业的典范，还是一个动态变化的价值创造平台，在特定时间节点上展现出不同组件间的有机融合。

因此，我眼中的商业的定义，就是“价值链协同体系”，如图 1–7 所示。我认为，商业的本质是基于对商业的定义的理解，明确产品服务的主体，探究如何更好地创造价值满足利益诉求，并能持续获得收入和利润。

2024 年春季学期，一些海外名校学生来访清华经管，在几个交流分享活动中我都使用了图 1-7。

当慕尼黑工业大学创新中心的年轻创业者和企业家来访时，他们对一些特定的话题很感兴趣，例如，在中国市场开展业务与其他市场的对比、产品在中国的落地与量产、创业融资，以及谈判技巧。受清华经管创新中心 x-lab 郝秀清主任的委托，我邀请了业界的产品创新专家黄玥、专业投行的亚太区总裁尹泽淳和谈判专家胡定成等人，从图 1-7 开始，进行了长达 8 个小时的课堂研讨。

宾夕法尼亚大学沃顿商学院、伦敦大学学院、帝国理工学院、新加坡国立大学和亚琛大学等学校的师生来交流时，希望能够了解“探索商业动态：中国与全球市场”这一专题，我同样从图 1-7 开始讲解。结束时，沃顿商学院的老师和学生都表示非常喜欢这种演绎方式，他们说：“原来商业的定义可以用这样的方式呈现。”

当墨西哥大学的学生来访时，他们对“从技术到业务”的转换过程非常感兴趣，我也同样从图 1-7 开始进行介绍。

图 1–7 不仅可以用来审视自己的公司，也可以作为了解行业

张帆观点：

商业的全景图，是CEO的指南针，也是执行者的路线图。

大客户的好工具。在西门子工业集团的大客户经理能力提升项目上，我特别强调：作为一名大客户经理，你不应该每天只想着如何销售自己的产品，而应该利用这张图，站在客户高层的角度去理解他们的经营活动，听他们所听的，看他们所看的，感受他们所感受的。这样，你还会简单地只想向他们销售产品吗？

通过商业的定义——价值链协同体系，我们可以从宏观角度理解商业和公司的经营，进而从整体、系统以及协同的角度看待市场营销。无论是跨国公司、央企、国企还是民企，这一模型都具有广泛的适用性；只是在不同规模的企业中，各环节的权重和侧重点会有所不同。这一模型的核心在于企业以客户为导向，为客户创造价值，从而建立竞争优势，实现长期发展。

业务布局和业务线是商业体系中的重要组成部分。借助商业的定义——价值链协同体系，可以清晰地展示公司的业务布局、收入来源和支持系统。审视这张图时，必须保持客观理性，避免带入个人情感，以确保决策的客观性和科学性。

这张图既是一张商业全景图，又是一种对业务系统性的思考方式，也带给我们一个全新的视角，即整体观。

读后思考

当你的企业遇到问题，特别是主营产品的收入或市场份额下降时，你会想起我所讲述的“商业的定义——价值链协同体系”吗？你将如何用这一框架来分析问题，寻找解决思路呢？

第二章

价值主张：设计密码

1971 年以来，我们就一直按道德采购标准购买咖啡豆，烘焙世界上品质最出色的阿拉比卡咖啡……我们服务于大众，并一直如此……我们的门店成为人们的“第三空间”——每天有成千上万的人们在这里喝咖啡……我们再次明确了自己的目标，我们将重新关注顾客在星巴克的体验，并重归我们的核心，重新确立我们在业内的地位。

——霍华德 · 舒尔茨（Howard Schultz），《一路向前》

我的初中同桌张继武是上海米健信息技术有限公司的创始人，也是生物医学工程博士。2013 年，他带领团队在全国首次提出了 CIS（Clinical Information System，临床信息系统）的重构。

在一次给米健做的产品管理工作坊中，大家一直在争论仪器的数据采集问题，讨论哪些数据最重要。

我在旁边提醒说："你们都在争论哪些数据重要，强调数据的输入很重要，但我其实更关心的是数据的输出。临床医生会重视哪些数据？这些数据能否使他们的诊断更方便并为他们提供决策依据？"

主管技术的副总听后称赞道："问得好。"

虽然我没有技术背景，但在营销中，我始终都认为不能只从自己的角度看问题，而应该站在目标客户的角度思考。这才是真正的以客户为导向。

当我们为医院提供产品，并希望确定和衡量不同产品功能对目标客户群体的重要性时，最好的方法是引入使用设备的医生和其他医疗专家的意见作为参考主体。在各种模拟的临床环境下使用该产品，测试其性能与价格等其他因素之间的关系以得出多种折中方案。这种方式远比闭门造车做研发要有效得多。

01 理解价值主张：以客户为中心

企业只有询问客户、观察客户、试图了解客户的行为，才能知道他们是谁、他是做什么的、他如何购买、如何使用他购买的商品、他有什么希望、他认为什么是重要的等。

——彼得 · 德鲁克,《成果管理》

我眼里的“以客户为中心”不是为客户提供价廉物美的产品或免费服务，而是真正从客户需求和应用场景来考虑产品的设计，帮助客户解决痛点。在满足客户需求的同时，企业还能获得销售收入和相对合理的利润。

我曾服务过的一家制造业公司在为水泥厂提供计量监测设备时，不仅充分考虑了生产环境的粉尘影响，还为设备增加了自洁维护功能，使设备备受客户的喜爱。同时，我建议他们可以将这套解决方案拓展到类似工作环境的行业，比如面粉加工行业等。

我相信很多人会注意到理发店吹风机的电源线比家用版的电源线要长很多，这就是充分考虑了用户的使用场景；去过海底捞就餐的人都会对其极致的服务印象颇深。这些从客户使用场景出发的考虑和设计既赢得了客户的认可，也提升了客户的忠诚度，为企业带来的是稳定的客源和销售收入。

在商业的定义中，业务是靠产品，以及产品的组合来承载和落地的。要想落地落得好，就要基于对目标客户群体的充分理解，包括对用户友好和多种应用场景的理解，从客户的需求角度来设计这些产品的价值主张。

一、价值

根据哈佛大学商学院教授迈克尔·波特（Michael Porter）的观点，从竞争的角度来看，价值是指买方愿意为获取企业提供的产品而支付的价格。价值通过总收入来衡量，而总收入反映了企业产品价格与销量的乘积。当企业获得的价值超过生产这些产品所需的各种成本时，企业便实现了盈利。为买方创造超出购买成本的价值，是任何基本战略的核心目标。

当企业的产品为买方创造了竞争优势——无论是降低成本还是提升效益——价值便得以形成。

然而，若想让这种价值转化为更高的回报，则必须使买方意识到这一点。这意味着企业需要通过营销，有效地向买方传达产品的价值。

基于此，企业必须明确向客户阐述其所提供产品的独特价值和优势，即价值主张。由此，我们引出了“价值主张”这一重要概念。

二、价值主张

价值主张是企业向客户传达的核心价值，即企业提供的产品或服务如何满足客户的特定需求，解决客户的具体问题。

价值主张需要明确回答以下问题。

（1）我们为谁创造价值？

（2）我们为他们解决什么问题？

（3）我们如何提供独特的解决方案？

> **张帆观点：**
>
> 明确清晰的价值主张有助于企业更好地吸引和留住客户，建立品牌忠诚度，并在竞争中脱颖而出。

明确清晰的价值主张有助于企业更好地吸引和留住客户，建立品牌忠诚度，并在竞争中脱颖而出。

被誉为现代企业管理之父的彼得·德鲁克，对企业经营提出了五个极其重要的问题，这些问题至今仍是企业管理者不可忽视的。

（1）我们的使命是什么？

（2）我们的客户是谁？

（3）我们的客户重视什么？

（4）我们的成果是什么？

（5）我们的行动计划是什么？

企业的使命，简单来说，就是这家企业存在的目的和长期价值所在。在今天这个多元化的社会里，一个企业存在的意义在于它能为其他组织或社会成员带来什么样的贡献。

在德鲁克的经典著作《管理：使命、责任、实践》（*Manage-*

ment: Tasks，Responsibilities，Practices）中，德鲁克通过讲述美国零售巨头西尔斯的故事，生动地解释了上述几个问题。他提出了几个关键点。首先，企业需要明确服务的对象是谁。例如，20 世纪初，在罗森华德的领导下，西尔斯将目标客户定位于分布广泛的农民群体。其次，企业要了解这些客户看重什么。对于当时的农民来说，他们追求的不仅是商店里售卖的商品，更是一种与时俱进的生活方式。最后，企业要思考能够为这些客户提供什么样的成果。西尔斯围绕农民的需求，开展了一系列精心策划的活动，最终成为引领农民生活方式的组织者、供应商和定制服务提供商，确立了自己的使命，也就是第一个问题的答案。

至于德鲁克提出的第五个问题——行动计划，其实就是在明确了以上四个问题后，如何将这些认识转化为实际行动。这要求企业在有了清晰的认识之后，制定出具体且可行的行动计划，确保理论与实践相结合，以保证目标的实现。简而言之，就是要做到知行合一。

张帆观点：

行业市场的客户是组织和机构，价值主张的核心不仅要满足组织发展的需求，还要关注其采购流程和这个流程中关键人物的情感诉求。

价值主张的核心是洞察目标客户群体的痛点及对产品的利益诉求，设计并提供有针对性，又优于竞争对手的产品来满足客户的真实需求，适用于行业市场（B2B）和大众市场（B2C）。不同的是，行业市场的客户是组织和机构，价值主张的核心是满足客户组织发展的需求，而在大众市场，价值主张的核心则是满足消费者自身的实际需求。

图 2-1 中展示了“客户画像”与“价值主张”的价值主张设计模型，旨在帮助企业深入理解客户需求，并据此设计相应的产品或服务，以满足客户所需。

通过这一模型，企业可以从多个角度全面分析客户画像和价值主张。同时对比现有解决方案的不足之处，发现创新的机会点。这样，企业不仅能够更精准地满足市场需求，还能探索新的增长点。

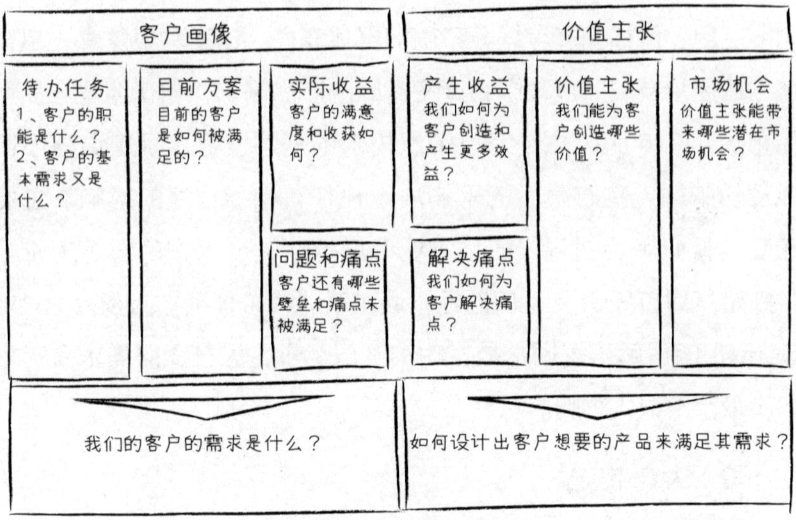

图 2-1　价值主张设计模型

1. 客户画像

客户画像中包含了客户的常见基本信息，在行业市场中指的是客户组织的业务范围以及利益诉求是什么；在大众市场中则是指大众消费者群体的相关诉求。这里需要强调，客户使用产品或服务是为了完成特定任务或达成特定目标，即客户购买的从来不是产品本身，而是产品能帮他们完成的“任务”。

随后需了解客户目前是否已经有相关的解决方案，以及现有方案对客户需求满足的程度，即在哪些方面已经满足了市场需求，在哪些方面仍有进一步完善的空间。

客户画像需要对目标细分群体进行描绘，在行业市场和大众市场中有不同的呈现。

（1）行业市场。

在客户群体是组织或机构的行业市场中，可以根据行业类别、功能应用、价格偏好等划分不同的群体属性。这里需要注意，尽管在组织运营发展的过程中会产生实际的产品需求，但在涉及产品选择和购买方式时，需要经过组织内部的采购流程；采购流程中所涉及的关键人物对最后的采购决定往往有相当程度的影响。企业在触达行业市场的客户时，需要考虑这些关键人物的情感诉求，特别是其岗位职责及考核指标。通过对“待办任务”（Jobs to be Done）的理解来挖掘未被言明的深层需求，这些深层需求会对采购决策产生很大影响。

（2）大众市场。

大众市场上的客户，每一个都是活生生的个体，有丰富的情感，也有不同的行为特征。可以根据社会属性、教育背景、性格喜好、消费习惯等划分细分群体。相较于行业市场中复杂的采购流程，在大众市场中想要完成商品交易，在考虑客户真实需求的同时，还要关注其消费行为及习惯，特别是消费者对情绪价值的诉求。

张帆观点：

在大众市场的营销中，情绪价值已经是消费者决策过程中的一个重要考虑因素。

在对客户的相关信息进行收集整理后，

对客户的职能和需求就有了初步的判断。接下来就需要了解客户现在是否已经存在解决方案，这里有三种可能：

第一种可能，客户从未使用过相关产品；

第二种可能，客户使用的是竞争对手的产品；

第三种可能，客户使用的是本公司的老产品。

如果是第一种可能，就要分析客户没有使用该产品的具体原因：是不知道有此类产品？不认为当前迫切需要使用该产品？还是说一直没有相关的预算？

如果是第二种或第三种可能，无论客户目前正在使用竞争对手的产品还是本公司的老产品，都可以针对现有产品分析其是否完全满足了客户的需求，为客户带来了哪些实际收益，还有哪些痛点未解决等。

通过对客户进行深入分析，可以为后续的价值主张设计做好铺垫。这里需要把握的关键点在于应当站在客户的视角：一是理解客户的经营行为或消费行为；二是识别客户的痛点和潜在需求。

2. 价值主张

如果说描绘客户画像是为了理解客户，包括客户的真实需求是什么，以及识别当前的需求痛点和潜在需求等。那么价值主张则是针对目标客户群体进行的定位声明，既要能够设计出满足客户需求的产品，也要阐释清楚能够为客户带来怎样的收益、如何解决客户痛点、为何比竞争对手做得更好等问题，要让客户有选择的理由。

在确定产品价值主张时，需要思考以下几个问题。

（1）目标客户群体为什么要选择你的产品？

（2）你的产品能够为客户提供什么？具有哪些独特的特征属性？

（3）客户面临的哪些实际问题和需求能够促使他们做出采购决定？

（4）通过使用产品，客户得到的收益是什么？

（5）客户想要寻求哪些具体的结果？

在进行价值转化的过程中可能会面临哪些风险？在设计价值主张时，应当体现出：通过对客户需求的理解和痛点识别，自身产品可以从实际操作和使用中为客户带来便利，并在解决客户现有痛点的同时，帮助客户提升运营效率、降低运营成本，或实现投入产出比的提高等。

> **张帆观点：**
>
> 产品价值主张的设计通常需要包含产品独特的卖点，还要考虑与竞品间的明显差异是否能让客户产生共鸣。

还需考虑价值主张给企业自身带来的改变，比如这个产品除前面提到的客户画像外，还可能有哪些客户群体需要？可能的新市场在哪里？这些市场上是否有巨大且可持续的潜在购买力？能否带动公司其他产品的销售增长？是否还可以拓展到其他细分市场？在设计产品价值主张的过程中，通常可以从以下三方面来准备。

（1）产品独特的卖点；

（2）与竞品间的明显差异；

（3）同客户产生共鸣。

胖东来，这家被誉为“中国商超界天花板”的企业，不仅以极致的商品和服务质量著称，更以其独特的企业文化和对员工、客户的深切关怀赢得了广泛赞誉。

在胖东来购物，消费者能获得的是超越期待的情绪价值。这里的退货政策宽松到令人惊讶，甚至吃了一半的食品也能免费退换，观影不满意还能部分退款。而周二闭店、严禁加班的规定，则确保了员工的生活质量。这些举措看似牺牲了短期利益，实则为企业赢得了极高的客户忠诚度和员工满意度，形成了一个正向循环的信任体系。

这一切的努力，最终让胖东来成为一个充满人情味、能够触动人心的购物天堂，一个真正意义上实现了管理者、员工和客户三方共赢的美好商业典范。

在制定价值主张时，为了更好地满足客户的需求，设计出客户真正想要的产品，我们需要从客户的视角明确产品的独特卖点和竞争优势。

2024年12月中旬，在准备书稿的这段时间，极越汽车特别“火”。经营不善、管理混乱等问题频出，这里我只想从产品价值主张的角度说几句。业内人士称，极越的车型外观跳出新能源车看起来都差不多的设计，但有些用户认为这种设计比较激进，甚至有点反人类：取消换挡拨杆改为屏幕换挡；转向灯拨杆改为按键式操作；提供了九种开门方式，却没有一种是传统的门把手。

有人说改变客户的习惯很危险，我其实不完全同意这种观点。

毕竟几十年来，我们经历了太多新产品、新事物，都是从不知道、不了解、不愿意或没能力开始，逐渐接受甚至离不开的——洗衣机、手机等就是很好的例子。

在工业领域以技术研发著称的西门子内部有句话是“We educate customer”，翻译过来就是“我们教育客户”。听起来有些傲慢，但实际上这是一种理念。我理解，“教育”这两个字也有沟通的含义在里面。面对新技术或新产品，厂家的确要承担“教会客户如何使用”的责任，而客户也需要学习和理解，使产品更好地发挥作用。

我想说，随着技术的更新迭代，产品也在不断地创新升级，但有一点一定不能忘，那就是要做到用户友好。面向行业细分市场的设备要便于操作和维护，投入产出比高；面向大众用户的产品更要简单方便。有那么一句话说得好：“技术革新，得客户体验者得市场。”

> **张帆观点：**
>
> 用户友好是产品价值主张中不容忽视的一个维度，反人性的设计就是在客户和产品之间建立的“一堵墙”。

在这里，我要问一句：做新产品开发时，你想清楚了吗？

几十年前，很多发达国家或地区的固定电话普及率很高。在打电话找不到人时，大家基本上都喜欢使用电话答录机，即语音留言。后来，这种习惯也沿用到了手机上，所以手机的语音信箱服务也比较受欢迎。而在我国，固定电话普及时间还没有很长时，就迎来了手机市场的快速增长。我们中国人对新事物的接受度还是比较高的，甚至拜年方式也从最早的邻居之间走家串户，发展到通过固定电话、手机打电话拜年。记得从 2000 年底开始，移动运营商的短信业务异常火爆。据说，当时国内春节期间一周的短信发送量超过了美国一年的发送量。这主要是因为短信拜年这种形式非常新颖，正好满足了我们中国人含蓄的性格特征，使用方便且可以群发，不像电话需要一个一个拨打。当然，大多数人面对自己最在乎、最尊重的人时还是会通过电话来表达祝福。

当时的固网运营商为了和移动运营商竞争，也推出了家用电话短消息服务，但需要更换专门的电话机，价格在300~500元——这可是二十多年前的价格，相较于那个时候的国民收入水平来说还是比较贵的。我们用手机发短消息时，默认对方也是手机用户，简单方便随时可用。而如果使用固定电话的短信功能，则需要先回到家里才能发送，而且对方也必须使用有这种功能的电话机才行。推广结果可想而知，不出半年该项目就停掉了。

当前市场环境下，新产品层出不穷，但成功率并不高。企业的新产品决策必须基于对市场的深刻理解，确认能否解决目标客户群体的痛点，从而做出更为可靠的判断。

我认为一个好的新产品是基于市场发展趋势，融合技术创新带来的变化，深入洞察和理解客户需求的结果。同时，产品的技术选择不仅要有前瞻性，还需考虑客户的支付意愿和支付能力。所有决策都应基于客观数据而非直觉。

因此，在设计产品价值主张时，为减少错误进行全面考量，引入产品生命周期的概念是必要的。

图2-2展示了产品生命周期（Product Lifecycle Management，PLM）的四个阶段：

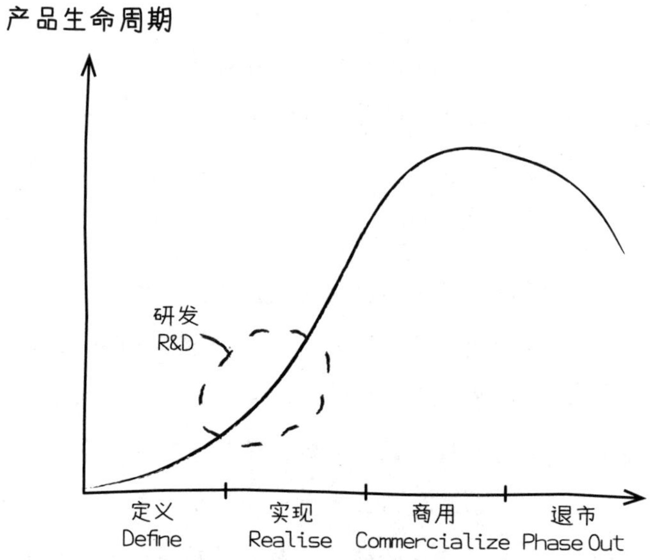

图 2-2　产品生命周期的四个阶段

定义：这是产品的概念阶段，需要确定产品的基本特征、技术属性和目标市场。在这一阶段中，可以把新出现的技术应用落实到产品功能上，并定义产品概念，也可以基于企业对市场发展趋势和客户诉求的洞察，从需求端定义产品概念。

张帆观点：

研发贯穿于整个产品生命周期之中，是一个动态的过程，并在不同阶段扮演不同角色。

实现：在这个阶段中，需要将定义的产品概念通过设计、开发落实到成型的产品，并投入生产。

商用：产品进入市场，销售给消费者或行业客户。

退市：当所使用的技术被淘汰，或者产品不再满足市场需求，抑或有新的替代品出现时，这款产品会逐渐退出市场。

需要提醒大家关注的是，研发贯穿于整个产品生命周期之中，是一个动态的过程，并在不同的产品生命周期阶段扮演着不同但都至关重要的角色。最好的研发视角是既要考虑技术发展趋势又要洞察客户真实需求，这是研发的起点，也是落脚点。研发时要综合考虑客户的痛点、应用场景，以及技术创新，而不是单纯地实现技术功能。

具体来说，在定义阶段，研发活动主要是将新技术或技术专利转化为业务的可行性研究，进行市场洞察分析、需求分析，定义产品特征属性，以及规划和设计等工作。

到了实现阶段，则是集中精力实现从产品概念到产品成型，完成最后测试让产品走向市场，并在此过程中确保技术的可行性、产品的创新性等。

产品商用阶段的主要任务是尽可能地获得持续稳定的销售收入，但需要根据市场反馈进行持续的研发以提升产品的竞争力，包括设计更多应用场景、增加新功能、提升性能和品质，以及优化用户友好体验等。

即使到了退市阶段，也不意味着研发工作完全停止——可能还会有一些维护性的工作要做。

我眼中真正传统意义上的产品经理角色其实就是产品的 CEO，其职责应该覆盖整个产品生命周期，这对产品经理自身的综合能力要求非常高。

张帆观点：

真正传统意义上的产品经理其实就是产品的CEO，其职责应该覆盖整个产品生命周期。

多年前，我参与了西门子全球产品经理能力提升项目的内容设计。在与来自不同国家的同事沟通讨论时了解到，当时这家大公司全球范围内只有不到三千个岗位是这种传统意义上的产品经理。

在一次工作坊中，我得知这家企业的一款产品在市场上遇到了许多困难，客户投诉较多，存在不少亟待解决的问题。当我询问为何不进行改进时，得到的回答是这款产品推出时曾获得当年全球行业设计大奖。而现在负责该产品的产品经理即将退休，他的设计理念和知识结构，尤其是对新技术的理解和接受程度，已经无法满足当前市场的需求。

初创公司的产品经理通常需要承担比成熟企业更广泛的产品责任。相比之下，大公司的产品经理职责可以划分得很细，例如有专门负责研发、生产和营销的产品经理。在与众多行业市场客户的交流过程中，我发现许多人名片上印着“产品经理”，但这些人大多数并不是严格意义上的产品经理，他们主要负责产品生命周期中的第三个阶段——商用阶段。我称他们为产品营销经理，他们的主要任务是与公司客户对接，澄清技术参数、产品使用及应用等细节。

也正是因为这个岗位职责，很多海外大厂在国内的产品经理通常也面临着来自总部的挑战。不止一位外企高管对我说，希望我能告诉他们的产品经理如何对总部说“不”——意思是总部每年会提供多种产品给中国区，但其中相当一部分产品在中国市场的竞争力不足，或者明显不适合中国市场。

我说，这些产品经理当然可以同总部说“不”，因为你们身处本地市场，熟悉这里的趋势，了解目标客户的具体需求，更清楚产品的应用场景，所以当然拥有较强的话语权。但在开会沟通时一定要注意以下三点。

（1）思路清晰；

（2）表达流畅；

（3）态度得体。

当你在与总部沟通时，呈现的内容逻辑不清楚，又不能用你的母语表达，如果态度上再有些发怵，那你肯定会被挑战得一塌糊涂。语言能力其实不用太过担心，事先做好充分准备即可——可以查字典写好稿子，很少有人能将非母语说得像母语一样流畅。但内容一定要清晰且有逻辑，要靠数据说话；态度上既要尊重对方，也要尊重自己，做到有理有节。做到了这三点，你的陈述就会很有说服力。

有一次在通用电气上海的园区上课，中午排队就餐时，一个员工走过来和我打招呼。他是一位产品经理，之前参加过我的工作坊，最近刚从美国回来，说我肯定已经不认识他了。他说，在美国出差的三个月里，在做项目时使用了我教的理念，比如商业的定义、营销管理“吹风机模型”等一整套工具，在针对产品的工作讨论中“秒杀”了其他美国同事。我听了感到非常欣慰。

读后思考

作为一个消费者，你认为胖东来超市的价值主张和其他传统商超或者电商企业相比有什么不同？你更看重什么？

02 价值主张的核心：产品创新

我们作设计的时候，最重要的事情就是让产品特性一目了然。

——史蒂夫·乔布斯,《乔布斯传》

今年春节期间，一个好友发了一组他出车祸的照片给我。原来是因为下雪路滑，高速上旁边车道的一辆燃油车失控，从侧面撞了他的车。他开的问界 M7 被撞到了路边的防护桩上，还好只是车被损坏，人并无大碍。他和我说，被撞的瞬间车自动刹停，然后系统自己拨打了应急中心电话。这些动作让开燃油车的我有点惊讶，他看我一副没见过世面的样子，淡淡地说这些其实都是简单操作。后来见面时，他给我介绍了这辆车的很多功能，这些功能远远超出我的想象，也彻底改变了我对电车的认知。

之前有一次在清华经管地库搭夏立老师的同款车时，他和我说了很多功能优势，在路上向我展示开车有多轻松，说再也不开油车了。我虽然嘴上说不错，但内心其实是无动于衷的。我不是电子产品的粉丝，每次换个新笔记本，打开包装时并没有渴望的感觉，而是会觉得有点怵。虽然目前我还没有换电车的计划，但可以确定的是，心中原本对电车的成见好像开始慢慢松动了。

自民用汽车量产的一百多年来，其产品特性已经从早期主要满足交通运输的基本功能，慢慢进步到关注驾驶感、乘坐舒适度和安全性，到现在成为“可移动的智能空间”，其技术复杂度远超早期机械产品。可以说，汽车的发展趋势是“软件定义汽车”。相信未来的汽车将深度融合 AI、能源、通信技术，成为智慧城市的核心节点之一。

在这个日新月异的时代，创新不仅是发展问题，更是生存问题。产品创新的意义不是单纯的技术迭代或功能优化，而在于持续打破“价值创造的天花板”，是企业在复杂商业环境中实现价值跃迁的核心引擎，更是推动社会进步的关键动力。

1. 创新和企业增长的关系

> **张帆观点：**
>
> 产品创新应该从客户的视角出发去看客户的使用场景，更好地、前瞻性地满足其利益诉求，不是为了创新而创新。

产品创新不仅要关注行业发展和客户需求，也必须要关注相关产业的技术发展路径，同时更要考虑产品体系化的设计。这个时候前瞻性的产品的系统架构就尤为重要，也才能让产品具有更强更持久的生命力。假设笔记本电脑在研发的时候只从便携角度来满足使用者的需求，但如果没有考虑到以后会出现新的数据传输方式，比如因没有预判技术趋势而设置 USB 接口，那么当 U 盘出现的时候，没有这一外接功能的笔记本电脑的实用性就会落后。这可能会导致系统架构需要重新设计，同时产生巨大的产品平台的研发成本。

充电宝这一产品出现的时候，解决了很多手机使用者的电池焦虑，但因为充电接口的不同，一定程度上也限制了推广应用。无线充电宝的出现解决了接口问题，但对手机电池设计有了更高的要求，即电池是不是可以接受无线充电。当然，从另外一个角度来说，如果电池的待机时间通过研发可以做到超长待机，充分满足使用者的需求，那充电宝的市场规模也会逐步缩小，直至最后退出市场。假如真有那么一天，当下遍布公共场所的“共享充电宝”业务也会被新的业务取代。

创新是企业持续增长的引擎，是国内外许多百年老店基业长青的秘诀，也是许多初创企业颠覆传统企业的钥匙。通过不断探索新技术并将其转化为成功的产品，传统企业和新兴企业得以开辟新的市场，吸引新的客户群体，从而实现持续增长。

我经常在MBA课堂上提及当初惠普打印机的故事，这个故事不仅体现产品创新，也是一个好的市场洞察。

根据《经济观察报》2009年5月曾刊登的文章——《惠普：一张打印纸的价值》。惠普通过推广A4一体机来优化企业文印成本，挑战传统的A3复合机市场。在销售店内展示的“精打细算，当省则省”标语体现了这一策略。一家律师事务所的CIO（Chief Information Officer，首席信息官）王先生对产品情况进行询问。惠普重点推荐的是A4一体机，而在以往的采购经验中，A3复合机是首选，它几乎成了办公室的必备设备。

“贵公司办公用品中A3纸和A4纸每个月的消耗情况怎么样？”面对销售人员的询问，王先生回想了一下，A4纸每月消耗一两百包，而A3纸两年前剩下的还没用完。顿时，王先生迟疑了。而惠普并不迟疑，在传统 A3 复合机领域，惠普是后来者。惠普进入 A3 复合机市场较晚，且难以突破日系厂商主导的局面，因此集中力量发展 A4 一体机市场，避免直接竞争。

国际调研机构数据显示，企业对 A3 纸的需求普遍低于总需求的 6%，而使用 A4 一体机可使整体采购成本节省 50%。采用 A4 一体机不仅减少了初始投资和维护费用，还提升了打印效率与质量，减少了所需维护人员的数量。长远来看，替换为 A4 一体机能为企业节省大量资金。

尽管 A3 复合机长期以来被视为办公室标配，但经济危机促使企业更关注成本控制，客户现在更愿意接受惠普关于节约成本的建议。数据显示，2008 年低端 A4 一体机市场增长率为 23%，而惠普增长率达到了 46%，是市场的两倍。

IDC 的数据表明，2008 年中国大陆 A4 一体机市场增长 97%，远超 A3 复合机 15% 的增长率。惠普 A4 一体机市场份额常年保持在 30% 以上，显示出其在这一细分市场的领导地位。

我想说的是，创新远不只是产品和技术层面的，也关乎生产、经营、管理等方方面面。

张帆观点：

企业经营中的创新不只针对产品。

2. 制定创新策略需要考虑的关键因素

成功的创新要遵循在战略上坚持投入，将技术突破与实际应用场景相结合，通过以客户需求为导向解决痛点，来确保创新方向具有市场潜力，让创新真正创造价值。

这些因素相辅相成，并影响企业在项目选择、投资优先级和风险控制上的决策，确保创新能有效支持企业的长期增长目标。

西门子医疗早期专注于尖端技术的研发，例如推出了第一台电子显微镜和高精度的 X 射线设备。

随着市场竞争的加剧，其创新理念逐步从“技术优先”转向了“以客户为中心”。以影像设备的智能化升级为例，面对传统影像设备依赖技术人员手动操作、图像质量不稳定导致诊断效率低下的挑战，西门子医疗研发了基于 AI 的自动化成像技术——智能图像重建（AI-Rad Companion）。这项技术不仅提高了诊断的准确性，还减少了医生的工作负担，提升了患者的整体体验。

最终，该技术帮助医院显著缩短了诊断时间，同时降低了操作错误率，因此广受市场欢迎。这体现了西门子医疗在满足客户需求方面的成功转型。

克莱顿 · 克里斯坦森（Clayton Christensen）等提出，创新不应仅依赖于对客户数据的关联性分析，而应聚焦于客户在特定情境下需完成的任务——即“待办任务”理论。强调理解客户购买产品或服务背后的因果关系。通过识别和解决客户面临的具体问题，企业可以设计出更贴合需求的产品和服务，从而提高创新成功率。

3. 产品创新与价值主张

价值主张是产品或服务吸引目标客户的核心理由，必须清晰传递以下两点信息。

（1）客户痛点的精准解决：产品应直接回应客户的关键需求或问题；

（2）显著的差异化特征：在功能、性能或体验方面具备明显的竞争优势，从而形成市场独特性。

比亚迪近期发布的超快充技术，如“5分钟充电续航400千米”，标志着其在电动车领域的重大突破。这一技术不仅重新定义了充电效率，更在电池材料、系统架构及商业化应用上展现了创新实力。

从电动汽车用户的角度来看，这一技术消除了电动车的最大短板，推动消费决策从“续航焦虑”转向“体验优先”，提供了非常接近燃油车加油体验的便捷性。

4. 创新与产品生命周期

在当今快速变化的市场环境下，企业需通过一系列创新活动来维持甚至延长产品的生命周期。

在产品生命周期内，通过持续投入研发，结合成熟的新技术，在重视用户反馈、优化用户体验的基础上不断优化现有产品。同时，还要关注相关行业的产业发展，为推出下一代颠覆性产品做好准备。

有能力的公司可以从商业模式的角度打造产品生态系统，利用软件、服务和配件延续生命周期，也可以通过跨界合作创造新的市场机会。

近年来，专注于红枣产业的上市公司“好想你”持续聚焦“红枣+健康锁鲜食品”的战略主线，推出了一系列爆款新品。从传统红枣产品延伸至“红枣+”系列，如红小派、芝麻派、红枣黄芪水等，再到契合健康消费趋势的低GI黑金枣、黑金枣芝麻丸，构建起丰富多元的产品矩阵，全面满足不同消费群体的多样化需求。

在产品设计方面，“好想你”将红枣文化与现代美学理念深度融合。以红小派为例，该产品不仅沿袭传统蒸制工艺，其包装设计更巧妙融入东方美学元素，并携手故宫、国家宝藏等知名 IP 打造联名产品，实现传统文化与现代审美的有机融合。通过将红枣产品嵌入多种生活场景，“好想你”不断赋予红枣更深层次的文化情感价值，让这一传统食材在新时代焕发出全新的生命力与文化魅力。

5. 从客户需求洞察到产品创新

在产品管理工作坊中，我经常和我的学生说，一定要记得从客户的视角来思考产品的创新和研发。客户在使用产品时所有的不满意、不方便都是厂家创新和改善的方向。在产品设计阶段就可以邀请目标客户参与，也可以去客户现场了解应用场景，深入理解痛点和潜在需求。在行业市场中，那些能够帮助客户改善经营状况的重要技术指标，要提高其参数的水平；在大众市场中，对情绪价值的满足等都可以是创新点。

从加入西门子开始，只要是西门子有的家用产品，即使贵我也都会购买。这缘于母亲当初的教育，她说“你在西门子工作，如果你自己都不买西门子的产品，别人怎么会买呢？”所以，当初家里装修时，家电都是西门子的。室内开关面板是非常成熟的市场，在比较同类产品时，我还特意选择了一款带有一排荧光点的西门子的创新产品。产品的卖点是在黑暗中荧光易于帮助找到开关的准确位置，感觉这个创新亮点有别于其他同类产品。我当时还想晚上会不会晃眼，结果安装好后，等天黑时几乎看不到荧光，有点失望。有幸在课上遇到和这款产品有关的员工，被告知是某一个工厂生产的，产品设计和荧光粉的使用量都有问题，需要用强光先照射几分钟才能发荧光，而且荧光是会衰减的。创意其实是不错的，但产品概念落地时却忽视了客户的使用场景和实现产品功能的必要条件。

现在已看不到这款开关面板了，更多的是智能照明，比如感应灯等。无论是哪一个市场，永远都是新技术替代旧技术，产品也是优胜劣汰。

6. 创新模型及其应用

创新的过程中通常要借助经典的理论模型和框架，以确保研发活动的系统化和高效性。以下介绍几个常用模型及其实践应用。

（1）双钻模型（Double Diamond Model），见图 2-3。

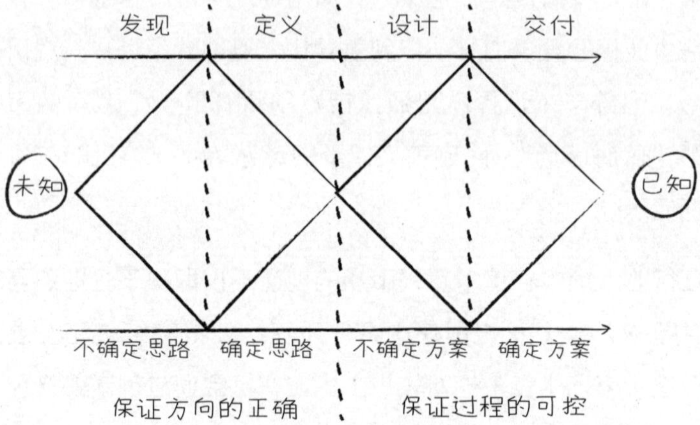

图 2-3 双钻模型

这个模型历经四个阶段，即发现、定义、设计和交付，强调发现需求并定义产品概念，然后通过交付产品来解决问题的迭代过程。

一家医疗设备企业在设计影像设备时，首先通过深入访谈和观察（发现阶段）识别基层医院对低成本磁共振设备的需求；接着在定义阶段，将问题归纳为“如何在低成本下保持高影像质量”。在开发阶段，他们通过 AI 算法优化磁共振成像流程，并在交付阶段持续收集客户反馈从而改进产品。

（2）开放式创新（Open Innovation）。

我眼里的开放式创新就是要打破原有的思维框架和体系，借助外来资源，比如大学、研究机构，甚至客户群体等来突破组织边界，引入新思想、新概念进行合作研发。

（3）蓝海市场（Blue Ocean Market）。

我理解的“红海市场”是一个完全成熟、充分竞争的市场，而“蓝海市场”则是指未知的、尚未被充分开发的新兴市场空间。企业的第一个选择可以是在这个“红海市场”中进一步细分，找出既能符合企业核心竞争力又能做到差异化，且细分市场具有经济规模的领域。另外一个选择就是通过技术创新开辟一个全新的市场空间，即“蓝海市场”，比如前文提及的惠普 A4 一体机的故事给予我们的启示。

在行业市场中，这个新兴市场的规模不仅取决于企业对目标客户群体需求的认知，也取决于客户所在产业链的结构和发展。通常，在这个市场中竞争相对较少，企业有机会通过创新的产品、服务或商业模式来创造需求，获得较高的利润和增长空间。

在移动支付出现之前，传统的支付方式占据主导地位，而移动支付领域就是一片蓝海。支付宝、微信支付等通过创新的技术和便捷的服务，成功开拓了这一市场，满足了人们对于便捷支付的需求，创造了巨大的商业价值。

几年前，在给一家规模不大的软件公司做产品管理工作坊时，我遇到了这样的问题：这家公司在其行业内找到了一个不被竞争对手所关注的需求，并通过努力获得了不错的回报，而且能看到未来可观的市场增长前景。但是在工作坊中，研发总监和市场总监都表示，他们担心自己将这块市场做大之后，会被所谓的外资巨头抢走。这不仅是心态的问题，也是眼界的问题，反映出他们对自己缺乏信心。据我所知，不止一家 IT 巨头当年都是从车库起家的。

7. 利用 AI 进行产品创新

我们看到新闻报道，越来越多的企业开始在产品创新中使用 DeepSeek 应用，我自己手机上的很多 App 也都在逐步接入，的确非常方便。这些都是 AI 为企业的产品创新和服务优化带来的深远变革，其核心价值体现在精准洞察、效率提升和个性化体验上。

针对研发而言，可以通过 AI 高效地对大数据进行分析，洞察客户需求，为新产品开发提供指导。比如在药品研发中，通过机器学习预测化合物性能，显著缩短了产品研发周期。

读后思考

技术进步和市场需求变化都是产品创新的动力。作为一个产品研发人员，你更看重技术进步带来的产品性能提升，还是更在乎这些产品能否更好地帮助客户群体解决痛点？

第三章

商业画布：让价值主张落地

在一个页面上呈现业务的所有关键元素，可以让你看到“大局”，就实现目标可能需要和想要做的事情做出更好的决定。

——拉吉库马尔 · 文卡特桑 (Raj Venkatesan)、

吉姆 · 莱辛斯基（Jim Lecinski），

《AI 营销画布：数字化营销的落地与实战》

咖啡文化当前在国内蓬勃发展，各种风格的咖啡馆如雨后春笋般在许多城市涌现。尤其值得注意的是，几年前上海就已经成为全球咖啡馆数量最多的城市。这让我想起了当年在上海生活时的场景：在一个工作日的早晨，我趁着调休去了家附近的静安寺久光百货商场。那个时候，上海的咖啡馆远没现在这么多。在地下一层的咖啡馆里，离我不远处的一张餐桌上，一位七十多岁的老大爷正享受着一杯咖啡和一份面包，手上还拿着当天的报纸——这是我印象中活跃在上海滩的“老克勒”形象。

当时，一位从事设计的朋友打算开一家咖啡馆，并向我征求建议。我对他说：“虽然我不懂如何具体经营咖啡馆，但我可以提醒你思考几个问题——你的咖啡馆将开在哪里？谁会来这里喝咖啡？他们喜欢什么样的装修风格？这些人为什么会频繁光顾？他们在咖啡馆里会做些什么？你又靠什么盈利呢？”

这些问题看似简单平常，但实际上正是在准备咖啡馆商业计划时需要考虑的关键要素。这些问题实际上构成了商业画布中的核心思考点，对于任何希望成功经营咖啡馆的人来说都是至关重要的。

商业是一定要盈利的，并且是可持续、可发展的。

在商业领域，与生俱来的商业奇才实属凤毛麟角，绝大多数的商业领袖或者知名的企业经营者都是一步一步脚踏实地成长起来的。

我们几乎所有人初入职场时都是从“菜鸟”开始的，也有人入职时是实习生但最后能够成为一名优秀的 CEO。我相信每一次岗位的变换或者升职有机缘巧合的地方，也有人所共知的所谓的“关系”层面。我不否认这些人性的东西，但我更想强调的是，真正有这样机会的人，是那些做事有视野、有整体观，对业务有足够认知的同时还具备很强的个人能力的人。毕竟商场如战场，没有能力只有关系的人，在关键岗位上走不了太远。

如果一个创业者或职场人士在经营中要把一个好的想法变为现实，同时还要减少失误，做到风险可控，商业画布就是一个很好的辅助工具。

商业画布是价值主张的落地，在商业画布中，要进一步明确，你的目标客户是谁？他们的诉求又是什么？他们为什么样的产品价值买单？你如何找到他们并建立关系达成交易？你又如何挣钱？你会与谁合作？你的成本支出又会发生在哪里……

让价值主张真正落地，就需要进行周密的考量并配备有效的工具，商业画布就是来达成这一目的的系统化工具。

张帆观点：

商业画布是用来落实价值主张的有效的系统化工具。

《论语·卫灵公》中记载孔子回答子贡时说：“工欲善其事，必先利其器。”为了将价值主张转化为真正的商业成果，企业需要一种系统化工具来帮助他们理清思路、明确方向并制定具体的行动计划。商业画布就是这样一款强大的工具。

根据亚历山大·奥斯特瓦德在《商业模式新生代》中的介绍，商业画布不仅能描述和展现商业模式，还能评估和改进它。

商业模式，描述的是组织在实现利润及稳定收入目标的同时，如何理性地创造价值、交付价值，并从中收获价值。商业模式可以说是业务的DNA，不仅描绘了企业如何赚钱，还确保企业内部在整个业务过程中在获取利润的方式上达成共识。

在构建商业模式的过程中，达成共识至关重要，即企业内部对商业模式各个组成部分形成一致理解。在商业化运营环境中，许多企业通过对过往市场经验的总结，形成了自己对商业模式的独特见解，但万变不离其宗。例如，制造业巨头西门子的经典商业模式框架，以及通用电气的九宫格商业模式等。

如图3-1所示，市场上广泛使用的商业画布模型通常由九个部分组成，从了解客户到控制成本，涵盖了企业运营的方方面面。

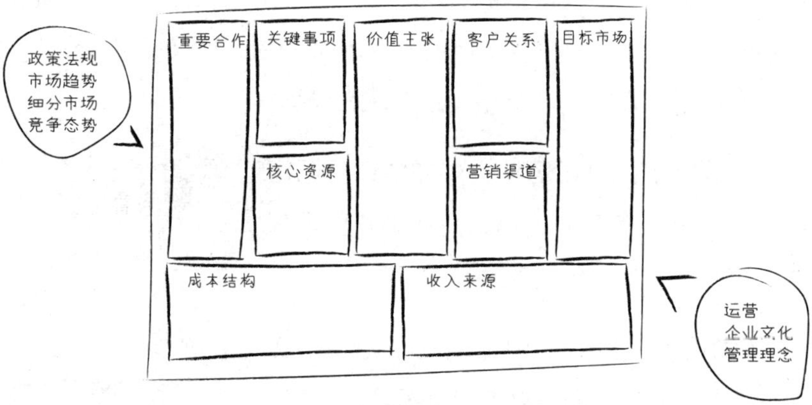

图3-1 商业画布

1. 价值主张

如前文所述，企业在筹划商业运营之初，首先需要想清楚未来的目标客户群体是谁，以及应提供怎样的产品或服务，这些产品或服务具备哪些核心竞争力。

同时，需考虑这些产品或服务能具体满足目标客户群体的哪些需求，为客户的业务经营带来何种收益和改变——例如，提升业绩、降低成本、提高效率、优化风险管控和节省能源等，这些是行业市场客户通常会关注的几个方面。

2. 目标市场

目标市场这一部分最重要的目的，是明确“谁是我们的客户”。这要求企业根据自身对市场的洞察，列出市场需求的产品功能、情感诉求等，并基于不同的市场主题确定相关需求，划分出不同类型的群体进行评估，从而找到一个或多个目标细分市场。

3. 营销渠道

营销渠道指的是企业通过直销、分销、电商等不同的销售模式，以及利用各种市场媒介传播方式，来触达目标细分市场。

4. 客户关系

客户关系是指如何与客户建立良好的关系，增加彼此间的信任及客户黏性，提升客户的品牌忠诚度。

5. 收入来源

收入来源指企业如何产生营业收入。常见的模式包括直接售卖产品获取销售收入；或者先赠送产品，后期通过耗材或服务产生销售收入；有些行业还可以通过销售备品、备件获利；此外，还有订阅费、会员费、租赁费、许可使用费、佣金、广告等多种盈利模式。

6. 核心资源

核心资源指保证商业模式顺利运行的所有资产，包括厂房、生产设备等实物资产；品牌、专利、客户数据库等知识性资源；强大的研发团队及具有特殊技能的员工等人力资源；以及金融资本，确保企业在未获得销售收入之前仍能正常运转，并有能力向支付能力较弱的客户提供卖方融资。

7. 关键事项

关键事项包含将产品价值主张落地、量化生产及进入市场的各个方面，如产品生命周期管理、客户关系管理、供应链管理及公司运营等。

8. 重要合作

重要合作的对象是在商业模式从概念到执行的过程中，会对接到的供应商和合作伙伴。通常，企业会选择专注于自身核心竞争力覆盖的领域，在其他领域选择合适的合作伙伴。做事有章法，出手时一招一式都有套路，同时能够如在打网球时借力打力般地获得领先，这些都离不开清晰的底层逻辑和对商业的思考。

> **张帆观点：**
>
> 为了实现利润最大化，每个商业模式都在努力寻求成本最小化。

9. 成本结构

成本结构指的是在特定业务或产品生产过程中，为实现其经营目标而发生的各项费用，以及这些费用如何在不同的产品或服务、不同的生产或运营环节中进行分配。

根据市场利益诉求的不同，成本结构可以分为两类。

（1）成本导向型：聚焦于最大限度地压缩成本，采用极简的成本结构，推出合适的价值主张，依靠规模效益取胜；

（2）价值导向型：关注价值创造，为目标客户群体提供高端的价值主张和个性化服务，因此更注重提供的价值而非成本。

通过对这九个部分的细致分析，企业可以明确自己的目标客户、能提供什么样的价值、怎么把产品或服务送到客户手中、怎样与客户建立关系、如何赚钱、需要什么资源、应该做什么工作、找哪些伙伴合作，以及怎样控制成本。

这样的分析过程不仅促进了企业内部的沟通协作，还帮助企业更准确地了解市场变化，及时调整策略，确保价值主张的成功实施。

在此我要提醒一下，商业画布的设计是在分析了政策法规、市场趋势、目标细分市场和竞争态势之后进行的，也就是要将我们的价值主张落地。

确定商业画布中所需要做的内容之后，还需进行运营规划、组织能力重构与战略人才储备、企业文化建设及理念提升的系统安排。整个框架要确保各方对如何在业务中实现盈利达成共识。

> **张帆观点：**
>
> 商业画布的设计和执行也受所在市场环境和企业经营理念的影响。

最后，我还想强调：即使拥有创新的商业模式，如果企业在内部运营体系中不能根据外部环境的变化及时调整自身，特别是在面对关键选择时——例如，未能因应政策变化而调整产品标准，未能准确把握目标客户的需求，或在面对竞争对手的压力时没有采取适当的应对措施——可能导致企业的经营难以为继。任何商业模式，只要一方的诉求不能得到满足，或出现损害任何一方利益的情况，便无法持续，难以长久。

读后思考

一位创业者想做一个儿童二手玩具共享服务平台，从商业画布的角度，你会给他提供什么建议？

第二部分

营销管理“吹风机模型”：操作逻辑

由于企业的目的是创造客户，任何企业都有两个基本功能，而且也只有这两个基本功能：营销和创新。

——彼得 · 德鲁克，《管理的实践》

很多年前，有一个短视频让我印象极其深刻。记得画面中一位被采访的退役篮球明星提到约翰·伍登（John Wooden）时，泪流满面地说："他不是在教我打球，他是在教我怎么去过好自己的人生。"约翰·伍登是美国篮球史上唯一一位以运动员和教练员双重身份入选奈史密斯篮球名人纪念堂的人，虽然他从未执教过 NBA 球队，但在业界有着极高的威望。

在约翰·伍登执教加州大学洛杉矶分校棕熊队的 27 年中，该队拿到了 10 个 NCAA 冠军，包括空前绝后的 7 连冠（1967—1973）。同时，他所执教的球队还曾创下 88 场连胜的纪录。大家知道，善于商业运作且拥有雄厚资金实力的 NBA 球队可以每年通过选秀和大牌球星转会保持长期的竞争力。但大学校队的球员都是学生身份，每年都会有新人加入，也会有人因毕业而离开，流动性很大。在这种情况下，如何长时间保持球队的竞技水平？我认为，对球队成员来说，最重要且最有影响力的人就是教练。

约翰·伍登有很多经典名言，我最喜欢的一句就是："要快，但不要匆忙！（Be quick，but not in a hurry!）"他要求球员在比赛中始终努力保持专注，在高效与冷静之间取得平衡，这也是他执教理念的重要组成部分。他强调，在篮球比赛和生活中，"速度和效率"至关重要，但必须避免因慌乱而失去对节奏和细节的控制。"Hurry"没有章法会导致错误，而"Quick"则可以通过训练和专注来实现。

篮球场上激烈的竞争对抗会导致输赢态势在瞬间发生变化，获胜机会稍纵即逝。其实，市场营销管理也是一样的，商场如战场。我们很多人每天都要面对海量的信息、不确定的市场变化、繁多的工作和活动，很多时候还需要背靠背地一站又一站地连续出差，时不时还会遭遇“黑天鹅”事件。这些事情叠加在一起时，会让我们缺少思考的时间。这时我们可以让自己先静下来，脚步可以匆匆，但内心不能慌。如果从一开始就能站在一定高度进行系统梳理，对市场既有合理的预判又有充分准备的预案，在具体的执行中我们就能有条不紊地“手忙脚乱”。

如果把市场环境看作比赛的篮球场，那么营销管理“吹风机模型”可以说是市场营销的教练，是在面对多变市场时战略和战术层的动态锚定。通过对商业的定义中客户关系管理模块的系统思考，基于业务发展战略，确定企业的目标细分市场在哪里、规模有多大、客户的利益诉求有哪些、有谁在与我们竞争、如何获取稳定的销售收入，最终实现企业的业务战略和发展愿景等。经过多年在不同行业、不同公司对不同产品的持续验证，这个模型的确是一个非常好用的系统思考、决策分析和落实行动的工具箱。

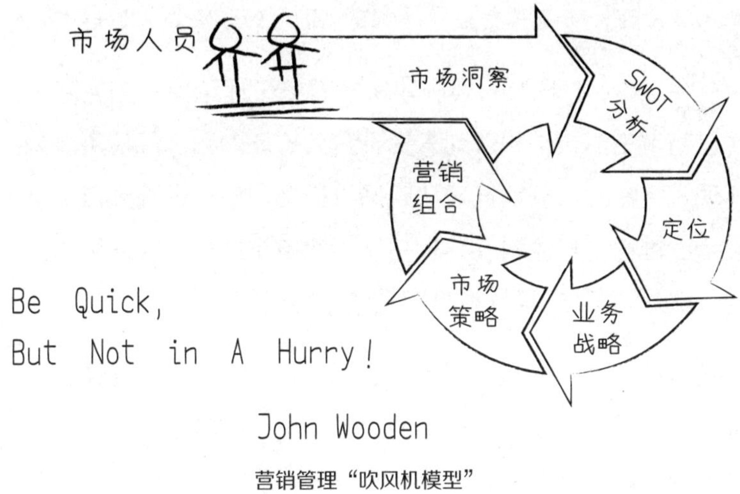

营销管理“吹风机模型”

当初我刚转行当老师时，有一次在课堂上，学生问我如何进入一个市场。我在很大的翻页纸上画了一个箭头，在箭头里写下“市场”二字，并标出市场内的关键要素。接着，我又画了一个箭头，写下“SWOT 分析”，即要清楚自己是谁。然后，就是确定在市场中你想要达到的目标——定位。接下来是如何通过业务战略来实现这个目标，以及市场策略具体如何实施落地，这就涉及到营销组合。经过一个首尾相接的箭头组成的循环，最后以 4P（营销组合：产品、价格、渠道、促销）的形式回到市场中，周而复始。

看着翻页纸上一个个有逻辑关联的箭头的演绎，我突然觉得这是一个非常简单实用的营销管理模型，便将其固化下来，不断丰富和完善，使其成为一个操作性很强的营销管理工具箱。十多年来，这个模型以工作坊的形式在多个截然不同的行业中得到了广泛的验证和使用，被认为是一个非常系统化且极具实用性的营销管理实践工具。

特别值得一提的是，营销管理“吹风机模型”的名称并不是由我本人提出的，而是数年前清华经管 MBA 的学生在上课时起的。

在我眼中，MBA 的案例教学应着重于理论体系的实际应用，并通过与学生的讨论和互动来提升其分析能力和工具使用能力。最终实现知行合一。营销管理“吹风机模型”这一名称源自课堂上动态展示的过程，其逻辑环环相扣，因此被学生们形象地称为“吹风机”。这也是互动式案例教学取得的一个成果。

我常对我的学生说：“使用这个营销管理流程，我真的不能保证你们不犯错误，但如果你按照这个模型中的各个要点，一项一项地做，我可以保证你们在 80% 的情况下不会犯低级错误，也不会有重大的漏项。”

我们在本书的第一部分“理解商业”中探讨了商业的定义。商业是一个价值链协同体系。

> **张帆观点：**
>
> 无论是卖导弹还是卖茶叶蛋，其营销的底层逻辑是相同的。

我们从这个协同体系出发，审视、解析并实践市场营销管理，构建了一整套行之有效的市场营销管理体系。在这个价值共生的体系下，根据詹姆斯·C·安德森（James C. Anderson）和詹姆斯·A·纳罗斯（James A. Narus）在《组织市场管理》（*Business Market Management*）中的观点，从客户角度出发，市场营销管理可以分为价值发现、价值创造和价值传递三个步骤；从竞争层面观察，则是各部门遵循市场导向原则，携手合作，争取市场份额的最大化。整个营销活动的每一环都在这个复杂而有序的“生态系统”中展开。

营销管理“吹风机模型”是我在帮助企业解决市场营销及产品管理问题时使用最多的工具。我对此的认知是，当你对这个管理流程和诸多工具烂熟于心的时候，就真正达到了“手中无剑，心中有剑”的境界，可以坦然面对市场中遇到的所有变与不变。

这么多年我自己有切身的体会，也受益良多。

有一次给B2B行业的客户做工作坊，那段时间正值频繁出差的时节，一站接一站地飞。客户的业务负责人是一个丹麦人，在沟通时他希望我提供一些以往做过的商业案例，我说没有，自己也从来不做任何记录，而且对讨论的内容出了会议室就忘了——这是人家的商业秘密，我当然不能说。他说，那我怎么知道你做了那么多案例呢？我说，如果有一天其他客户来问我要你的东西，我能给吗？他说那当然不能给。他又问我能不能给他一些资料。我说，沟通后的工作坊建议可以给你，但是现场可能会有所变化，因为基于大家的讨论和解决的问题要做一些微调。工作坊第一天的午休时，他邀请我一起吃饭，说效果很好，上来没多余的话，直接就是他们的产品，并问我准备了多久。我说，你可别投诉我，自从上次咱们沟通完内容确定要做这个工作坊以后，由于出差太忙，其实并没有特别准备，现场针对产品的梳理和对产品经理思考的激发才是最重要的。

这里，我还想强调，很多时候我们在工作中做的是我们平常熟悉的内容，但总是会遇到不了解的新东西。我自己从事过的行业也很有限，而客户或者 MBA 学生很多都来自对我来说完全陌生的行业。在授课现场用营销管理“吹风机模型”演绎他们实际的业务或案例，通过系统地梳理和分析，同时用清晰的底层逻辑对他们的业务或案例的讨论结果进行点评，让大家看到需要改善和提高的空间，这就是他们想要的东西。

朋友请我去一家央企保险公司为其省公司高管做工作坊，他们称之为业务扩大会议。参与者包括省公司的部门经理和各区域的总经理，目的是讨论如何改善和提高业绩。其实当时我对保险行业的经营一无所知，这也是我第一次用工作坊形式服务保险行业的客户，但我对工作坊的底层逻辑和里面的工具所能达到的效果非常有信心。

张帆观点：

营销管理“吹风机模型”强调从市场洞察到市场营销的执行落地，是一个持续的动态循环系统。

工作坊开始前，董事长和我提到公司在他到任之前曾亏损十几年，但他上任后的几年里，一直坚持抓经营，业绩正在逐步提升。我们选择了比较难做的几个业务进行分组讨论，并按照营销管理“吹风机模型”进行系统梳理。

第一天中午结束时，董事长对我的朋友说：“张丽萍，你真是功德无量，没想到我们公司还有这么多问题需要沟通和解决。”

营销管理“吹风机模型”强调从市场洞察到营销组合的执行落地，是一个持续的循环系统。

下图是营销管理“吹风机模型”的全貌展示。

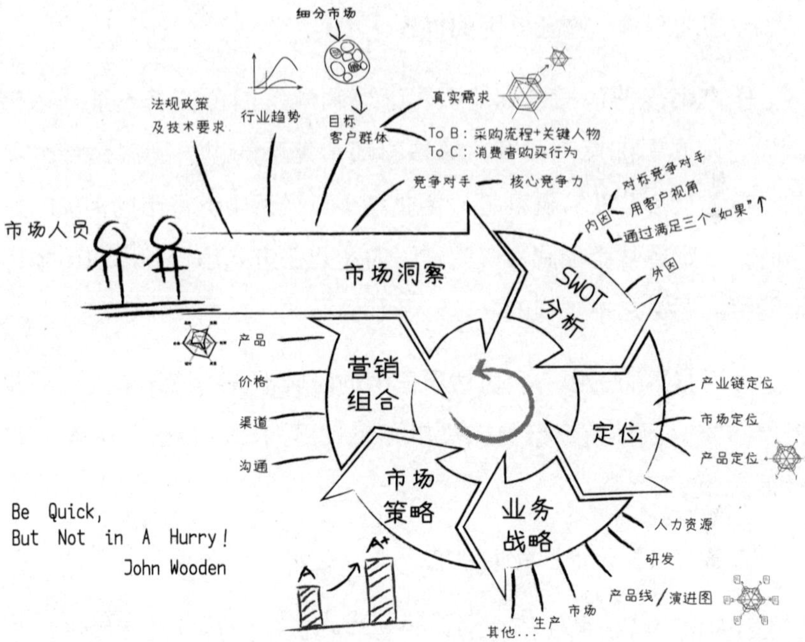

营销管理“吹风机模型”全景

我们在这个模型中既没有看到具体公司也没有看到具体产品，看到的只是逻辑体系。这个模型所展示的体系可以广泛应用于不同行业的商业环境，帮助梳理并解决业务经营中的许多问题。所以我经常和学生开玩笑说，在我眼里卖导弹和卖茶叶蛋其实是一样的。虽然产品不一样，目标受众不一样，决策因素也不一样，感觉是两个完全不同的行业，但仔细看下来，底层逻辑完全一样。

整个动态的营销管理流程遵循这个被形象化为营销管理“吹风机模型”的逻辑顺序：从市场洞察开始，依次经过 SWOT 分析、定位、业务战略、市场策略，最后到达营销组合的实施。每个阶段都承载着特定的任务和目标，它们共同构建了一个系统化的营销框架。以下是这个流程的全景介绍。

1. 市场洞察：看看外面的世界

作为市场营销的基础步骤，市场洞察是指企业进入某一特定市场之前必需的深入研究，即看看那个外部的世界到底是什么样的，具体有哪些业务机会等。企业在实际经营中进行市场相关的决策时，一定要从市场洞察开始，因为企业在进入市场前后对市场环境的整体感觉是不一样的。

市场洞察的主要内容包括所在市场区域相关的法律法规、行业发展趋势、目标客户群体的需求和增长潜力，以及主要的竞争对手等。

2. SWOT 分析：我们是谁

SWOT 分析模块是企业对内部核心竞争力及外部环境进行全面评估的一种方法，主要帮助企业明确“我们是谁”。它可以分为两个部分。

（1）SW（Strengths and Weaknesses）：即企业的优势和劣势分析；

（2）OT（Opportunities and Threats）：即外部市场环境

的机会与威胁分析。

3. 定位：我们要去哪里

> **张帆观点：**
>
> 定位指的是企业基于自身所处的市场环境，所产生的期望与认知，即“未来我们要去哪里”。

企业最高层级的定位是使命和愿景，即明确企业为什么要存在、未来长远的发展图景是什么，这是企业的核心价值观和社会责任。使命愿景定义了企业的核心价值主张和存在意义，是企业品牌的精神内核。企业品牌则是企业使命愿景在市场中的落地载体，是通过产品、服务和应用场景等将使命愿景转化为市场可感知的承诺。

因此，定位模块是企业基于自身所处的市场环境、所产生的期望与认知，即“我们要去哪里”。从行业状况和市场层面以及产品的价值主张来说，定位可以分为三个层级来做：

价值链定位：即企业在产业链上的角色：指的是公司在整个产业价值链中的具体位置和功能。比如是专注于研发、制造、品牌、分销还是专注于售后服务等环节。

市场定位：即企业在市场中的竞争地位：这涉及企业相对于竞争对手所处的位置，即它是在市场环境中扮演领导者、追随者还是挑战者的角色。这一层级的定位决定了公司的竞争策略和相应的资源分配。

产品定位：即产品针对客户诉求和竞品相比所应该呈现的特征属性，是否能充分体现产品的价值主张。

定位的落地效果是通过产品的销售目标来呈现的。所以，我们在实际的经营中使用“吹风机模型”时，也可以把公司的年度销售目标、某一个业务单位的销售任务、甚至某一条产品线或单个产品的具体销量作为定位的指标。

4. 业务战略：我们如何实现

业务战略模块是指企业规划和执行其战略目标的方法与路径，即“如何达成目标”。

> **张帆观点：**
>
> 业务战略模块是指企业规划和执行其战略目标的方法与路径，即“如何达成目标”。

它始于设定整体目标，随后通过战略分解将这些目标转化为具体任务，分配至各个相关部门，包括但不限于人力资源、产品研发、产品线管理、生产及运营等部门。一个有效的业务战略应当与企业的实际情况紧密结合，充分发挥自身优势、规避劣势，并确保策略的可行性和可操作性。

5. 市场策略：三个选择

市场策略模块的主要任务是获取销售收入和销售利润，是企业战略的重要组成部分。制定市场策略时，主要从三个维度考虑。

（1）产品领导力；

（2）客户关系；

（3）运营优化。

企业需要辨别自身所处位置，一般可分为以下几种。

（1）市场领导者；

（2）市场跟随者；

（3）处于行业平均水平；

（4）低于行业平均水平。

同时，根据所处行业特性、目标客户群体特征，以及企业的经营模式等因素来决定如何在市场上取得竞争优势。

6. 营销组合：落地呈现

最后，营销组合将之前的一系列努力转化为市场中的实际行动。营销组合指的是企业通过对内外部信息资料进行梳理，基于企业的战略发展制定的可落地的具体方案，包括产品（Product）、价格（Price）、渠道（Place）和沟通（Promotion）四个主要部分，即所谓的营销 4P。通过合理的营销组合，可以与目标细分群体进行充分有效的沟通，获得其对产品或服务的认可，最终促成交易，将其发展成真正的目标客户。

营销管理"吹风机模型"是一个闭环管理框架，从市场洞察开始，经过分析梳理并制定营销方案，以营销组合 4P 的形式又回到市场中。企业经营过程中遇到的绝大多数营销相关的业务问题，都可以通过这一模型进行追溯，并借助循环往复的分析与比较，深入挖掘问题的根本并作出调整。

在我教授的清华经管 MBA 的英文课程 *Business Marketing Management* 中，营销管理"吹风机模型"也颇受海外学生的欢迎。学生普遍认为，这一逻辑体系在其本国做市场营销时同样适用。在学生分组做的案例分析作业中，既有学生所在国的本地案例，也有助力中国企业出海的案例，以及国外产品进入中国市场的案例。

在此，我想特别强调一点，当中国企业进入海外市场时，除需要遵守所在国家或地区的法律法规外，更应学习一些知名外企在中国市场所采取的“In China for China”的经营理念，积极实现本地化，尽可能在营销和销售岗位上使用当地人才，并对区域内的民族文化及宗教信仰给予应有的尊重。本地化的最高境界是“成为本土”。

在第一次去维也纳时，我和几位朋友被邀请到一家拥有 80 多年历史的知名餐厅用餐，在餐厅的照片墙上可以看到从总理到部长等政要及各界名流频繁光顾的身影。然而，由于老板年事已高且其子女无意接手家族生意，这家餐厅最终被一对在维也纳经营餐饮业多年的中国夫妇收购。为了确保餐厅依旧保持原有的本土特色，这对夫妇保留了从经理、厨师到服务员在内的所有员工。以至于即便是常客也没有察觉到变化，依旧认为这是一家地道的奥地利餐厅。

我自己曾多次去韩国，以及新加坡、泰国等东南亚国家出差，在面向公司亚太地区的高潜人才培养项目中，运用营销管理“吹风机模型”，帮助大家理解商业的定义，以及如何更好地做好营销管理工作。多年前，我与外部咨询公司的顾问在东南亚多个国家执行一个销售相关的项目，其中第一次去印度尼西亚的经历让我感受颇深。记得项目当时被安排在雅加达的洲际酒店，第一天中午下课后我们去吃午餐。学员们比我们先离开，但我们到达餐厅时，却没有看到一个人。在我们快吃完时，他们才来。一问才知道他们都去做礼拜了，这是伊斯兰教中的每日宗教功课，是“五功”之一。穆斯林每天进行五次礼拜，中午时分的礼拜是第二次，称为“晌礼”。经过进一步沟通，我们调整了后面几天的日程安排，并且将周五中午的午休时间延长了半个小时。在后续的项目执行中，我们都做了相应调整，以满足学员在做礼拜方面对时间的需求。

相信很多人还记得20世纪八九十年代，国内很多城市的出租车使用了伏尔加汽车厂（AvtoVAZ）旗下的汽车品牌“Lada”（拉达），它是国内出租车市场的主力车型之一，因皮实耐用而在寒冷地区尤其受欢迎。拉达诞生于1966年，其经典车型如拉达Riva（基于菲亚特124改进）以价格低廉、结构简单、维修方便著称，在当时的计划经济国家中广受欢迎。

20世纪90年代初，苏联解体后，拉达试图开拓新市场以弥补下滑的东欧市场。南美成为目标之一，尤其是巴西、阿根廷、哥伦比亚等国家。当时的南美市场已被大众、通用、菲亚特等品牌深耕数十年，拉达的低价策略不足以撼动其地位。加之同时期日本车（丰田、本田）凭借可靠性大举进入，进一步挤压了拉达的生存空间。

拉达在1991年进入巴西市场，其年销量从未超过2000辆，并于1996年退出；在哥伦比亚市场，其高峰时的市场份额仅为0.5%（1993年），远低于预期。总结下来，根本原因是产品力不足、文化适配缺失及供应链短板，主要包括以下几个方面。

1. 拉达以“粗糙耐用”著称，但南美消费者更倾向于选择舒适性更高、设计感更强的车型（如大众、菲亚特）；

2. 未针对南美需求调整设计（如缺乏空调配置、发动机不适应高温气候）；

3. 拉达的钣金工艺差、内饰简陋、故障率高，在口碑传播中处于劣势；

4. 苏联解体后，伏尔加汽车厂陷入混乱，零部件供应不稳定，导致售后维修困难；

5. 经销商网络薄弱，售后服务远逊于成熟品牌；

6. 营销策略生硬，未能化解品牌名争议（如未通过本土化改名或广告引导正面联想）。

这里我特别想强调的一点是，虽然产品力是营销制胜的核心基础之一，但在进入一个全新的市场时，对文化习俗考虑的缺失会让产品在一开始进入市场时就处于劣势。在部分南美国家，如哥伦比亚、委内瑞拉等，“Lada”的发音与西班牙语中“裸男、舞男”的俚语发音非常相似，且这种用法在这些国家的市井文化中广泛存在。

1992 年，哥伦比亚媒体《时代报》（*El Tiempo*）曾调侃：“买拉达？至少它的名字能让你成为派对焦点。”2003 年，《全球营销期刊》（*Journal of Global Marketing*）将拉达案例列为“跨文化品牌命名失败”的典型，指出发音问题放大了产品本身的缺陷。这是一个在市场营销领域被广泛引用的跨文化传播教训。

我建议有能力的中国企业应向传音手机学习，我相信国内很多人并不知道传音控股被称为“非洲手机之王”。2023 年，其旗下品牌 TECNO、itel 和 Infinix 在非洲市场的占有率超过 40%，成功让非洲消费者将其视为“本土品牌”。传音深圳总部设有“非洲研究院”，每年会派遣超过 200 名员工赴非体验生活。因此，在设计手机时，传音不仅充分考虑了非洲市场消费者对功能的需求，也考虑了非洲缺电及支付能力不高、应用场景有别于其他市场的特点，并推出了极具性价比的产品。此外，传音还在手机的设计中引入多种非洲元素，实现本土化命名，其中，TECNO 源自“Technology”（科技）和“Nigerian”（尼日利亚），型号的命名则采用非洲元素，如 Phantom X（非洲神兽）、Spark Go（部落舞蹈）。传音在非洲的本土团队拥有 100% 的决策权，如加纳团队否决了总部金色手机提案，因为当地更崇尚蓝色。

在营销中，传音强调归属感，并提出“For Africa，By Africa”。广告片有酋长婚礼、校园毕业礼、小商贩收款等真实场景。在名人效应方面，传音坚持“非洲英雄代言非洲品牌”，签约了尼日利亚球星米克尔和获得格莱美奖的歌手 Burna Boy。同时，传音还积极参与当地教育支持、文化保护和青年创业计划等活动，从产品到情感层面，让非洲人掌握定义权。正如传音创始人竺兆江所言：“我们不把自己当救世主，而是让非洲人自己拯救自己。”这或许是中国品牌国际化的最深刻启示。

读后思考

营销管理“吹风机模型”的底层逻辑对于行业市场和大众市场是一样的，针对你所在的企业或你的创业项目，你认为最困难的是哪一个环节？为什么？

第四章

营销管理“吹风机模型”应用：工作坊

组织市场管理是理解、创造以及向目标市场和客户交付价值的过程。

——詹姆斯 · C · 安德森,《组织市场管理：理解、创造和传递价值》

多年前，麦肯锡公司为中国远洋做了一个管理咨询项目。在项目完成后的内容落地阶段，我受邀参与了营销部分的执行工作。当时，我使用了营销管理“吹风机模型”，在上海为高层管理者举办了三期强化的营销管理工作坊，反馈非常好。第二年，在上海、广州和青岛等地，我同凯洛格公司的任巍、魏开诚老师一起，为远洋的一线市场营销人员进行了四十期的营销管理、顾问式销售和服务关键时刻等内容的梳理，对实际问题进行了讨论和解答。

在一次工作坊中，一位管理者提出了一个问题：“在旺季时，货轮总是被低价舱位所占据，高价舱位却进不来，应该如何处理？”我当时的回答是：“如果这是我们第一年做这个生意，确实没有经营经验，对市场发展趋势把握不准，不知道会发生什么。但如果你已经做了十年、二十年，这种情况还在发生，那你就应该被炒掉。”

随后，我在现场画出了12个月的货运变化图，找出了旺季的一个时间点，并用饼图标注了高价舱位、中价舱位和低价舱位的份额。同时，我还展示了每个舱位在饼图中的份额随时间的变化情况，即我们常用的柱状图。我解释说：“假设高价舱位通常占我们份额的30%，但在今年旺季，货轮开行前的一段时间内，还没有达到这个占比，你需要做的是去了解这些高价舱位通常属于哪些客户，追问一下为什么他们的货物还没有发货。可能是耽搁了几天，也可能是因为他们的客户取消了订单等。”

我进一步强调：“数据库不应该只是记录在纸上的数字，还应该能将数据的状态和趋势进一步可视化，能够展示发展变化的才是真正的数据库。"通过这种方式，你可以更清晰地看到市场的动态变化，通过数据对比发现问题，及时调整策略，避免高价仓位被低价仓位挤占的情况。

> **张帆观点：**
>
> 真正的数据库应将数据的状态和趋势进一步可视化，展示其发展变化。

市场营销不仅是决定企业在行业中竞争地位和生存能力的关键要素，更是企业持续发展的核心驱动力。

彼得·德鲁克曾说过："企业的目的只有一个恰当的定义——创造客户。"

根据菲利普·科特勒（Philip Kotler）的观点，"市场营销是通过创造和交换产品及价值，满足个人和组织需求的过程。"

因此，培养严谨的市场思维模式，树立市场营销的整体观对企业至关重要。这不仅要求企业深入理解和洞察市场动态与客户需求，还需要企业在战略层面进行系统性的规划和执行。

市场营销管理是一个系统工程，从政策法规、趋势分析、目标客户群体分析、竞争分析，到定位、业务战略、市场策略，以及产品开发、品牌建设、渠道管理和市场沟通等各个环节，都需要进行全面且系统的思考。

正如我在本书自序中所提到的，在清华经管 MBA 的教学中，不论是中文课还是英文课，我都采用案例教学的形式，即学生分组讨论，选择自己感兴趣的案例进行研究，这些案例可以是创业项目，也可以是现有行业市场或大众市场的案例。营销管理"吹风机模型"作为理解市场营销管理的系统思考框架，是课程的主线，模型中的每个模块都包含实用且可操作的落地工具。课堂有理论体

> **张帆观点：**
>
> 知道和会做是两个层级，知行合一是追求的目标。

系讲解、分小组讨论案例及展示、点评总结等环节，采用“边学边干”的形式，全程互动，便于学生将这些底层思考逻辑和工具融会贯通，知其然还知其所以然，努力达到知行合一。

这一模型不仅在 MBA 案例教学中得到好评，而且在众多企业工作坊的实际操作中也一再得到印证。通过这一模型，企业能够更有效地梳理和优化其市场营销策略，提升营销管理和产品经理的业务能力和团队协作水平。

在教学过程中，经常有学生在课后找我聊自己所在公司存在的困难，套用营销管理“吹风机模型”来思考解决问题的方向。不止一个学生问我在实际的营销管理中，这个“吹风机模型”需要用几次，我的回答是无数次，而且要持续动态地使用。我相信一定有读者注意到模型图的中心位置有一个和吹风机走势相逆的回旋箭头，这个箭头的意思是，在实际的操作中，如果在后面任何一个环节中发现了问题或困难，都要回头，从源头追溯。比如，如果产品销量不好，那要从市场洞察阶段看起，评估产品是不是符合市场发展趋势，能否满足目标客户的利益诉求。B2B 的产品还要看看客户的采购决策流程和流程上的关键人物；B2C 的产品要看看消费场景，以及是否满足消费者的情绪价值等。另外，还要看分销渠道的选择是否合理，市场沟通活动是否有针对性等。如果遇到客户抱怨产品价格过高的情况，那就要看看在进行市场细分时是不是有不合理的地方，或者该客户是不是目标细分群体中的一员。如果公司产品的目标受众是追求性能品质、对价格不敏感的群体，把这个产品提供给只要求能满足基本性能，但追求低价格的群体时，被认为贵就是很自然的事儿。

我想说，工作坊是一个共创的过程，用第三视角引导习惯埋头于产品，并对产品的技术参数如数家珍的产品经理们抬起头来，不仅从客户的视角看产品的使用，而且还要理解客户的经营管理，看产品给客户带来的收益。这样，产品经理或许对产品能有新的认知。

有一次做工作坊的时候，一家知名外企的一款产品是给奶牛厂提供的电子颈圈，用来监控奶牛的生理期和健康指标。在讨论中，产品经理一直在纠结于电池的待机时间没有竞争对手的产品长。我发现大家忽视了这款产品强大的功能。我说，电池待机时间短其实不是大事儿，你们卖的不是电子颈圈，你们卖的是一个强大的数据库，让奶牛场能够对奶牛健康和生理期进行合理监控，改变现在奶牛高产但产奶期短且奶的品质不高的状况，转向将产奶量降到合理水平并延长产奶期、提供高品质牛奶的方向。大家看着我说，这是他们从来没有想到的方向。我说，旁观者清，作为产品经理，你们关注的是产品本身，而我关注的是这个产品带给客户的潜在收益。

我还想强调一点，天下没有两家一模一样的公司，也没有两个一模一样的市场。我们可以用营销管理“吹风机模型”制定公司层面的相关策略，也可以用它制定某一个业务板块，或者某一条产品线，甚至当进入一个全新且不太熟悉的市场时，还可以将它用作营销管理体系化的思考和落地的工具。

接下来，我们来看一些具体的应用案例，它们展示了营销管理“吹风机模型”在不同行业里的成功实践，包含 B2B 和 B2C 等多种业态。

1. 上海宝钢海外市场工作坊

国有大型钢铁企业宝钢在其人才学院中应用了营销管理“吹风机模型”，对负责海外市场业务的经理进行了“边学边干”的工作坊。通过按不同区域板块的实际操作学习及演练，参与者根据各自所在的海外区域有针对性地梳理业务。讨论结果不仅为实际区域的营销活动提供了指导性建议，还加深了大家对工具的理解。

2. 奇瑞的海外营销工作坊

奇瑞汽车以营销管理“吹风机模型”为框架，对其海外各区域市场的营销经理进行了“边学边干”的工作坊。通过将营销体系的各种工具应用到具体的海外区域，发现并解决了潜在的问题及疑难点。

同时，奇瑞汽车还将海外经销商，包括南非、埃及、伊朗等国家的合作伙伴请到中国，使用市场沟通模型，针对特定车型在当地的上市发布活动进行了工作坊，明确目标客户群体及其关注的购买要素，设计了有针对性的市场沟通方案和发布活动。时任公司高层的童总全程参加，在工作坊结束时对此给予了高度评价，认为这才是他们所期望的培训。

3. 赛默飞世尔科技中国的产品经理核心能力提升项目

作为外企 500 强，赛默飞世尔非常重视在中国市场的耕耘，在产品战略上提出“在中国为中国”（In China for China）的概念。因此这家公司对产品经理的能力提升尤为重视，开展了多个产品经理核心能力工作坊项目。每个项目为期 6 天，每个月进行 2 天，三个月完成。

工作坊以营销管理“吹风机模型”为主线，围绕产品经理的核心能力，从市场洞察、产品管理到市场运营及沟通，以公司的实际产品为切入点，通过工具帮助产品经理系统梳理，找出需要解决的问题并提出解决方案。时任实验室解决方案中国事业部（Lab Solution China）的负责人 Rex Wu 在其中一个项目结束后进行总结时表示：“这次工作坊项目比以往请外部一流的咨询公司进行的项目效果更好。那些咨询公司只是和我的员工开了很多会，然后给我一份厚厚的报告。这次培训是老师带着大家，用自己的产品，“边学边干”，手把手地教。我能看到很大的变化，从各个方面得到的反馈都令我非常满意。”

从下一章开始，我们将对营销管理“吹风机模型”的各个环节进行详细介绍。

读后思考

到这里，你是不是对营销管理“吹风机模型”的应用有了初步的了解呢？你觉得有没有哪个行业不适用这个模型？为什么？

第五章
市场洞察：看看外面的世界

深入了解客户待办任务，让公司能够差异化其产品服务，对手别说是模仿，就是理解都很困难。

——克莱顿 · 克里斯坦森（Clayton Christensen），

《哈佛商业评论中文版》2016 年 9 月刊《洞悉客户的“待办任务”》

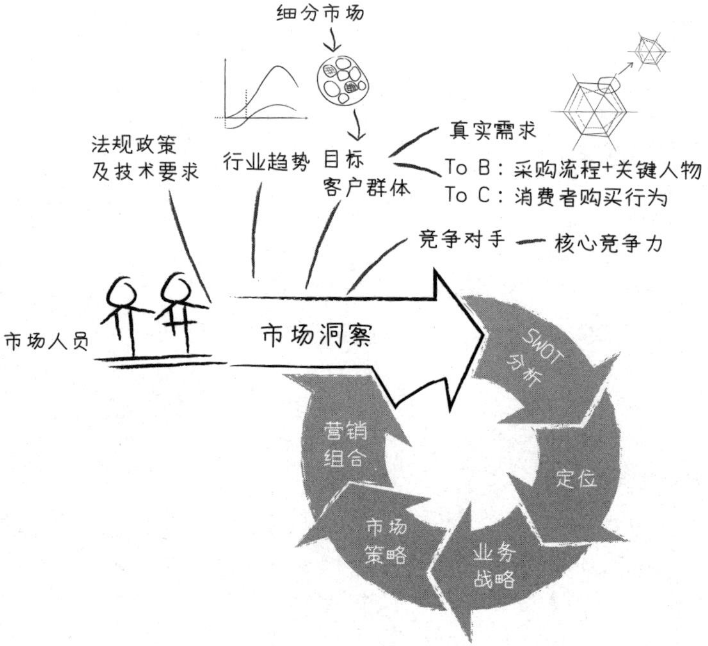

图 5-1　营销管理"吹风机模型"之市场洞察

我想在城市里生活的很多人都有过这样的经历：一个新的住宅小区交付后，如果有底商，最初一段时间内，总有一些底商走马灯似的频繁更换门面和业态，而另一些则一直经营得很好。我相信每个做生意的人都认为自己很聪明，认为自己做的生意一定能赚钱。

然而，大部分人主观意识极强，有点资金就着急开店。很少有人会认真思考：自己经营的项目能否真正满足小区及周边居民的需求？每天的经营流水最少要多少才能覆盖成本并开始盈利？是否有得力的员工？在前期销售收入尚未形成一定规模的情况下是否有足够的资金支持运营？是否有足够的货源和服务能力？如果客户提出线上服务的要求，谁是合适的物流服务提供者？

在大众市场，即使是同样的业态，因为所处的环境不同，商家可能采取的经营策略也不同。

假设我们在同一个城市开两家川菜馆，两家店的菜品、装修风格和服务内容都相同，但一家位于交通枢纽附近，另一家则位于居民小区之中。这两家店的经营策略肯定会大不相同。在交通枢纽附近的餐厅，菜品的味道或许不是最重要的，只要没有食品安全问题，凭借较大的客流量，它通常都能维持经营，但客户可能一生只光顾一次。而在居民小区的餐厅，则主要依赖回头客，需要培养客户的忠诚度，不仅要定期推出新菜品，还要给老客户提供许多优惠和福利。

事实上，即使在相同的地段，两家不同种类餐厅的经营理念也截然不同。比如，快餐店和高级餐厅，客户选择前者是为了快速填饱肚子，而选择后者则更在乎用餐体验和享受过程。

> **张帆观点：**
>
> 即使在相同的地段，两家餐厅的经营者对市场的理解不同，经营理念可以截然不同。

好多年前一个上海的朋友请我去见见世面，带我去了浦东丽思卡尔顿酒店顶层（58层）的露天酒吧FLAIR，酒吧的最低消费是400元，内行说这是陆家嘴最棒的观景露台酒吧。当时酒吧内人头攒动，音乐非常的吵，我们的座位还是临近门口的，完全看不到江景，聊天时也根本听不到对方说什么。我想这么贵的消费，不能浪费了，有机会就往临近江景的位置换。最后换到可以将陆家嘴璀璨夜景一览无余的座位时，已经是午夜12

点了。不知不觉中，吵闹的蹦迪音乐已经换成了曼妙舒缓的轻音乐，此时我虽困得睁不开眼睛，却舍不得走，接过服务生递过来的菜单又加了点吃的。

这个酒吧不仅风景美，商业模式也非常赞，把两种貌似不搭的消费场景放在了一起，只是时间段不一样。从客人的角度来说，既然有最低消费，那我花了钱就要尽情地享受。从酒吧的角度来说，酒吧追求的是翻台率，如果你嫌音乐吵，也不留你，外面等着进来的客人还有很多。夜深人静客人开始离开时，通过曼妙的音乐，映衬美丽夜景，让想欣赏的人多待一会，多点一些东西，收入就又增加了。

有朋友开玩笑说，你就像拿着营销这把锤子，在市场里到处找钉子敲。

张帆观点：

市场洞察就是摸石头的过程。

市场洞察是营销管理的基石，要求企业对市场的全貌有全面的认识。法规政策是企业进入市场的准入门槛和基本要求，行业生命周期告诉企业当下市场所处的发展阶段，行业趋势是对每一个阶段发展所涉及的诸多要素的分析理解，市场细分则是要找出目标细分市场及其利益诉求。市场洞察能帮助我们厘清市场潜力与未来增长态势，把握竞争对手动态等关键要素。

有一段时间，因为腿疼，我去看了医生。医生说，其实是我的腰部出了问题，并建议我接受康复治疗。我的康复师在详细了解情况后指出，最大的原因可能是年少时左小腿经历的多次手术对我造成了心理负担，让我养成了不良的行走习惯。手术后我曾使用过一段时间的双拐，在心理上一直存在保护左腿的想法。长期以来我对这条腿的各种下意识的保护行为，最终造成了脊柱侧弯，胯部呈现左高右低的状态，而腿疼则是神经被压迫的结果。因此，我需要做身体结构调整。他还告诉我，我的左腿目前没有任何问题，建议多加使用，不要过度依赖右腿。找到了真正的病因，治疗方法得当，我的恢复效果非常显著。

其实，这就是大家熟悉的冰山原理（见图5-2），用来描述事物表面现象与深层本质之间的关系。

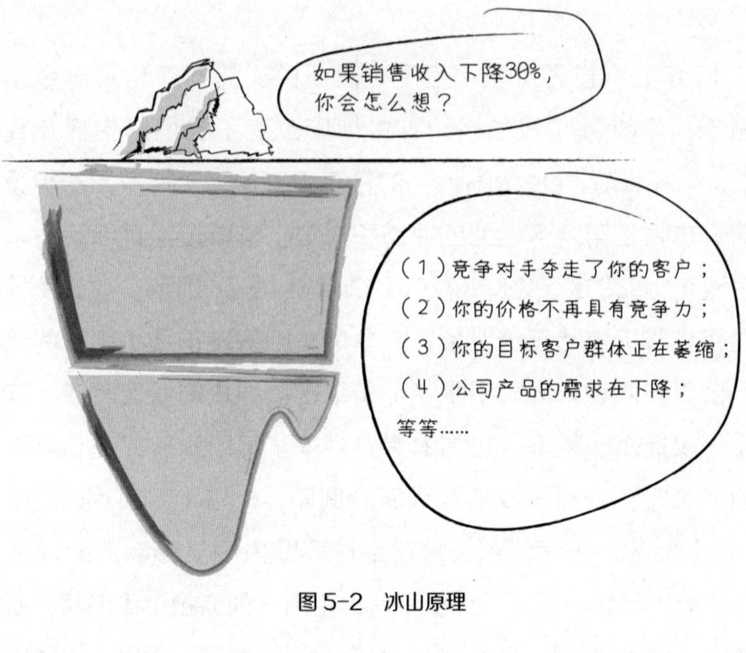

图5-2 冰山原理

在企业运营中，许多问题往往只表现出一些表面症状，例如，销售业绩下滑、员工流失率增加等。然而，这些问题的根源通常隐藏在更深层次中，如市场趋势的变化、企业文化不适配、管理机制缺陷等。冰山原理提醒企业管理者，只有透过表面现象，深入挖掘问题的本质，才能找到解决问题的根本途径。

如今，我们正亲历着科技带来的翻天覆地的变化，而这一切或许仅仅是个开始。恰如冰山一样，从表面看，我们已经见证了无数创新成果的诞生，但这些成就背后隐藏着更为深远的影响——未来还将有更多超出我们想象的变革等待着我们。

30 年前，那时的世界与当下的世界大相径庭。宽带网络尚未在国内推广，人们依赖电话线拨号上网；大尺寸液晶电视尚未普及，大多数家庭使用的是笨重的显示器；硬盘录像机、智能手机等标志性产品也未问世。那时的生活节奏相对较慢，信息传播方式有限。

30 年后，世界发生了巨变。商业模式的创新与跨界合作成为常态，无线互联网和移动支付彻底改变了我们的生活方式。2025 年春节前，DeepSeek 的横空出世颠覆了许多人的想象，相信它也将重塑众多行业的业态和岗位。特斯拉以其电动汽车引领了汽车行业的新潮流；O2O（Online to Offline）模式使得线上购物与线下体验无缝对接；共享单车则解决了城市出行的“最后一公里”问题，同时带来了电子围栏精细化的管理方式。这些变化不仅提高了效率，也为消费者带来了前所未有的便利。市场的业务模式正在持续改变和创新。例如，抖音（TikTok）、脸书（Facebook）、推特（X）是在全球范围内颇具影响力的媒体公司，它们不创作内容，只提供平台，由用户创造和上传内容；爱彼迎作为全球最大的住宿提供者，没有自己的房产；滴滴作为国内领先的出租车公司，没有一辆自己的车；阿里巴巴作为全球最有价值的零售商之一，也没有任何库存；瑞幸咖啡则在短短几年内开设了 24000 家门店。这些例子充分展示了新经济时代下商业模式的多样性、创新性和灵活性。

展望下一个十年，我们将迎来更多革命性的变化。数字化将进一步渗透到生活的方方面面，人工智能将从实验室走向日常生活，成为推动社会进步的重要力量。工业 4.0 的概念将在制造业中得到广泛应用，自动化生产线和智能工厂将成为标配。零售业将继续进化，虚拟现实（VR）和增强现实（AR）技术将为消费者提供全新的购物体验。在出行领域中，自动驾驶等技术的持续发展，让无人驾驶汽车不再是科幻小说中的场景。未来已来，这些数字化技术逐步进入寻常百姓家，改变着城市和乡村的生活方式。

如果将视野放得更远，未来的三十年可能会更加令人惊叹。量子计算、基因编辑、太空旅行等前沿科技或将取得突破性进展，彻底重塑人类社会的面貌。届时，市场营销的边界也将被重新定义，个性化定制将成为主流。在行业市场和大众市场中，企业与客户或与消费者的关系都将更加紧密。

张帆观点：

新时代的到来不会改变市场营销的本质，只会让我们对营销管理的要求越来越高。

无论科技如何变化，世界如何变迁，市场营销的本质是一样的，其核心始终是提供能够满足客户需求的产品或服务并持续提升其品质，同时创造出区别于竞争对手的持续优势。

我想特别强调一下，真正的市场洞察需要超越本土界限，形成全球市场的观念，并认识到在全球需求的差异与重叠中往往隐藏着未被开发的机会。从“金砖国家”到“一带一路”倡议覆盖的国家和地区，从东南亚的消费习惯到欧洲对环保的偏好，捕捉不同区域的潜在需求是构建国际市场业务战略的基础。

在国内获得认可的产品、定位及价格，未必能在国际市场上得到认可。企业必须了解目标市场，并对产品的定位、包装及沟通方式进行相应调整。

一家位于中国西部地区的知名白酒企业希望将具有中国特色的白酒直接推向澳大利亚市场。然而，在实践中发现，由于该品牌白酒包装采用的是瓷瓶和纸盒，并非透明玻璃瓶，无法满足澳大利亚消费者直接透过透明玻璃瓶看到酒液颜色和状态的需求。此外，在推广初期，该企业尝试通过介绍中国的酒文化和历史来吸引消费者的注意，但最终发现消费者更关心酒的原料、制作工艺及制作流程。

在清华经管 MBA 课程的一个小组案例分析中，学生们研究了海尔在意大利市场的实际操作，并成功地将其应用于实践中，取得了良好的市场效果。该案例利用营销管理“吹风机模型”为海尔洗衣机制定了全年策略，针对意大利市场背景与消费者习惯进行了深入分析。特别关注了“原子家庭”这一细分市场——即由一对夫妻加两个小孩组成的小型家庭结构。这类家庭倾向于选择容量适中的洗衣机，并强调分类洗涤以满足成人衣物不与儿童衣物混洗、上衣不与裤子混洗、内衣不与外衣混洗的需求。

基于“原子家庭”的具体需求，设计方案从多个方面入手，力求精准匹配其使用习惯和功能期望。在产品研发方面，企业在意大利本地建立了研发和设计团队，以便更深入地了解当地用户的使用习惯和文化需求，从而实现产品本地化创新。在尺寸设计上，洗衣机滚筒的容量设定为 8 千克以上，外形尺寸则参考当地住宅的预留空间标准，确保安装便捷、使用舒适。卫生功能方面，产品配备了定期提醒用户自助清洁滚筒的功能，以防止衣物交叉感染；同时，还设有除菌功能或提供配套的外部清洁试剂，以降低病毒传播的风险。此外，产品在洗涤过程中注重化学残留的控制，确保对用户皮肤的刺激降到最低，从而减少过敏和感染的可能性。这一系列设计优化及本地化产品命名，旨在提升用户体验，增强产品在意大利市场的竞争力。

家用扫地机器人在国内市场中虽然渗透率不高，但竞争非常激烈。有能力的厂家已经把目光转向海外市场。科沃斯在准备进入日本市场和东南亚市场时，通过调研发现这两个市场对该产品系列的需求有很大差别。

众所周知，在日本市场中，家庭住房面积普遍不大，尤其是都市公寓，地面多为榻榻米或木地板，家具低矮，对扫地机器人的超薄机身、避障精度和静音要求极高，且常见狭窄通道和门槛。日本消费者有极致清洁标准，偏好高频次、精细化清洁，重视除菌功能，尤其针对花粉、宠物过敏原等，而且对“湿拖”效果要求极高，如无水渍、均匀湿润。同时，这个市场的消费者通常精通科技，重视App精细控制、地图管理、语音交互兼容性等智能化体验，在外观设计上喜欢简约、低调配色，偏好避免打扰邻里，注重静音功能。这些消费者也愿意为高品质、技术领先的产品支付溢价，但由于本土品牌如夏普、松下强势且市场竞争激烈，外来品牌面临挑战。

相反，在东南亚市场，消费者的居住空间相对宽敞，但地面类型复杂（瓷砖、大理石、地毯混合），多房间、大户型的清洁需求明显。同时，高温、高湿环境对机器耐用性带来挑战。这里的家庭更关注大吸力以应对沙尘、宠物毛发，且因气候潮湿易滋生霉菌，需强化防霉抗菌设计，如拖布自清洁、干燥功能。扫地功能优先级常高于拖地。消费者更倾向于使用实体按键、语音控制本地化语言等简单操作，App 功能需求相对基础。对“耐用性”和“易维护”的关注度超过尖端科技。由于区域气候原因，科沃斯在产品设计时增加了防潮防锈组件来应对高湿度，部分型号加入了地毯增压自动识别。虽然这里的中端市场增长快，但价格敏感度高，需要平衡性能与成本。

科沃斯在海外的本土化逻辑源自特定海外市场的目标细分市场的需求和应用场景，例如，在日本做减法，而在东南亚做加法。这样在产品设计时就明确价值主张，通过功能、性能和用户友好等方面实现价值主张。通过精准识别环境痛点与文化偏好，科沃斯成功将同一技术平台转化为区域定制产品，这正是其全球化布局的核心竞争力。

读后思考

一家中国企业，如何敲开一个陌生海外市场的大门，立足、扎根，并获得市场认可？

01 法规政策：准入门槛

只有理解并很好地适应所处环境的公司才能发展，不能这样做的公司将举步维艰。

——菲利普·科特勒,《市场营销》

2024 年 5 月 24 日，清华经管学院邀请我为来自宾夕法尼亚大学沃顿商学院、慕尼黑工业大学、伦敦大学学院、帝国理工学院、新加坡国立大学和亚琛工业大学的访问学生做了一次分享，主题是“探索商业动态：中国市场 VS. 全球市场”。

最初接到这个任务时，我觉得题目很大，不确定该从何说起。不过，5 月初的一则关于克莱斯勒母公司斯特兰蒂斯集团与零跑汽车合作成立零跑国际合资公司的消息给了我启发。这家合资公司专注于零跑汽车在海外市场的拓展，是中国汽车行业首个“反向合资公司”。这让我决定将内容焦点放在中国汽车行业的发展上。

查阅资料后，我发现 1983 年 5 月，北京汽车制造厂与美国汽车公司（AMC）成立了中国汽车行业的第一个合资公司——北京吉普汽车公司。这标志着中国汽车行业首次引入外资合作。

在讲座中，我问学生，在过去的四十多年里，中国发生了翻天覆地的变化，你们认为中国做对了什么呢？大家发言后，我也给出了我的看法，我认为中国的成功主要由以下几个方面决定。

开放政策：中国政府通过鼓励外资进入、改善市场准入条件、优化投资环境、提供税收优惠及加强知识产权保护等措施，为外商创造了良好的营商环境。

政策支持与技术创新：政府推动经济和技术升级，并鼓励企业自主创新。

数字化经济的快速崛起：电子商务蓬勃发展，移动支付普及，大数据应用广泛等。

庞大的 B2B 和 B2C 市场：作为全球第二大消费市场和最大的在线零售市场，中国有广阔的商机。

供应链优势：拥有世界上最完整的产业链和供应链体系，为各类业务发展提供了高效的支撑。

通过这次分享，我希望外国学生能对中国市场的独特之处有更清晰的认识，并理解其在全球市场中的重要地位。

20 世纪 70 年代末至 80 年代初，中国处在改革开放初期，各行各业亟待复兴和发展。随着以经济发展为中心的政策推行，市场环境发生了巨大变化，催生了大量新的需求。不过，当时的国内工业化水平与国际水平相比仍有较大差距。与此同时，许多外国（地区）企业（以下简称外国企业）也看到了中国市场的机会，希望参与进来，但中国政府对在中国从事生产经营的外国企业有严格的要求。

最初，为了符合这些要求，外国企业通常选择与中国本地企业合资的方式开展业务。随着中国企业的不断进步和竞争力的提升，政府根据市场发展调整了产业政策，越来越多符合条件的外资企业获得了独立运营的权利。

2018 年上海市政府主动引进特斯拉，不仅顺应了节能减排的时代要求，也为中国汽车工业带来了深远的影响，为技术升级、产业升级、市场扩展及更广泛的国际合作提供了机会。这一决策在很大程度上加速了中国从传统燃油车向新能源汽车转型的过程，并推动了中国汽车工业在全球竞争力的提升。

2024 年 9 月，国家发展改革委会同商务部发布了《外商投资准入特别管理措施》，也就是 2024 年版外资准入负面清单，限制措施由 31 条缩减至 29 条，并全面取消了制造业领域外资准入的限制措施。

我们再来分析从改革开放到“一带一路”的政策及政策对企业的影响。

2013 年，中国政府提出了“一带一路”倡议，旨在促进全球范围内的合作与互联互通，推动地区稳定与安全，并构建一个开放的世界经济体系。

对于有能力的中国企业来说，“一带一路”提供了一个拓展海外市场的宝贵机会。当企业计划进入“一带一路”共建国家时，了解当地的法律法规和产业政策，并评估在当地开展业务的可行性，是至关重要的第一步。

“一带一路”倡议为中国企业带来了巨大的市场机遇，但中国企业同样面临着复杂政策与合规问题的挑战。对于计划出海的企业来说，不仅要在国家发展和改革委员会备案对海外市场的直接投资（Outward Direct Investment，ODI），确保资金合法出境，还要满足海外市场所在国家对海外投资的要求。此外，企业还需评估知识产权和专利侵权风险。从资金出境、公司注册到日常经营，都需要建立在合规的基础上，并借助本地专业机构的经验，才能确保企业在海外市场的正常业务发展。

政策风险规避的重点包括知识产权与专利侵权风险、税务合规与发票新规、外资准入限制、劳工合规风险，以及环保与ESG审查。例如，在知识产权与专利侵权风险方面，企业需要警惕所谓的“专利围剿”。

2025年7月，巴西里约热内卢第一商业法院作出裁决，认定中国新能源汽车制造商比亚迪侵犯了日本专利运营公司IP Bridge的两项4G通信技术专利，要求其在收到传票后五天内立即停止在巴西销售的电动汽车中使用相关技术，否则将面临每日2万雷亚尔（按当前汇率约合2.58万元人民币）的罚款。

为了实现在海外市场的合法经营，国内企业需要完成一系列准备工作。以巴西为例，首先，在国内完成ODI备案与资金合规出境是必不可少的；其次，要完成公司注册与CNPJ税号（Cadastro Nacional da Pessoa Jurídica，即巴西联邦税务局为法人实体颁发的14位数字法定识别号码）申请；再次，要做税务登记与结构优化；接着，要组建本地化团队与合规体系；最后，确保供应链与数据合规。

根据巴西主要行业外资准入限制概览，可以看到不同行业的外资限制要求及审批机构。例如，核能、邮政电报、航天领域禁止外资进入；航空运输外资持股比例不得超过 49%，并且需要有本地合作伙伴；媒体出版外资持股比例不得超过 30% 等。

政府的法规和政策对企业的经营和营销管理有着重要的影响。为了确保企业的市场策略合法有效，必须密切关注这些规则的变化。更应该通过研究和理解法规和政策来发现新的商业机会。

> **张帆观点：**
>
> 商业机会很多时候也蕴藏在所在市场的法规政策中。

为了让市场策略符合法律要求并且把握由此而来的机遇，企业可以采取以下措施。

（1）建立合规系统：设立专门团队负责了解并解释相关法规，保证公司活动按照法律规定进行；

（2）员工培训：定期组织培训，增强员工的法律意识，提高他们按照规定操作的能力；

（3）内部审查：经常性地进行合规检查，识别并修正可能存在的风险点。

企业还可以寻求外部顾问的帮助，以获得专业的解读和预测，指导企业决策。

加强与政府部门的交流也非常重要，可以积极参与政策讨论，表达企业的观点，争取有利的政策环境。

在国际市场上，企业还需要制定自己的涉外政策。

> **张帆观点：**
>
> 企业需要养成强大的情报收集与分析能力来跟踪市场的发展变化。

企业了解和界定自己的核心利益是制定有效策略的基础。在复杂的国际环境中，实施涉外政策时，首先要求企业如同国家一样明确自身的利益。为了更好地理解市场，企业需要培养强大的情报收集与分析能力，掌握市场动态、趋势及潜在的风险因素。

我相信很多人都知道 PEST 分析方法，这是很多企业常用的针对宏观环境的分析方法。不同行业和企业根据自身特点和经营需要，对宏观环境因素分析的具体内容会有差异，但一般都是基于对政治（Political）、经济（Economic）、社会（Social）和技术（Technological）这四大类影响企业的主要外部环境因素进行分析的。

1. PEST 分析的具体内容

（1）政治。

法律法规：包括反垄断法、环境保护法、税法、对外贸易规定、劳动法等。

政府政策：政府的稳定性和政策导向，如政府对某些行业的支持或限制。

国际关系：国际贸易协定、国际政治局势等。

（2）经济。

经济周期：经济的繁荣与衰退周期。

宏观经济指标：GDP 增长率、通货膨胀率、失业率、存贷款利率、货币供给等。

市场条件：可支配收入、能源可用性和成本、消费趋势等。

（3）社会。

人口统计：人口数量、年龄结构、性别比例等。

文化因素：生活方式的变化、对工作和休闲的态度、教育水平、消费习惯等。

社会趋势：社会价值观、公众舆论、消费者行为等。

（4）技术。

技术创新：新技术的发明和进展、技术传播速度。

研发投入：政府和行业对研究的投入和支持。

技术生命周期：技术的折旧率、技术更新换代的速度。

有些人认为 PEST 分析过于宏观；实际上，工具是否好用取决于使用者对工具的理解和如何应用工具。菲利普·卡尔森-斯泽尔扎克（Philipp Carlesson-Szlezak）和保罗·斯沃茨（Paul Swartz）在合著的《冲击、危机和误报：如何评估真正的宏观经济风险》（*Shock, Crises, and False Alarms: How to Assess True Macroeconomic Risk*）中提到，经济模型和经济预测充满诱惑力，但经常大错特错。高管们需要培养自己对宏观经济风险的判断力。

张帆观点：

工具是否好用取决于使用者对工具的理解和如何应用工具。

如果我们能在每个维度下找出与企业所在行业，以及产品应用紧密相关的要点，那么PEST分析就能做到非常具体且有针对性。

读后思考

特朗普第二任期开始时颁布的关税政策对国际贸易带来了深远的影响，对于中国企业出海和出口贸易来说，你认为具体有哪些影响？如何消除其对中国出海企业造成的负面影响？

02　行业生命周期：纵向发展阶段判断

高层管理者和技术管理者如果在产业形势的看法上取得一致，他们承认环境变化，作出正确反应的可能性就大大增加。

——安迪·格鲁夫,《只有偏执狂才能生存》

我记得在20世纪90年代初，航空旅行对普通民众来说还是比较昂贵的出行方式。在国内，想买机票得先去单位开介绍信，再到售票处排队购票。2000年初我留学回国时，已有了专业票代公司，可以通过电话预订，方便许多。随着社会经济水平的提高，民众收入的增加，以及互联网应用的发展，携程这类在线平台出现，让人们可以轻松在网上选座、支付并获取电子客票。智能手机普及后，携程推出手机应用，让随时随地进行行程管理成为可能，极大地简化了购票流程，提升了出行体验。航空公司通过一些App把航班的调整变化信息及时传达给旅客，这些已经成为标准化的服务了。

航空票务行业从传统模式逐步过渡到现代化和数字化的过程，清晰地反映了行业生命周期的不同阶段。

张帆观点：

每一个行业都有着自己的行业生命周期，这些行业生命周期的相同之处在于它们都是从兴起、繁荣再到衰落的。

每一个行业都有着自己的生命周期，这些行业生命周期的相同之处在于它们都是从兴起、繁荣再到衰落的。但受到市场环境、企业市场营销决策及品牌知名度等因素的影响，不同行业在每个阶段所经历的时间长度会大不相同。这取决于技术革命所带来的进步、经济发展、社会变迁和需求变化。

比如，即便同在大众市场的快消领域中，不同的产品之间也会有很大差别。像是国际知名品牌某“可乐”，虽然延续百年仍很受欢迎，但随着民众健康意识的提升，以及层出不穷的多元化特色饮品的出现，在很多使用场景中已经开始被替代；某些行业或某项业务，甚至会在几个月的时间内就快速走完全部的行业生命周期。

上海多年前曾经流行过“掉渣饼”，这是一种适合当作小吃的薄肉饼，大多数由街头几平米的小作坊出品，而且只做这一种单品。刚开始时，“掉渣饼”的店铺并不多，随后没几个月就出现了很多新增的店铺，没过多久又陆续消失了。北京也曾有“八宝鸭”的故事，这些不同的产品演绎着相同的故事。

相比之下，面向大众市场的耐用品，其行业生命周期的时间跨度就大得多。例如，在家电和汽车行业，除非出现颠覆性技术，否则市场很难发生质变。传统行业的行业生命周期一般也会经历很长的时间才会发生质的转变。与之相对应的是，在新兴的 IT 等高科技行业，由于技术的快速更新与迭代，行业生命周期从量变到质变所需的时间也会比较短。在行业生命周期的每一个阶段，都会涌现出各种各样的产品。经过所谓的优胜劣汰过程，最终能够留下来的，实际上是那些符合行业发展趋势并满足不同细分市场需求的产品。

如图 5-3 所示，行业的生命周期有两个维度：其中纵坐标反映的是行业规模和销售利润，横坐标反映的是随着时间推移，市场发展所经历的四个阶段——导入期、成长期、成熟期和衰退期。

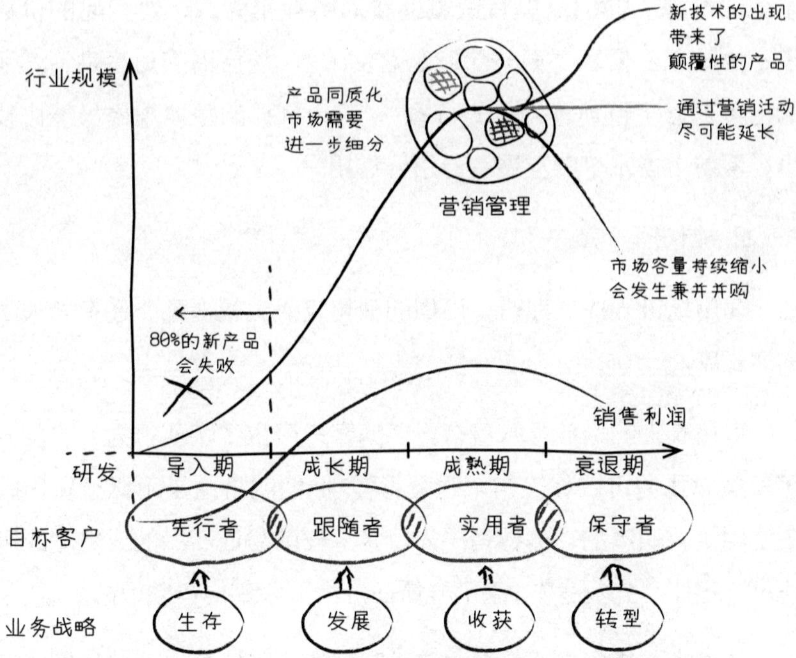

图 5-3　行业生命周期

1. 导入期

在这个阶段，当一个新产品进入市场时，销售收入从无到有，通常会面临销量较小且增长非常缓慢的问题。其背后的原因主要有两个。

（1）外因：由于市场里的潜在客户群可能不知道、不了解、不熟悉这个产品，也不清楚该产品能够给自己带来的价值，因而不愿意购买；

（2）内因：这一阶段的产品不够成熟，性能也不稳定，价格可能还比较高。

这个阶段的目标客户群是那些具备风险精神、敢闯敢试、求新求变的群体。他们既具有锐意创新的精神和勇气，对产品的价格也不太敏感，俗称“第一个吃螃蟹的人”。从营销的角度来看，我们也可把这个群体称为“先行者”，这一群体的整体规模虽然比较小，但对市场未来的发展有着引导作用。

2. 成长期

在市场进入成长期时，市场的销售收入大幅提高，还有着很高的增长率。

销售收入的增加意味着有更多的客户产生了购买行为，这部分客户群体我们可以称之为“跟随者”。他们的特点是不愿意冒风险去使用全新的产品，需要有“先行者”在前验证产品的成熟度或可信度。相比“先行者”，这个群体在价格上会变得有些敏感。

从市场曲线的发展来看，这一时期的市场处在快速增长期，属于卖方市场，似乎不应该发生产品降价的行为。但实际上，从这个时期起，产品价格开始产生松动。主要原因在于，随着竞争对手的进入，市场上产品的供给方不断增加，而这些新进入者在研发上的投入相比市场领导者要少得多，因此在成本上有很大的可利用空间。于是这些后来的参与者可能会利用低价来增加自己的竞争优势，吸引那些对价格较为敏感的客户群体，即“跟随者”。

3. 成熟期

所谓的成熟期，不仅是市场的成熟，也是产业供给的成熟，即产品的成熟、技术上的成熟、生产工艺的成熟以及产业组织上的成熟。从市场曲线中可以看到，在成熟期阶段，市场销售规模达到最大，销售曲线开始变得平缓，销售增速放缓，产业供给高度成熟，但需密切关注技术、政策或需求突变引发的二次增长或提前衰退。

在这个时期，市场开始饱和，市场需求也已经趋于稳定。随着产品的普及度升高，产品开始逐步出现同质化的倾向。这一时期的目标客户群体是“实用者”，该群体的品牌忠诚度不高，他们更在乎产品的实用性和性价比，对交易价格的敏感度较强。此时价格战开始出现，行业的利润空间被进一步压缩，行业竞争进入大家常说的“红海”时期。

> **张帆观点：**
>
> 所谓的市场成熟期不仅是产业的成熟，也是目标客户群体选择的成熟。

4. 衰退期

当市场进入衰退期时，市场规模会慢慢下降。在这一时期，行业会出现生产能力过剩的现象，因为销售收入的减少，行业对现有产品的研发投入也会逐步下降。随着市场增长率严重下降及市场需求的下降，产品品种及行业参与者数量会不断减少，并出现并购和兼并等现象。

在大众市场上，这一时期的主要客户群体是那些消费态度较为严谨的群体，他们喜欢遵循传统消费习惯，对新产品往往持怀疑和观望态度，我们称之为“保守者”。而在行业市场上，则通常是指那些对生产技术水平要求不高，但对成本非常在意的公司。

行业生命周期模型能够展示一个行业的发展演变过程，既适用于行业市场，也适用于大众市场。然而，根据不同行业或产品的特性，其生命周期的具体表现和阶段划分可能会有所差异，因此需要针对性地分析企业所关注的行业生命周期。

> **张帆观点：**
>
> 敏锐的市场洞察力和对未来趋势的预见能力是企业保持市场核心竞争力的两大支撑。

企业所在行业或市场的生命周期模型让我们了解到每个行业都会经历从兴起到衰退的发展阶段，并且每个阶段的市场有着不同的特征。根据以下指标可以帮助我们识别行业生命周期所处阶段，如技术创新、市场增长、客户需求及购买行为变化、产品品种、竞争者数量、行业进入及退出壁垒等。而对行业生命周期特征的把握和理解有助于我们针对业务经营做出合理的决策。

在企业经营中，能要什么有什么，还能顺风顺水地把业务做好，很多时候真不一定是因为管理者自身有呼风唤雨的能力，也不是其岗位和所在平台的影响力够强，而是因为行业发展所处的阶段好。在任何一个行业生命周期阶段中都能把一手烂牌打好，才能真正彰显一个管理者的水平。企业最大的风险是管理者在决策时看不懂行业所处的发展阶段，把握不好市场的深浅。

1991 年 4 月，我从当时隶属于铁道部的西安车辆工厂辞职后，在西安喜来登大酒店前台工作，从此对酒店行业的发展产生了浓厚的兴趣和关注。20 世纪八九十年代，中国经济开始转型，旅游业逐渐兴起，但行业整体发展还处于初级阶段。据我所知，当时国内城市酒店主要包括政府宾馆、单位招待所、涉外饭店、早期民营酒店和转型中的国营饭店等。服务水平和规模参差不齐，整体处于从计划经济向市场经济过渡的阶段，服务质量和设施虽逐渐提升，大部分仍较为基础。

随着中国经济的快速发展和消费者需求的变化，酒店行业经历了深刻的变革。当时，外企员工出差的补贴标准很高，每日的差旅补贴达数百元，出差一周的补贴可能就相当于很多普通岗位半个月的工资。这也使商务客群收入成为在那之后较长一段时间内酒店的主要收入来源。在过去的十多年里，酒店行业的商务客群收入占比呈下降趋势，但商务客群仍是中高端酒店的核心客群。大众消费升级推动酒店业向差异化、体验化转型，休闲需求的增长还在逐渐稀释商务客群收入的比例。有一次周末入住位于朝天门的重庆洲际酒店时，我发现早上餐厅人非常多，很多的本地居民携家带口来“打卡”，令我印象深刻。

近十几年来，我注意到希尔顿、洲际、万豪和凯悦等海外连锁酒店集团推出了很多的经济型酒店子品牌，这也意味着这些酒店想在这个市场中分一块蛋糕。在这个过程中，华住集团凭借其前瞻性的战略眼光和创新的商业模式，成功地从一个初创时期主打经济型酒店的酒店品牌，成长为如今涵盖多种住宿类型、覆盖国内外市场的多元化住宿生态系统。几年前，我在西安出差给隆基公司的海外市场营销人员讲解营销管理“吹风机模型”时，会议室和住宿都被安排在当地的一家花间堂酒店。整个酒店的风格和调性我都比较喜欢，自始至终感觉都很放松，非常适合周末放松休闲。我在库尔勒也住过全季酒店，从喀什坐火车过来，一路舟车劳顿。记得抵达时已是晚上，进了大堂，一下子就放松了；房间也是温馨舒适，看得出来很用心。

如何用行业生命周期理论来分析中国酒店行业的发展呢？

从新中国成立至改革开放前，国内的服务业及相关产业增加值占 GDP 比重很低，其增加值主要集中产生于基础流通领域，比如供销社、国营食堂和供应站。我母亲在我 1985 年高考结束时主要还是在单位的供应站买蔬菜和副食品。而现代服务业，比如金融、休闲旅游、酒店服务几乎是空白的。当时国内为数不多的酒店主要用于接待外宾和举行政府会议，属于政府“外事接待单位”，由外交部或地方人民政府外事办公室直接管理，不考核经济效益。办理入住时需凭单位介绍信或外事批文，普通民众无法自由消费，市场化经营程度几乎为零。

从行业生命周期的视角分析国内酒店行业，我认为自 20 世纪 70 年代末改革开放到 1990 年初的这一阶段，可以被定义为导入期。从 1990 年到 2010 年的 20 年是成长期，从 2010 年至今是成熟期。我个人的观点是，至少在看得见的未来几十年里，国内酒店行业生命周期不会进入衰退期阶段。目前在一二线城市出现的一些知名酒店物业挂牌出售现象属于行业结构性的调整，国内市场需要多元化的旅行住宿选择来满足不同群体出行的利益诉求。

（1）导入期阶段（1978 年—1990 年初）。

1979 年国务院批准首批合资酒店，如北京建国饭店、广州白天鹅宾馆等，打破了国营垄断，其主要目的还是满足日益增长的来自境外的商务客人和旅行团的需求。当时全国星级酒店不足 500 家，以接待入境游客和承办外事活动为主。不仅客房供给短缺，价格也超出普通民众的支付能力，所以普通民众出行主要依赖一些国营单位提供的只保障基本住宿条件的招待所。

这个时期的中国酒店行业的主要收入来自改革开放带来的，持续增加的海外商务客人和入境游客人。虽然供需不平衡，但缺少足够的推动行业发展的资本，缺乏专业的酒店管理人员和从业者，同时国内经济水平和民众收入有限，行业的发展依然受限。

（2）成长期阶段（1990 年—2010 年）。

在 20 世纪 90 年代到 21 世纪初的这一时期，国内经济快速增长，并且民众收入不断提高。特别是在 1999 年 9 月时，国务院办公厅发布《国务院关于修改〈全国年节及纪念日放假办法〉的决定》，增加法定休假日，加上调整的两个双休日，形成了春节、“五一”“十一”三个假日旅游“黄金周”。这极大地激发了人民群众的旅游热情，国内旅游空前火爆，2000 年“五一”放假期间，旅游人数创历史最高纪录。

2001 年，中国加入世界贸易组织（WTO），进一步带动了国内的经济发展，旅游和商务出行需求增加，刺激了酒店业的扩张。这时酒店行业的增长还主要集中在中高端市场。二十多年前，公司的实习生问静安寺附近有没有合适的酒店推荐给外地来上海旅行的朋友住，我在下班的路上看到过一家新开的格林豪泰（GreenTree Inn），还专门去看了房间，觉得不错就推荐给他，这是我第一次去实地看国内品牌的经济型酒店。

准备华住案例时，在查询资料的过程中，我通读了《未尽之美华住十五年》，很多事件都能引起我的回忆和共鸣，印象极深。

其中有一段是这么写的：1999 年 5 月，上海徐家汇气象大楼 17 层，携程网起步。有一天，季琦在网上浏览关于携程的消息时看到一个帖子，说在携程预订宾馆的价格太贵，很多人附和。他一惊，带着本子、尺子和一台老式佳能相机就出去了，他要实地看看，为什么人们会觉得房价贵。他忙活了好一段时间，早出晚归，访遍几乎所有连锁酒店，把每家酒店的房价、房间数量、床和房门的尺寸等都记在本子上。一番分析之后，季琦发现，市面上高档酒店不少，但面对普通工薪阶层、每天吃住开支控制在 300 元左右、干净舒适的经济型酒店少之又少。

对于“贵”这个字，相信不同的人会有不同的认知，这其实取决于个体的支付能力和支付意愿。文章中提到的这个时间点，是在互联网刚刚开始普及的时候，那时市场的渗透率还不高，和互联网相关的商业模式还在探讨阶段，能够使用携程网服务的群体大部分是那些受过良好的教育、接受新鲜事物、又有比较好的收入的职场中坚力量。我同时也查询了那个时候的国内人均可支配收入，每天 300 元的住宿标准也是偏高的。

我相信也正是因为当时季琦为验证市场反馈进行实地调研后的敏锐洞察，才让他有了做经济型酒店这一细分市场的想法，也就有了如家酒店这一品牌。他后来遇到挫折被迫离开时依然看好经济型酒店这一细分市场，也正是因为他的坚持，才有了后来的汉庭酒店——当今华住酒店集团的首个品牌。

根据相关报告，国内旅游人次从 1994 年的 5.24 亿增至 2010 年的 21 亿，年均增速超 10%。政府开放政策和加入 WTO 所带来的发展机遇，国内制造业在长三角和珠三角等区域的崛起，外资企业持续涌入所带来的激增的商务出行对酒店的需求——这些都让海外酒店管理品牌如万豪、洲际等加速在国内一二线城市布局。同时如家、汉庭等品牌的创立，用“标准化 + 低成本”模式颠覆市场，也标志着国内酒店行业的参与者开始关注经济型酒店这一市场细分，加速连锁化经营的发展。

（3）成熟期阶段（2010 年至今）。

从 2010 年开始，我们注意到连锁酒店集团迅速扩张，华住、锦江、首旅如家三巨头通过并购快速获取存量物业，扩展品牌矩阵，并充实会员体系，不断增长的规模加剧了市场竞争，经济型细分市场日趋饱和。随着整体经济水平的提升，国内消费者愿意为服务买单，国内的中高端酒店市场逐渐成熟，消费者需求多样化，智能化、个性化服务成为趋势。

在成熟期的市场中，产品同质化严重，市场需要进一步细分，需要通过差异化来获取市场的成功。华住集团在这一阶段不断地进行多品牌并购，既丰富了自己的产品线，也实现了在多个细分市场的扩张，通过公寓业务补充酒店场景，覆盖“短期差旅—中长期住宿—长租生活”全链条需求。

同样的市场，不同的企业，战略思考也会不同。在深耕国内市场，积极应对万豪、洲际等集团在华的加速下沉过程中，华住集团却反向操作开始向中高端市场和海外扩张，收购了德国 DH 酒店品牌，并与雅高集团开展战略合作，通过高端品牌获取技术与管理标准，实现向国际化中高端酒店管理集团品牌的提升。同时，依靠会员体系全球化协同和国内出境游爆发式的增长红利，不仅增加客户黏性，而且让 2 亿名会员规模的“华住会”这个营销私域成为营收的中坚力量。

传统的行业生命周期理论中的“衰退期”在中国酒店业中可能

体现为结构性调整而非全面萎缩。这一调整通常与经济发展或技术革新所带来的社会变化相关。比如，在经济下行阶段，经济型酒店可能会保持良好的入住率。我理解华住集团所采取的战略升级、资源互补与全球化布局旨在未雨绸缪，为应对未来市场发展的不确定性和风险做好准备。

最近留意到几条新闻，说是有一些大型企业开始强化成本管控，在差旅方面，特别是酒店住宿的标准在逐年下降。这几年在出差时，在酒店的早餐厅我也能明显感受到非商务客群的数量明显在增加。20 世纪八九十年代，绝大多数国人的月收入可能不够支付五星级酒店一晚的房费，当时外企吸引人的地方不仅是高工资，还有年休假、优厚的出差标准和出差补助等良好的待遇。普通民众很少会涉足这些豪华酒店进行私人消费，而现在这一切都在发生改变。在准备本章节的内容时，我查了相关行业的一些研究报告，基本的结论都是商务客源对高星级酒店营业收入的影响已经不再是绝对的主导地位了，目前其在营业收入中的占比已经来到 50% 左右，来自休闲旅行市场的客人对营业收入的贡献正逐步提升。商旅客人和休闲旅行市场的客人对酒店服务的需求大不相同，我相信这些改变对酒店市场，特别是四、五星级酒店的经营会带来深远的影响，这也是近几十年来中国经济发展所带来的各种变化的一个侧面反映。

提到在行业生命周期处于衰退期的企业转型成功这个话题，就会提到一个经典案例，即 20 世纪 90 年代路易斯 · 郭士纳领导的 IBM 转型。

IBM 在 1991 年、1992 年、1993 年分别亏损 28.6 亿美元、50 亿美元、81 亿美元。

面对如此困境，IBM 请来了路易斯·郭士纳担任 CEO，旨在重振公司。

郭士纳的战略是将 IBM 从主要销售主机和软件的产品公司转变为一家服务公司，为此，他不仅开拓了世界上最大的软件业务，还推出了电子商务服务模式。

这一转变使得 IBM 在 1994 年成功扭亏为盈，并在郭士纳任期内保持了强劲的增长态势。到 2001 年，服务为 IBM 的年收入增长贡献了约 80% 的力量，即 250 亿美元增长额中的 200 亿美元。

2002 年，IBM 收购了普华永道公司的咨询业务，进一步巩固了其在服务领域的地位。

至 2023 年，IBM 的营业收入达到了 618 亿美元，净利润高达 75 亿美元。

读后思考

在国内一二线城市中，家电产品领域已经是充分竞争的成熟市场，假如你是一位从业多年的某家电品牌管理者，你如何持续保持产品竞争力?

03 行业趋势：市场横切面解读

企业及运行在其中的产业的不断演进集中在三个基本主题：创建进入壁垒、确定企业的战略边界以及评价产业和处于其中的企业的增长限度。

——阿尔弗雷德·钱德勒（Alfred Chandler），《塑造工业时代》

几年前，我忘了具体是哪一天，但我确信的是那天我没带现金出门。在首都机场高速收费站出站口无奈地通过微信和后车的司机换了现金付款后，我才狼狈离开。很多年前，北京地铁售票还主要依靠人工，先在窗口购买一张纸质的、印刷简陋的小票，再交给工作人员并进站，2 元一张票，无论距离多远。时至今日，仰仗于移动互联网的发展，至少在国内，很多人日常只带手机出行就能满足餐饮、沟通等大部分日常需求，非常方便。

这个世界唯一不变的就是每天都在发生变化，从古至今，从未改变。

过往的几十年里，我们的生活发生了翻天覆地的变化，这些都是政治、经济、技术和社会发展等因素综合而成的结果。

行业生命周期的四个阶段是一个新产品从无到有进入市场的自然发展阶段，表面上看是一个简单的静态过程，实则每一个阶段内都暗流涌动，是买卖双方及各种参与者之间持续不断的角力。在这一过程中，企业通常比较关注市场规模的增长、客户群体的需求变化、竞争态势趋势，以及对收入和利润的预期，这一过程是由技术、政策、需求及人文等要素驱动的持续演变的动态过程，可以发生在行业生命周期的每一个阶段，也是由量变到质变的过程。在行业趋势中，新技术的使用、政府严格的监管（比如节能环保的要求），以及客户群体需求的变化都会影响行业发展的趋势。

近些年，移动互联网的不断普及和更多应用的开发，让市场上涌现了非常多的商业机会。其中，电商的发展极大地便利了日常生活，无论是送菜上门还是其他便捷服务，在快节奏的生活环境中满足了人们对高效率的追求。对价格相对不敏感的消费者来说，他们更希望用节省下来的时间去做更有价值的事情。即便是那些平时不易买到的商品，如大幅地图等，也可以通过跑腿平台下单，享受即时配送的服务。这就是人们常说的“懒人经济”，是指随着技术的不断进步，人们生活节奏的加快，涌现出了许多为满足消费者因“懒”而产生的需求所提供的服务，这既是一种新的经济模式，也是因趋势变化而带来的新的商业机会。

在预测市场发展趋势时，我们常常会用到行业的统计数据，通常都会提到环比和同比。环比是指相邻两个统计周期内的数据对比，反映短期数据的变化速度；同比是指本期数据与上年同期数据的对比，消除季节因素影响，反映长期趋势。

当然，我们要注意到不同机构提供的数据经常会存在差异，这一点在外贸环比数据上尤为明显，商务部与海关的评估也可能存在差异。这种差异主要源于两者在数据统计的标准、方法和关注重点上的不同。

关键的问题是，如何解读这些市场信息呢？我相信每个人对市场的理解都不尽相同。对于市场的发展变化，不同的人往往有着不同的解读。即使在同一时间点面对相同的信息，不同的人的反应也可能大相径庭。正如一千个人眼中有一千个哈姆雷特一样，绝大多数的人都相信自己的看法是正确的，但时间会给出答案。

当下的中国，人口出生率在下降，人口总量也在逐步减少，很多人都说人口红利没了。我觉得这样的变化未必是坏事，我们可以利用这一转型期，对未来数十年乃至数百年进行长远规划。通过全面提升文明素养和改善居住环境，我们能够构建一个更加美好的社会。

全世界都在逐步变老，如何发展与银发经济相关的产业是值得深入研究的问题，这个细分市场的利益诉求很多，也有着巨大的商业机会。记得特斯拉 Model Y 刚上市时，我在停车场出口从后视镜看到有一对 70 多岁的老两口开着这款车，我当时内心是非常感动的——我们中国人的观念真的变了。印象中，过去很长一段时间中国传统的老年人都是非常节俭，不舍得为自己花钱的。随着经济的不断发展，可以预见的是当下这一代年轻人到了退休的年纪后，其生活方式和理念和我们这一代又会有很大的不同，他们的生活水平将进一步提高。

我们需要通过图表来展示市场数据的变化趋势时，最常用的就是饼图和柱状图。饼图用于表示某一个时间节点的状态，而柱状图则用来展示变化趋势。在分析数据时，一定要结合一段时间内的发展变化，并考虑到所在行业的特点和行业生命周期。

张帆观点：

饼图和柱状图是企业判断产品市场表现的非常好用的工具，在分析数据时，一定要考虑行业生命周期。

例如，制造业年增长率达到 10% 或 20% 已经相当不错，但在曾经高速发展的互联网行业中，这样的增长率可能就会有生存危机。

以前买坚果时，都是大包装的，每个包装内也都是单一的品种。而现在，大包装坚果依然存在，同时出现了大量适应各种生活场景的小包装坚果，居家时，我每天的早餐就有一小袋混搭的各种坚果和葡萄干，用来为身体补充所需的营养。坚果产品从大包装向小包装、混合装转型的现象，背后折射出消费市场底层逻辑的深刻变革，涉及消费行为学、供应链管理和产品创新等多个维度。

这种转型本质是通过适用于多个场景的小包装产品来彰显价值，将坚果从大宗农产品升级为精准营养载体。可以预见的是，在这个细分市场中，竞争焦点将集中在柔性供应链效率、营养科学背书和场景嵌入能力三个维度。相关报告披露，沃隆每日坚果通过产品创新实现市占率第一（23.6%），比如首创“25 克科学配比”，含“6 种坚果 +3 种果干”。在生产线上采用先进设备来保持极低的坏果率，同时开发独特的双重保鲜技术，以及与 7-11 便利店联合开发早餐场景专属包装。

当市场发生变化，或者一则重要消息披露时，市场总会有所反应，只是每个人因立场和认知不同而选择的方向会不同。很多时

> **张帆观点：**
>
> 当有重要事件发生或重要信息披露时，市场总会有所反应，只是不同的人选择的方向不同。

候，市场会出现盲从现象，大家会因为某一个市场信息或者突发新闻同时涌向同一个方向，从而引发所谓的“羊群效应”。金融市场上尤其如此，投资者可能会一窝蜂地买入或卖出，羊群效应十分显著。在这种情况下，单一个体的行为容易受到群体行为的影响，导致市场出现非理性的波动。

担任美联储主席长达十八年（1987 年 8 月 11 日—2006 年 1 月 31 日）的艾伦·格林斯潘（Alan Greenspan），在任期内见证了美国经济创纪录的、长达十年的持续增长期，期间仅发生过两次温和的衰退。

在他的领导下，美联储成功应对了纽约股市大崩盘、亚洲金融危机、技术股泡沫破灭，以及“9·11”恐怖袭击等一系列重大危机。在纽约证券交易所出现股市异动时，某些投资者可能会因为某个消息或数据而对未来极度看空或看涨，从而进行不理性的操作。

格林斯潘以故意模糊和谨慎的言辞著称，他经常使用复杂的句子结构和专业术语，这使得外界很难准确理解他的意图。当时在业界广为流传的那句话就是对其沟通风格的概括，即“如果你认为你明白了我说的是什么，那我确信你一定误会了我。”（If you think you understand what I said，I am sure you already misunderstood me.）

格林斯潘的沟通风格是特定历史背景下的策略选择，既体现了对市场敏感性的谨慎管理，也反映了对央行独立性与灵活性的权衡。他极少提前承诺加息或降息路径，强调政策取决于未来数据。

与后任本·伯南克（Ben Bernanke）的“前瞻指引”形成鲜明对比，后者通过明确时间框架引导预期，这也反映出不同时期美联储对市场沟通策略的变化。

在分析市场发展变化的趋势时，我们需要保持客观理性，善于捕捉市场的细微变化。但要记住，当所有人都认为机会来临的时候，那并不一定是真正的机会。往往，真正的机会在大多数人眼里并不具有吸引力，或许还会被认为有点“丑陋”。这就是为什么我们总看到有些企业在讨论一项重要决策时，会有人力排众议，这其实就是洞察能力和眼界的不同。

> **张帆观点：**
>
> 往往，真正的机会，在大多数人眼里看起来是“丑陋”的。

读后思考

在业务经营中，如果某产品的销售收入下降了 30%，你还会不会把责任全归咎于销售团队不努力呢？

04 市场细分：四象限分析

所细分的市场必须有意义，能够与其他细分市场区别开来，能够予以衡量与把握，能够确定其需求特征量，有足够的相近或相似的需求量，并且企业可以与细分市场建立联系。

——包政，《战略营销管理》

在商业环境中，任何企业都不能总想着自己的产品和服务适合所有人使用，试图赚全天下人的钱。相反，应关注那些真正需要这款产品和服务的特定群体。

有一次，我在北京光华路附近的东三环辅路上等红绿灯时，看到一个某笔记本电脑的户外广告。印象中，我好像从未见过这个品牌，且其平面设计相当前卫。我以为自己发现了一个新品牌，便拍了照片发到朋友圈。结果，许多学生在下面跟帖调侃说："那是'游戏本'，不是给您用的。"

拼多多刚出现时，不少人觉得它不够"高大上"，不愿意使用。实际上，市场中的每个角落都有它的价值，"存在即合理"。拼多多抓住了那些对价格敏感、追求实惠的消费者的心，特别是三四线城市和农村地区的用户；他们更看重的是实用性和性价比，而非品牌的光环。通过拼团购物这种新颖又有趣的方式，加上与微信的紧密合作，拼多多让买东西变得更像是一场社交游戏，吸引了大量新用户。

更重要的是，拼多多直接对接工厂和农场，减少了中间环节，能把成本降下来，把实惠留给消费者。随着时间的推移，越来越多的品牌也开始注意到拼多多平台上庞大的消费群体，纷纷入驻，为消费者带来了更多样化的产品选择。有时候，家里需要一些小东西，也有朋友会推荐去拼多多上看看，有的产品质量可以接受但价格不可思议。因此，不是所有东西都需要追求高档次，适合自己的才是最好的。拼多多的成功告诉我们：只要能满足特定人群的需求，产品就有存在的意义。

在面对一个市场时，我们一定要心存敬畏，要相信市场总是对的，客观理性地看待市场中的方方面面，不能夹杂任何私人的情感，对市场的认知过于主观会增加误判的概率。

张帆观点：

对市场心存敬畏，要相信市场总会站在正确的一边。

市场细分不是目的，而是手段，目的是寻找目标客户群体。目标群体可以是一个，也可以是若干个，这取决于企业自身的战略选择和核心竞争力。

一、市场细分的方法

市场营销离不开“市场”二字，但对于“市场”的定义，可谓仁者见仁、智者见智。例如，有时候“中国消费市场”这样的说法显得非常笼统且不够精准，不同行业的人看到的是完全不一样的中国。

我理解在市场营销中，市场不能是一个泛泛的概念。例如，提到中国消费市场时，我们需要明确具体的市场细分——是耐用品市场，还是快消品市场？目标客户是南方人还是北方人，是大学生群体还是退休群体等。

麦肯锡公司曾按照四个维度，即产业构成、政府政策、人口特征以及消费者偏好，将中国的城市分成了不同的城市群，每个群体所代表的特性或特征均不同于其他群体。我认为每一个城市群体代表着一个区域市场，并且可以根据不同的产品和需求继续细分，如行业市场和大众市场等，这些细分市场再进一步细分，细分群体的特征更为明显。

如何进行市场细分呢？

在大众市场中，我们需要明确市场是以家庭为单位的，还是以个体为单位的。对于家庭市场来说，以住房、汽车、子女教育、家居耐用品、宠物等进行细分，也可以三口之家、二人世界、独居生活等家庭人口数量进行细分。对于个体，我们可以进一步细分为男性、女性、老年人、儿童，甚至更具体的特征，如南方人、北方人、戴眼镜和不戴眼镜的人、喜欢吃甜食的人、怕冷的人等。我们可以有多种多样的细分方法，但无论怎样区分，这些细分方法都必须与所提供的产品或服务相关，是消费者购买产品时比较在乎的，或者能够让这个消费群体有别于其他细分市场的要素等。

在行业市场中，进一步细分同样重要。比如西门子工业集团面向行业客户提供的运动控制系列产品，可以服务不同的行业领域，如冶金、物流、化工、汽车制造及食品饮料等。同样的技术应用，同一个行业也可以进一步细分。在每个不同的细分市场，客户的利益诉求也会不同。

同时，还需考虑客户购买决策的因素。在行业市场中，重点在于企业经营发展对产品的真实需求及采购流程中关键人物的情感诉求和岗位绩效考核；在大众市场中，则强调消费者对产品的真实需求、购买行为及其发生的场景、使用的场景，产品能否满足情绪价值也是大众市场一个非常重要的考量因素。

在进行市场细分时，我们首先需要确定细分基础，针对企业所提供的产品或服务找出这些细分群体的态度倾向。企业可以打破行业的常规，跳出传统的细分方法，用独特的视角对市场进行细分，评估其吸引力后找出目标细分群体，为后续的营销活动做好准备。

有效的市场细分需要遵循以下标准：

目标细分市场有别于其他细分市场；

目标细分市场的规模和增长是可衡量的；

企业从目标细分市场获得的潜在收入和利润是可持续的；

企业通过对应的营销策略可以触达目标细分市场并完成交易。

基于上述这些考量，如图5-4所示，不管是大众市场还是行业市场，我们都可以根据以下四个象限对客户群体进行简单的区分：

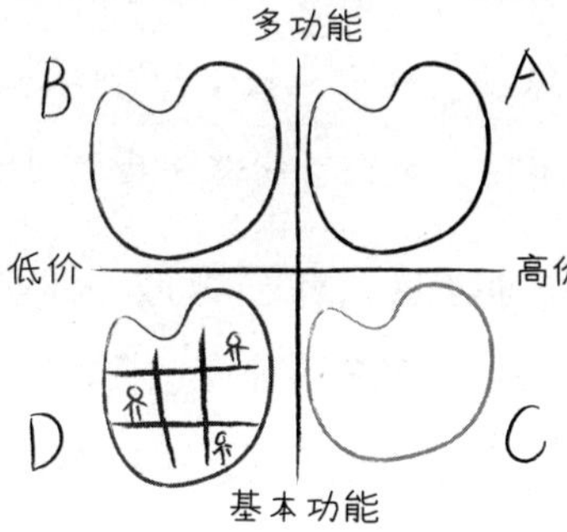

图5-4　细分四象限

A 区域：功能要求高，价格不敏感；

B 区域：功能要求高，价格敏感；

C 区域：功能要求不高，价格不敏感；

D 区域：功能要求不高，价格敏感。

张帆观点：

市场环境和行业发展一直在改变，客户的偏好和选择也在发生改变。

以上这四个群体看起来对产品的利益诉求完全不同。但在实际的商业环境中，这些群体往往是动态变化的。随着外部环境和自身条件的变化，客户的偏好和选择也会发生改变。

有一次在慕尼黑给产品经理上课时，有人提问：在追求低价格且只要求满足基本功能的群体中，客户是不是只关注价格？我回答说当然不是。这类群体的共性是价格敏感，并且只需要满足基本功能，但即使在这个群体内部，每个个体的选择标准也有差异。有的客户可能极度关注最低价，而另一些客户则可能对某些特定的功能有要求，在一定价格区间内也能接受。因此，当遇到这种情况时，我们需要对该客户群体进一步细分，找出差异，为营销活动提供决策依据。然而，当子细分群体规模过小时，考虑到经济性和市场潜力有限，我们可能需要后退一步适当合并或调整细分标准。

如上图，在 D 区域（即功能要求不高，价格敏感的群体），人们常会问这个群体在选择产品时是否只看价格，其实不然。虽然这类客户总体上表现出价格敏感的特点，但每一个个体仍有其独特的需求和考量。我们需要继续细分寻找差异，并根据不同的诉求来传递产品的价值和适配性。

以大众市场为例，一件普通的纯棉短袖T恤衫，不同人在选择时的决策因素可能完全不同。有人看重的是穿着的舒适度；有人在意款式设计；还有人可能会被颜色所吸引。此外，部分消费者愿意为Logo买单——同样的款型、品质和颜色，如果加上某些奢侈品大牌的Logo，价格就会翻好几倍。

在我眼中，创造性的市场细分不是跟随行业内的普遍做法或模仿竞争对手，而是应该基于产业及市场的发展变化，探索是否有更新或更合适的细分基础。

张帆观点：

创造性的市场细分应该基于产业及市场的发展变化，探索是否有更新的细分基础。

苹果公司当年推出智能手机时的做法就非常有创意，完全不同于传统手机制造商的细分策略。

2000年以后，诺基亚、西门子、爱立信等全球领先的移动终端制造商占据了当时功能机市场的大部分份额。这些公司在进行手机用户细分时，采用的是传统方式，比如将用户划分为专业人员、学生、职业女性和退休人员等类别。

在2G时代和2.5G时代，移动通信产业链相对简单，供应商、移动运营商、终端用户构成了基本链条。到了3G时代，技术的不断进步和数据传输速率的大幅提升，让3G网络能够支持更丰富的多媒体服务。因而，在3G时代下的移动通信产业链中出现了两个重要的新角色：一个是基于定位的各种服务类App，另一个是内容提供商。这不仅极大地丰富了移动通信产业链，也改变了运营商的经营模式。

2001年1月，我受邀参加新加坡举行的一个国际移动通信论坛，在大会的发言中我特别阐述了对未来3G产业链发展的看法，提出未来移动应用和内容是行业发展重要的驱动力量的观点。

平均在网用户收入（ARPU值）对于众多移动运营商而言是一个非常重要的经营考核指标。在2G时代，移动运营商数据业务收入在总收入中的占比不足10%，而在3G时代，这一比例发生了巨大变化，到了2012年就达到了75%。相信目前这一占比已经超过了90%。这归功于5G通信网络发展所带来的更多的移动App，特别是人机交互类App。

如图5-5所示，我们来看看当初苹果智能手机是如何创造性的细分市场的。

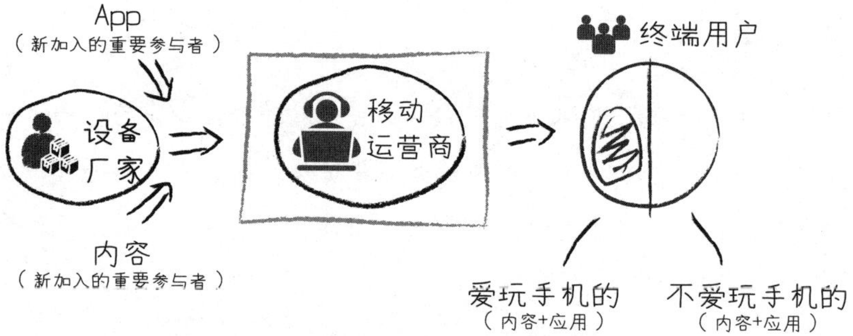

图5-5　苹果智能手机的市场细分

2007年，苹果顺应3G时代市场发展趋势推出第一代iPhone，与时俱进地整合了产业链最新加入的两个关键要素，即内容和应用。在对终端客户群体进行细分时，打破了传统手机制造商的细分方法，将用户群简化为两类：爱玩手机的群体，以及不爱玩手机的群体。这里的"玩"，指的是用户使用手机进行娱乐和互动，在移动设备上浏览内容和使用各种App的行为，这些都是通过移动网络的数据传输来实现的。对于喜欢玩手机的用户，苹果公司提供了丰富的内容和应用，满足他们的娱乐需求，这部分人正是苹果公司的目标用户。触摸屏只是苹果手机的一个产品特征，增加了交互体验，更重要的是背后的App和内容支撑了这种体验，也因此造就了Apple Store即苹果商城，为手机生产商带来了全新的商业模式和收入来源。公司的收入来源从之前的手机及其配件扩展到了数字应用和内容提供等方面，不再只局限于硬件销售。

多年前，在参与一个位于陆家嘴哈佛上海中心的战略制定学习项目时，我向同组的来自不同国家的高管们展示了移动通信产业链的发展变化及苹果公司在细分市场上的创新，帮助他们理解了苹果公司成功的深层原因。我的阐述不仅吸引了其他组成员的关注，还有幸在课堂上与哈佛商学院的教授进行了分享，并且获得了好评。

二、服务市场的细分

有一家大型设备公司对其服务部门做了调整，希望对服务部门的架构和流程进行具体的优化，从而提升服务竞争力。在沟通中，我告诉对方，提升服务竞争力是一个很宽泛的话题，包含服务产品的设计、服务销售和服务交付。这涉及服务销售人员的能力和工程师的现场服务能力，以及绩效考核。对方希望先看一下我之前工作过的公司的服务部门架构和管理流程，我明确表示拒绝，告知对方这些涉及商业机密，出于职业操守我不能提供。我理解企业对服务在经营中的重要性的重视，以及提升服务能力的意愿，但这个要求的确不妥。

对于大型设备公司来说，服务是一份合同的最后一个执行环节，起着承前启后的作用。服务水平的高低对后续的销售机会有非常大的影响。同时，服务收入也是营收中非常重要的一部分，对利润的贡献也非常大，因此管理层对服务市场的细分和理解决定了这块收入的潜力。

在 B2B 行业中，由于行业特点和商业模式的不同，很多公司的销售收入不仅仅来自产品的销售，还有大量的销售收入和利润是通过售后服务来获取的。售后服务市场是指企业在销售核心产品（如机械设备、工业设备、软件系统等）后，为客户提供的持续性支持与服务，包括通过远程监控、预测性维护来保障产品正常运行、延长产品的使用寿命、提升客户体验等，并为企业创造额外收入的商业领域。这一市场不仅涵盖传统的维修和备件供应，还延伸出技术升级、数据服务、培训咨询等高附加值服务。

B2B 售后服务市场是企业从单纯的“产品供应商”转型为涵盖客户全生命周期的“价值伙伴”的核心领域。其本质是通过持续服务帮助客户降低运营风险、提升资产效率，同时为企业构建稳定的收入流和竞争护城河。良好的售后服务对增加客户黏性，提升客户满意度，获取新的订单至关重要。如果关注一些知名大型技术密集型企业的年报，我们会发现通过售后服务所创造的利润通常在总利润中的占比很大，售后服务利润占比随技术密集度提升而提升。

行业服务市场的总体规模通常由整个市场的设备保有量决定，以设备在过了质保期后因不同的使用年限而对服务内容的不同需求加总而成。服务市场的细分不同于传统的市场细分，即不仅专注于客户群体，还要在基于设备保有量的前提下，细分维度聚焦于设备特征，比如以设备类型、使用年限、使用场景作为关键变量。对于设备厂家来说，购买自己产品的客户肯定是自己服务的目标客户群体，这些设备在质保期后的运营维护、备品备件和耗材都可能是企业未来稳定的收入来源。

服务市场中的设备厂家需要基于产品价值主张和商业画布，企业自己在产业链上的角色，以及对相关服务人员的考核做长远的考虑。不同的设备厂家对服务的理解和战略也不相同。有的企业注重技术专利的保护，会牢牢地把控和技术专利相关的服务，把一些利润较低的服务内容外包。近几年由于市场竞争激烈，厂家外包的服务基本被收回来自己做，而且有些厂家在考虑是否为其他厂家的设备提供服务，这样不仅能获取更多的服务收入，也更能贴近客户，随时获得新的设备销售信息等。

三、市场细分与产品线发展

我一直认为，研发不能脱离实际，必须要接地气。

曾经有家公司来找我，提到研发人员在开发新产品时总是倾向于使用最新、最好的技术。

我反问道："谁来买单？"

不论是高科技产品还是低技术含量的产品，这种情况都存在。企业获得了一种新技术或工艺后，往往一相情愿地认为客户会被技术创新所打动，于是一相情愿地将新产品推向市场。然而，新技术的成果未必符合客户当前的需求。即使客户有足够的预算且对价格不敏感，他们在接受新产品时仍需要一个过程。这种问题在高科技产品中尤为常见，因为研发人员通常带有某种程度的"技术狂热"。

张帆观点：

研发不能脱离实际，必须要接地气。对于新技术的使用，要先思考："谁来买单？"

如果目标客户是对价格敏感的细分群体，他们对性能的要求只需达到基本水平，那么使用成本高昂的新技术就毫无意义。毕竟，企业的最终目的是完成销售和创造利润。如何将技术转化为业务、通过有竞争力的产品创造稳定的收入是研发人员的主要职责，因此提升研发人员和有技术背景的产品经理对商业的敏感度就显得至关重要。

有一年，时任通用电气医疗的CTO戴鹰希望我能够帮助他的研发人员和产品经理从“技术达人”转变为“技术商人”。在沟通中，我告诉他这些员工具备专业的技术素养，但往往会专注于技术本身。如果能抬起头，把眼睛从产品本身向前端转移，明确谁是这个产品的目标客户，他们为什么需要这款产品、在什么样的场景下使用产品、要解决什么具体的问题、对操作系统的要求是什么——从商业角度思考问题，而不只停留在技术层面，这将让产品在设计阶段就具备客户导向的基因。研发人员和产品经理建立系统的商业思维，将技术专利转化为商业价值，在技术创新与市场需求之间架起桥梁，对商业化的研发成果而言，是事半功倍的事，也是当前技术创新与市场竞争环境下的重要趋势。

如果你有机会参观西门子中国研究院，你会看到有一面墙上展示着大量的专利。在这里工作的绝大多数人都是国内外名校毕业的博士，技术背景极其深厚。多年前，我和某技术产业化部门（Technology to Business）合作举办了一个工作坊，主题是“如何为欧司朗在汽车行业增加销售收入？”曾经，欧司朗是一家知名的照明公司，也是西门子的全资子公司，在照明行业与飞利浦齐名，后来独立上市了。因为产品特性，公司希望可以在汽车行业增加销售收入，主要涉及与汽车相关的光源应用。

有两个创意给我留下了深刻的印象。第一个创意是在车门下方安装一条光带，当车门打开时，会有一条与车门宽度相同的红色斑马线出现。我问为什么要设置红色斑马线？对方解释说，突然开门可能会导致交通事故（“开门杀”），特别是与电动自行车骑行者产生的碰撞。如果安装了斑马线，这些骑行者看到后可能会礼貌让行。我回应说：“你知道很多电动自行车骑行者的行为方式吗？他们连红绿灯的规定都不遵守，怎么会因为看到斑马线而停车让行呢？”当然，这是十几年前的情况，现在，我很高兴看到越来越多的骑行者开始遵守交通规则。我说，造成“开门杀”的主要原因是驾驶员疏于观察车外的状况，我们是不是可以考虑提供一种解决方案，能在开门时提醒驾驶员，从而避免事故的发生，例如，在车内安装传感器，当检测到车外一定距离内有人或物体以特定速度接近时，车内会发出警报，车门也会自动锁死。

第二个创意是在后视窗上安装一条光带，根据车辆在高速公路上的速度变化，光带会变换不同的颜色，看起来非常酷炫。我问是否有行业标准，规定某种颜色对应特定速度，对方回答没有。我指出：“这不是在制造混乱吗？驾驶过程中会因路况加速和减速，别人看到不断变换颜色的灯光，还以为是司机在报警呢。”去年我在路上还真看到某汽车品牌采用了这个设计，感觉有点违和。

在另一个工作坊中，当时欧司朗香港的市场拓展经理告诉我，她与研发人员沟通困难。我让她描述一个具体的场景。她说：“我给研发人员打电话，问这个产品怎么用，结果对方大发雷霆，说这还需要教吗？打开包装箱，按照说明书一步一步操作，按下开关，灯不就亮了吗？”我回答说：“人家说得非常清楚，没有问题啊。”她解释说，客户现场没有第一光源，一片漆黑，比如井下，怎么打开包装箱呢？我知道这是双方对客户使用场景的认知和理解不同所致的，于是对她开玩笑说建议她在发货时配一个手电筒。我还建议，下次遇到类似情况，不要舍不得差旅费，带着研发人员一起去现场，亲身体验客户的使用环境，这样研发的方向就会更加明确。

在很多行业和领域中，如果整体技术水平和市场环境还不能满足过于超前的产品创新时，这个概念领先的产品大概率会成为“先驱”。

多年前在慕尼黑出差时，我的一位德国的研发同事曾向我展示过一款西门子在20世纪90年代研发的平板电脑样机。我认为它未能成功的原因在于当时的技术环境和应用场景还不足以支撑其发展。那时互联网刚刚起步，相关应用尚未出现，整个社会的科技水平和思维理念也未达到全民广泛使用计算机的程度。

在讲细分市场时，我们提到市场细分四象限，它是一个简单而有效的工具，可以帮助企业识别和理解不同的市场细分群体的利益诉求。这样，企业根据自身情况，就能针对自己的目标细分市场，开发出有针对性的产品解决方案。

不同的客户群体对同样的产品有不同的需求和预算限制。通过市场细分，可以帮助企业更精确地定位目标客户群。企业必须明确每个细分群体的具体需求，在保持核心功能的前提下，针对所选择的目标细分群体提供差异化产品，提高获取更多销售收入的可能性。

张帆观点：

产品价值主张和产品线的发展基础是企业对目标细分市场的利益诉求及痛点的深入理解。

市场细分和产品线之间的关系在于，企业可以根据不同的细分市场开发相应的产品线。例如，在图5-6所示的市场细分模型中，有四个主要的细分市场 A、B、C 和 D。每个细分市场都有其独特的客户需求和价格期望。因此，企业应根据不同细分市场的具体利益诉求和喜好，设计出适合该市场的产品线。

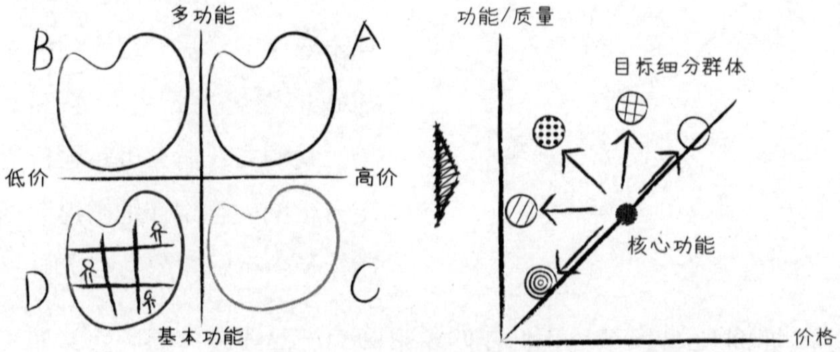

图 5-6　细分四象限与产品线发展

对于那些寻求低成本且对产品功能要求不高的客户（如图中的 D 区），企业可以提供基础款产品，这些产品可能缺乏高级功能，但价格相对便宜。而对于那些愿意为额外功能付费并期待高性能表现的用户（如图中的 A 区），企业则需研发更为高性能的产品版本，或者充分利用品牌溢价等手段来满足他们的需求。

无论是行业市场还是大众市场，在制定采购决策时，都不会只看产品的性价比，而是从产品的多个维度，比如品牌、性能、质量、价格、设计和维护保养等多个维度进行决策。企业在开发多个目标细分市场所匹配的产品线时，需要从客户的视角来看产品的维度及对维度的优先级排序。

如何从多个维度深入理解客户对产品的利益诉求呢？我们引入产品知觉图这个工具，即雷达图。

如图 5-7 所示，假设基于前期的市场洞察，从客户视角确定

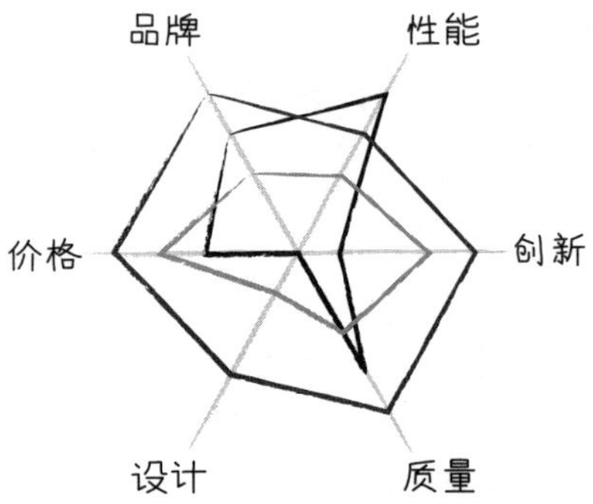

图 5-7　产品知觉图

了品牌、性能、质量、价格、设计和创新，我们把客户对产品的诉求在各个维度上标注出来，同时也相应标注出公司和竞争对手的产品，这样就能更细致地理解客户对产品的诉求。我们会在后文进行客户需求分析的内容中详细阐述如何制作及分析解读产品知觉图。

如图 5-8 所示，我们在四象限图和产品线发展图后面又加了一个产品知觉图，这样才是一个从市场细分开始到满足客户需求的完整思考体系。

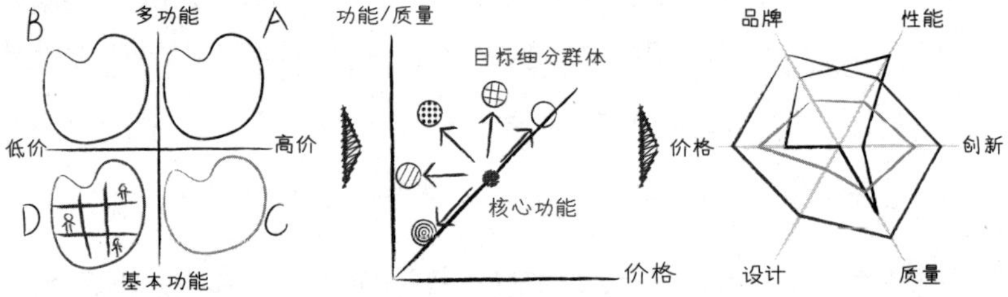

图 5-8　完整的思考体系

在产品线发展方面，传统的燃油车三大品牌——奔驰、宝马和奥迪——对乘用车市场都有自己独到的理解，并提供相应的产品。例如，奔驰公司除了有面向中产阶层的经典 E 级、针对高端市场的 S 级和迈巴赫系列，还有 AMG 和 SUV 等不同系列，每个系列下又包含多种细分市场内的产品来满足不同个体之间差异化的需求。2019 年，梅赛德斯 - 奔驰与吉利汽车集团成立了全球合资公司，双方各持股 50%，共同推动 Smart 品牌转型为纯电汽车品牌。

国内汽车品牌，尤其是新能源汽车，也基于自己对市场的理解，推出各种车型以满足不同目标细分市场的需求。

此外，随着技术更新迭代和市场需求的发展变化，企业还必须定期评估其现有产品线的匹配度，并适时做出调整。这意味着企业不仅要在初始阶段精准地找到目标细分市场，还要持续监控市场动态，以便及时更新或扩展产品系列，确保始终能满足客户的新需求。

对大众市场的细分帮助企业明确哪些类型的消费者最有可能对其产品感兴趣，而产品线的发展则使企业能够有效地服务于这些特定的目标细分市场。

我一直认为，大众市场强调的是消费者的真实需求和购买行为。消费者的真实需求是指他们购买某个商品的原因。例如，购买一瓶矿泉水的原因可能有很多，如解渴、清洁或作为搭讪的工具。消费者购买行为是基于综合了个体的原生家庭、成长环境、教育背景和个人喜好等因素，加上消费场景，最终形成的看似偶然实际上必然的结果。这个决策过程是别人看不到的，我们称之为“消费者决策暗箱”。例如，不同的人会选择款式和质地相同但颜色不同的服饰，这种不同的选择看起来是个体的个性使然，实际上反映的是消费者决策暗箱的作用。

> **张帆观点：**
>
> 行业市场中，客户采购流程中关键人物的决策虽然有时候会受个人偏好影响，但更多还是受组织对目标和绩效指标的考核驱动。

尽管老年人口占比逐步增加，但这个群体的经济水平、生活方式和自我认知都较以往的同龄人有很大的提升，针对这一群体的产品和服务需求也显著增长。银发经济不仅涵盖传统的养老服务，如医疗保健和护理服务，还扩展到了更广泛的领域，包括旅游、娱乐、老年教育等。

行业市场的细分则可以按照行业属性、规模、应用等方面进行。

行业市场的目标客户需求是组织的需求，旨在帮助企业完成正常经营和满足业务不断发展的诉求。与大众市场强调消费者的购买行为相比，行业市场则强调采购流程和流程上的关键人物。采购流程是一个组织或企业为了获取所需物品或服务按步骤采取的一系列活动，而采购流程上的关键人物在采购活动中各司其职，对采购活动能否顺利进行和高效完成起着至关重要的作用。

有很多影响这些关键人物的决策因素。虽然一些个人因素（比如个人偏好）有时候会对决策有一些影响——类似于我们前面提到的消费者决策暗箱——但更多还是受所在组织对目标和绩效指标的考核驱动，比如其岗位职责或企业对这个岗位的 KPI 考核指标。

在课堂上，我经常对学生说，不要只盯着你的客户，而要关注你的客户是如何为他们的客户提供产品或服务的。这样，你所提供的东西才会更应景，才能真正满足他们的需求。

年少时，我因为生病做过很多次手术，所以对手术台的场景比较熟悉。在手术台上，消毒完毕后，医生手一伸，旁边的护士就会递上手术刀；手再一伸，止血钳就上来了。在这个过程中，医生和护士都戴着口罩，几乎没有眼神交流，配合完全靠默契。那么，护士是怎么知道医生在特定时间需要什么的呢？

答案在于术前准备会。在手术的前一天，一定会有一个术前准备会，讨论第二天计划进行的手术数量、病人的状况、需要解决的问题、手术时长、手术中的风险，以及可行的预案等。这些准备工作确保了手术能够顺利进行。

虽然在这个场景中，我们不能把病人当成医生的客户，医生也不能被视为护士的客户，医生和护士之间的默契配合只是为了更好地服务于病人。但手术台上三者之间的这种合作关系和场景，可以启发我们对业务经营做出更好的预判。比如，在与客户打交道时，尽可能多往前看一步，你会对客户的具体需求和经营管理流程等有更深的了解。

在行业市场中，如果你能深入了解你的客户如何为他们的客户提供产品或服务，你就能更准确地把握他们的需求，提供更加贴合的服务。这样，你不仅能够更好地满足客户的需求，还能建立起更加稳固的合作关系。

一家德国汽车天窗制造商通过营销管理“吹风机模型”的工作坊讨论，意识到他们在营销活动中忽视的客户采购流程上的关键人物可能不是汽车制造厂家的内部人员，而是汽车设计公司和设计师。这些设计师对汽车的发展趋势有着自己的理解，天窗所能达到的尺寸大小和弧度等技术指标在一定程度上影响着设计概念的落地。如果设计师在设计车型时因为不了解你的产品或因为技术指标而没有选择你，等概念车型确定准备量产时，你的合作机会自然就不大。这些设计师存在于一批汽车设计公司中，未必就在汽车制造厂家内部。这一发现帮助该企业重新调整了营销策略，让产品从一开始就进入关键人物即汽车设计师的视野，借助他们对产品性能和具体参数的了解，在汽车天窗的定义阶段就能产生影响力。

很多年以前，西门子医疗的双源 CT 刚上市时因为技术先进，销量特别好。当时这个业务部门刚提拔的总经理乔昕刚好是我转行当老师后在西门子管理学院第一次开办营销管理内部公开课时的学生。有一次他给我打电话，说双源 CT 的销售遇到了一些困难，有员工反馈尽管他们在研发和创新上做了很多的努力，但客户不买账。我说可能是你们现在所做的努力和客户想要的方向不一致。后来我们在成都做了一天的工作坊，我帮助他们总结了一句话：CT是用来看病的，而不只是用来做研究用的。他们就明白了问题可能是采购流程的关键人物没有找对。

> **张帆观点：**
>
> 行业市场中理解和把握客户需求是通过观察客户如何为他的客户提供产品和服务实现的。

在工业领域，很多行业的设计院无形中扮演的角色就是企业采购流程中的关键人物。技术水平要求越高的项目，设计院在选用产品上的影响力就越大。

B2B 价值金字塔

贝恩公司的三位合伙人埃里克·阿姆奎斯特（Eric Almquist）、杰米·克莱格霍恩（Jamie Cleghorn）和洛里·舍尔（Lori Sherer）创建了一个用于分析 B2B 价值的模型。该模型采用五层金字塔结构展示五类价值，其中，最客观的价值要素位于金字塔底部，越往上，价值要素就越主观和个人化，这一模型被称为“B2B 价值金字塔”。

在金字塔的最底层是基本价值；紧随其后的是功能价值；第三层的价值要素则着重于为客户的业务经营提供便利；第四层的价值要素涉及到采购决策者的个人偏好；位于金字塔顶的是理想价值。

通过运用 B2B 价值金字塔模型，从基本价值逐步向上至理想价值进行分析，供应商可以更有条理地识别和强化那些对客户最具吸引力的关键价值要素，从而更好地满足客户需求。

市场细分与产品线管理是应对不同市场客户群体差异的操作思

路。企业需在数据驱动的精准洞察与战略定力之间找到平衡。未来的赢家必将是那些既能通过技术手段捕捉细微需求变化，又能保持品牌核心价值，同时有能力引领行业发展的组织。管理学家彼得·德鲁克说“企业的唯一目的是创造客户”，我认为，创造的前提是理解差异，满足差异。

四、市场规模

我相信每一家企业都非常关心自己所处的市场的规模和潜力，因为这决定了企业未来的投入方向及相关资源的配置方式。

> **张帆观点：**
>
> 市场规模和潜力，决定了企业未来的投入方向以及相关资源的分配方式，但一定要动态地看，适时调整。

20 世纪 90 年代，移动通信行业开始蓬勃发展，手机的渗透率逐年提高。当时的通信巨头爱立信公司的全球总裁预测——到 2000 年底，中国的移动用户将会达到 2000 万人，而实际上的数据远超这个数字，达数倍之多。

同期，我的德国上司让我准备下一年度的市场增长预测。我完成之后交给他，他当时没有说什么，等到年底时，他拿出我的预测与行业的实际统计数据进行比较，结果发现百万级别以上的数字都惊人的一致。他对我说：“你做得非常准确。”我回答：“这只是碰巧而已。”实际上，我是基于以往的历史数据和相关市场信息，在计算和分析的同时考虑了运营商的投资增长和终端用户的发展趋势，还对一些参数进行了调整，才得出市场规模的预测结果的。

市场规模通常是指在一年的时间周期内，某种产品在特定市场中能够带来的潜在销售收入或市场购买力，例如，发生交易行为的产品总数量或总金额。

业内通常会先基于一些客观假设对市场规模进行测算，再通过相关数据对其加以验证或调整。由于产品的类型不同，管理者看待市场的视角和解读方式也会有很大差异。比如，同样是大众市场，既有耐用品也有快速消费品，一些人看到的是男女老少的广泛受众，而另一些人则关注不同的地域或生活习惯等因素所带来的潜在商业机会。

> **张帆观点：**
>
> 市场规模的估算是否准确，取决于细分市场的标准是否可衡量和可持续。

要估算市场规模，首先需要设定市场的边界，即进行市场细分，找出目标细分群体，再根据合理的测算逻辑，在现有相关数据的基础上，通过数据校正，估算出一个合理的范围，为建立企业的财务模型和相应的资源配置做好准备。

2008 年金融危机时，国家为了应对经济下行的风险，推出了 4 万亿元人民币的经济刺激计划。当时我在西门子工作，在一次市场调研与分析的课上，我引导大家讨论这 4 万亿元投资对西门子在中国的业务的影响。我们采用了先从宏观到微观，再从微观到宏观两个方向来梳理。

从宏观政策导向到业务机会：首先，要了解这 4 万亿元可能的投资分配意向，是改善民生、加大基础设施建设，还是支持产业调整和科技创新？如果有了大致的分配意向，那么这笔投资将如何落实？对这笔投资影响力较大的相关政府部门有哪些？这些问题都需要逐一沟通确认。

从业务板块到政府投资方向：从西门子（中国）的业务板块来

看，哪些业务可能与该笔投资相关？相关产品和解决方案在存量市场的份额是多少？近几年的增长率是什么水平？哪些产品线与这笔投资关联最大？我们可能占据的市场份额大概是多少？

通过这两种分析方式，基本上可以估算出这 4 万亿元对公司业务的影响。

无独有偶，后来我看到杜邦公司的“龙项目”，思路基本是一样的。

2008 年底，杜邦公司启动了名为“龙项目”的特别团队，以捕捉高速铁路、清洁能源及基础设施建设等领域的投资机会。该项目由大中国区总裁苗思凯领导，旨在通过整合内部资源提高效率，避免各部门重复劳动。团队成员约 20 人，直接由中国总部管理，涉及电子材料、高性能材料等多个技术部门。

“龙项目”设立了信息收集流程，有专门小组负责分析和传递有关获批项目的资讯，协助业务部门发掘商业潜力。当项目涉及多个事业部时，会成立专门小组进行跟进协调，辅助职能部门则确保从人员调配到资金配合的所有工作顺利进行。

行业市场规模预测涉及明确预测目标、收集并分析历史及宏观经济数据、评估政策和技术变化对市场的影响，以及研究客户需求及行为的变化。

通过选择合适的方法如时间序列分析、回归分析或专家意见，并结合情景分析来构建预测模型，企业可以更准确地预测未来市场规模。

同时，企业还必须考虑政策、技术和市场竞争带来的不确定性，并持续监测和更新预测结果，以确保其准确性和可靠性。

在移动通信的 2G 时代，联通公司一直是双网运行，即同时运行 GSM 网和 CDMA 网。对于西门子移动通信业务集团而言，只有在 GSM 网上的投入才对其销售收入有意义。有一年，联通总部公布了 200 亿元的 GSM 网投资计划，这个数字对于西门子移动通信联通事业部意味着什么？下一年的销售目标该如何设定呢？

首先需要了解的是，移动通信网络主要由两大部分组成：无线接入网和核心网。这 200 亿元中有 30% 的部分要用在相关配套上，因此实际用于设备采购的资金为 140 亿元。当时联通的设备采购方式是由总部进行集中采购（集采），这 140 亿元如何分配到各个省的分公司取决于这笔投资的方向——是网络扩容还是网络优化。

此时，总部的大客户经理和各省的大客户经理彼此之间需要沟通梳理，确定最有可能获得投资分配的省份。再根据西门子通信在各省份的市场份额及近几年的增长状况，同时考虑客户的网络发展策略及竞争对手的因素，估算出一个值，加总后得出一个合理的收入预算。当然，能否真正实现这一目标，还需依赖后期各个层级，以及职能部门的配合与努力。

在理解市场时，大众市场不同于行业市场的一个地方就是大众市场的客户会考虑直观的感受。例如，我有一个做餐饮的 MBA 学生，在选址时，会在工作日和周末的不同时段去现场观察目标区域内同等消费水平的各种类型的餐厅的客流，还要看周边区域的商业状况，比如是否在写字楼集中的区域、交通和停车是否方便等。即使这些都做好了，还要考虑市场大环境可能造成的影响，进行各种情景的测算，并考虑不可控的外力及自己的抗风险能力，才能确定这个餐厅项目能否真正获利。

曾有一个新闻报道称，在2008年北京奥运会前夕，麦当劳经过几个月的市场调研，决定在王府井商圈投资开办亚洲地区最大的麦当劳餐厅。

当时的市场调研通常指的是在目标区域附近派调研人员观察、收集人流信息数据。这种方法现在看来已经过时，但在那个年代，移动通信远不如今天发达，很多餐厅经营者都采用这种方法进行调研，虽然耗时但简单有效。至少在十几年前，在北京的过街天桥上，我还能看到几个拿着手写板的学生模样的人——来回两个方向都有——按品牌区分记录桥下通过的车辆，显然是在做汽车相关的调研工作。

现在再做此类市场调研时，可以与移动电信运营商合作，利用定位服务功能来估算某个时间段内该区域的人流总量。在此基础上，可以结合客户就餐口味偏好、就餐环境及时长要求等因素，经过合理假设与推理，估算餐厅潜在就餐者的大致人数范围。

假设这家快餐公司想要进行收入预测，可以使用以下计算方法，估算出餐厅在特定时间段内的大致收入范围，即销售收入 = 时间段内目标人数 × 单位标准套餐价格（还要考虑早、中、晚三餐的人数总量差别及套餐价格差别），如图 5-9 所示。

估算出的就餐人数的数据区间将影响餐厅经营面积与体量的决策。

这时有以下几个变量需考虑。

（1）就餐者在该品牌快餐店点餐前的平均排队时长；

（2）就餐者被服务时的平均时长；

（3）就餐者的平均就餐时长；

（4）其他可参考的变量，比如文化习俗、就餐习惯对时间的影响等。

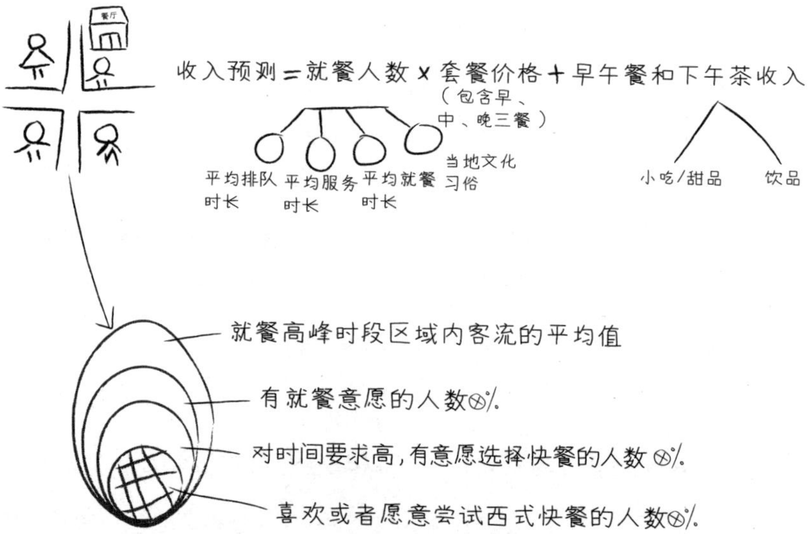

图 5-9　快餐公司收入预测的方式

结合上述变量，依据自身历史运营数据，这家快餐公司可以推算出理想的餐厅经营面积、所需的设备投资和员工配比等。如果保守估算下的人流量仍超出餐厅供给能力，则应尽可能增加营业面积以达到收益最大化。这体现了从需求到供给两种思路的结合。

对市场规模的估算并非一成不变的，因为不仅外部的社会经济环境会发生变化，企业内部对于目标细分市场的理解及其营销活动的执行能力也会有所不同。

餐厅增加收入的核心策略有开源和节流两大方向，即扩大收入来源和优化成本结构。在开源这个方向上，主要有三条途径：一是增加客户数量；二是延长营业时长；三是提供更多可选择的食品和饮料的品类。对位于王府井商圈的这家餐厅来说，除提供快餐正餐外，还可以通过以下方式扩大收入来源。

（1）增加服务种类，如提供具有本地特色的食品，吸引更多就餐者；

（2）考虑周边写字楼工作人员及游客的休闲需求，提供适合早午餐或下午茶的小吃和饮品，为周边企业提供会议茶歇的外卖服务。

通过这些举措，可以在现有经营面积和营业时间内，尽可能地做到收入最大化。但要特别注意所有的增量都应围绕目标细分群体，同时要在品类扩充、营业时长增加和经营成本上涨中取得平衡。

经过一段时间的运营，有了数据的积累后，通过饼图和柱状图可以把收入按多种维度拆分并比较分析，比如按产品种类、按时段等。基于数据结果就可以对经营（如物料准备、人员配比等方面）进行精细化管理。

市场容量预测实际上对所有参与者来说都是摸索前行的过程，关键在于谁的判断在逻辑上更为合理。因此，清晰的逻辑和必要的合理性假设是可信市场容量预测的基础。

> **张帆观点：**
>
> 市场容量预测实际上对所有参与者来说都是摸索前行的过程，关键在于谁的判断在逻辑和假设上更为合理。

读后思考

读到这里，你是否对市场细分有了更深刻的理解，学会了不一样的市场细分方法？

05 理解客户需求：知觉图分析

营销人员必须进行研究来理解市场中不同群体的消费者，从而制定出能提供价值的战略和具体的提供物。

——韦恩 · D . 霍伊尔（Wayne D. Hoyer）、
黛博拉 · J. 麦金尼斯（Deborah J. MacInnis），《消费者行为学》

2006 年初，我被公司从上海派回北京。因为不确定要在北京工作多久，所以除了要保留上海的手机号，我还需要为北京的手机号配一个手机。当时，西门子的手机业务已经被出售给明基，我花了 200 多元购买了一款索爱的功能机，这款手机仅能满足接打电话和发短信的需求。这其实是我人生中第一部自己掏钱买的手机，之前在海外时，和移动运营商签合同会赠送手机，也就是合约机。回国后西门子本身有手机产品，在有工作需要时可以申请领取。

同时期，我又花费不到 4000 元买了一个可以控制温度的多功能微波炉，而且打开门后，里面写着很多常见食品的建议加热温度，对用户非常友好，根本不需要记这些信息。相比之下，同期常见的微波炉价格大约是 1000 元。

我对这两个产品的选择让我经常被家人和周围朋友打趣，他们说我节约的时候是“真会过日子”，而挥霍起来也真是“钱多人傻”。实际上，他们并不理解我对产品价值的诉求。我对手机的要求不高，当时移动应用程序远没有现在这么普及，所以能打电话、发短信的功能机就已经足够用了，关键是它要小巧便携。至于那款微波炉，我一直用到了 2021 年搬家，总共使用了 15 年，算下来每个月的成本还不到一杯咖啡的钱。

我试过很多款夏天在户外穿的拖鞋，大多数都会让我的脚背或脚趾被磨破，所以在选购户外拖鞋时我的第一诉求是不磨脚。经朋友推荐，我在淘宝买到一双手术室医用拖鞋，这双鞋仅售 11 元还包邮，不磨脚而且穿上走路非常舒服，脚感远好过很多价格数倍于它的品牌，甚至好过很多大的运动品牌，这远远超过了我的期望。

在选择手机时我把价格作为优先考虑的因素，只要功能上能够基本满足需求即可，而在选择微波炉时，新颖的设计和使用功能的优先级都排在了价格之前。选择户外拖鞋时，以走路不磨脚为第一诉求。

我相信很多人和我一样，在面对不同的产品时，需求各不相同，选择标准和考量因素也会有所不同。有时候会把某一项技术指标放在第一位，有时候则会把价格排在前面。绝大多数人只对少数品牌有忠诚度，行业客户也是如此。

如果客户是一个制造商，其基本需求通常都是围绕着 TQC（Time Quality Cost，交货期、质量和成本）来提高要求的。而在大众市场中，很多时候实用性不一定是首选，首选的可能是设计风格和调性，或只为满足情绪价值。

一、产品知觉图分析

我们在前文通过细分四象限将市场分为不同的细分群体，每个细分群体有不同的产品利益诉求。无论是行业客户还是大众消费者，他们对产品的评估都不能仅用性价比来考量。在决策过程中，还会有许多其他维度，如品牌、关键技术指标、质量、设计、开放延展性等。因此，产品知觉图可以帮助我们从客户的视角对这些维度进行分析和比较，并基于对客户决策因素的理解标注出优先级。这样，我们就可以用图表的形式将这一过程展示出来。

企业在提出产品的价值主张时，会从很多维度展现独特的产品卖点。而客户在购买产品时，也会考虑那些影响自己决策的维度。这个时候，我们要以客户的需求为导向，即从客户的视角来看哪几个维度最重要。

这里我们用 6 个维度举例。如图 5-10 所示，基于我们对客户需求的理解，将产品从 6 个维度来展示，同时从客户的视角确定这些维度的优先级排序，排序越靠前，就表明对最后决策的影响力越大。在每个维度上，分别标出客户期望、公司产品和竞品的相关数据，画出三个六边形。通过比较公司产品和竞品对客户期望的匹配度，特别是比较在客户优先级排序靠前的维度，就能从满足客户诉求的角度来判断谁的胜算概率更大。这里我们先不考虑行业市场客户的采购流程及大众市场的消费者购买行为和场景对成交的影响，只是单纯从产品的角度来比较。

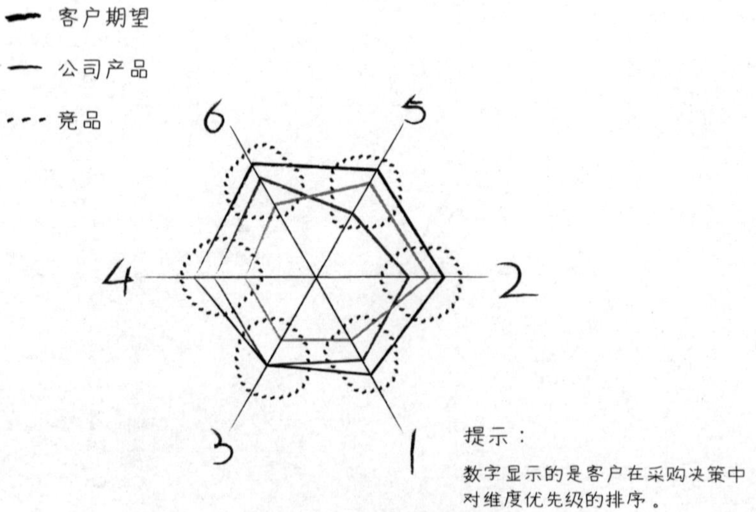

图 5-10　产品知觉图分析

对产品知觉图的分析，我想强调一下，我不认可传统的通过计算面积大小来判断是否与客户需求相匹配，以及是否对客户的决策有影响的方法。多年来在多个行业对多个产品的实战应用证明，基于客户视角选择的、客户所看重的产品维度，以及通过梳理这些维度的优先级，使得产品知觉图成为一线市场管理人员手中非常实用且易于操作的工具之一。

在绘制产品知觉图的过程中，如果某一个维度太笼统，不能完全表达真实的信息，我们需要把这个维度进一步分解，也就是在这个维度的第二层级画一个基于此维度的子知觉图（见图 5-11）。比如，产品性能可以包含很多方面，能耗比、可靠性、利用率、平均无故障时间、故障率和机械加工精度等都可以用子知觉图进行比较，通过子知觉图综合比较得出的结果，有助于衡量此维度在主知觉图中影响的准确尺度。

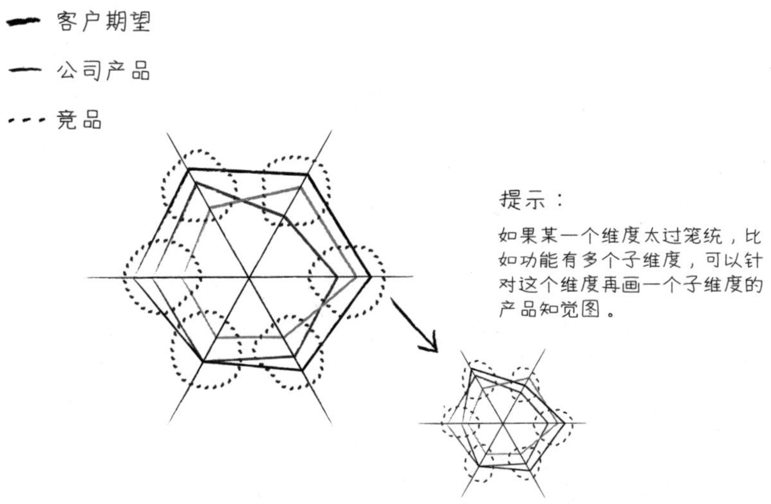

图 5-11　子维度的产品知觉图

张帆观点：

产品知觉图在营销管理“吹风机模型”中的使用贯穿始终。

产品知觉图可以应用于多种场景，在营销管理“吹风机模型”中主要的应用至少有以下四次。

（1）市场洞察时：对客户需求进行多维度深入分析和理解；

（2）进入市场前做产品定位时：通过产品知觉图找出产品和客户期望值的匹配度，以及与竞品的差异化，从而确定产品的定位；

（3）战略阶段：制定产品未来的发展路线图，基于知觉图找出目前产品需要优化，提高和改善的地方，确定下一代产品的发展路线图；

（4）营销组合阶段：理解客户的利益诉求，根据客户对产品维度的优先级，找出与客户利益诉求相匹配的因素，通过沟通来影响客户的采购决策。

通过这些应用，产品知觉图可以帮助企业明确客户对产品的利益诉求，不仅在进入市场初期时确定方向，还能在其后续发展过程中不断优化产品和服务，确保始终符合市场需求和客户期望。

1. 确定产品知觉图的维度

（1）从目标客户群体的视角来衡量哪些维度最能反映其对产品的态度，比如品牌、价格、性能等和产品直接相关的维度；

（2）每个维度都能真实反映产品的特性及特征；

（3）确保各个维度具有代表性和独立性；

（4）尽量涵盖产品的使用、维护保养等完整的使用周期；

（5）考虑维度的可衡量性和可操作性。

2. 确认目标客户群对各个维度的态度以及优先级排序

（1）明确数据来源及数据标准化；

（2）可以用数值的维度按绝对值从低到高表述；

（3）没有数值的维度可以根据行业共识标注，比如品牌、设计等；

（4）基于市场洞察，理解目标客户群体对产品特性的优先级排序，这个优先级很大程度影响客户的采购决策。通常对于性能要求高的客户群体对功能的优先级排序会比较靠前，而价格敏感型客户群体往往把价格

> **张帆观点：**
>
> 产品知觉图可以帮助企业深入理解客户选择产品的逻辑及对相关指标的优先级排序。

放在优先级的第一位，只有价格与期望值相符的情况下，才会考虑产品的其他特征。

3. 绘制知觉图

（1）根据确定的比较维度设置知觉图的坐标轴，以中心原点为起始点，由内而外按绝对值在各个维度上做相应的标注；

（2）基于市场洞察，在知觉图的各个维度标注出目标客户的态度或期望值，然后用一种颜色的直线相连；

（3）将企业自己的产品在知觉图各个维度标注出来，然后选择不同颜色的直线相连；

（4）将竞品在知觉图各个维度标注出来，然后选择不同颜色的直线相连。也可以选择两到三个竞品，用不同颜色标注即可；

（5）绘制知觉图的常用工具有 Excel、Power BI、Tableau 和 Python 等。

4. 知觉图差异化分析

（1）整体观察：看知觉图的基本形状和趋势，初步判断企业在各维度上的表现；

（2）与客户期望对比：将产品知觉图的所有维度与客户期望进行对比，找出产品与客户期望，特别是核心需求之间的差异；

（3）与竞争对手对比：将企业产品与主要竞争对手的产品知觉图进行对比，识别出关键的差异化点；

（4）重要性评估：按目标客户对各个维度优先级的排序评估

各差异化点对客户决策的影响程度；

（5）优势与劣势分析：分析差异化点给产品带来的优势和可能存在的劣势。

5. 知觉图对业务的影响

（1）客户需求：深入分析理解客户对产品的利益诉求；

（2）规划新产品：根据目标客户群体的意见反馈、技术升级以及市场趋势，明确未来新产品的设计方向和可能的市场定位；

（3）改进现有产品：根据差异化分析所得出的结论，可以调整产品定位、改进产品属性、对表现不佳的功能进行改进或重新设计，为如何改善提高产品的市场竞争力提供方向；

> **张帆观点：**
>
> 可视化工具的产品知觉图能够在多维空间里分析产品和客户需求的匹配度，以及展示同竞品之间的差异化。

（4）针对现有产品提升和客户的沟通效力：通过明确客户对产品维度优先级的排序，强调公司产品的差异化点和优势与客户的期望相匹配的地方，利用沟通提升客户对公司产品的认知。

产品知觉图作为一种可视化工具，能够在多维空间里展示企业相对于竞争对手的位置，同时也能反映出客户心目中的“理想点”。通过绘制这样的图表，我们可以直观地看到哪些区域存在未被满足的需求，或者说是市场的空白点。此外，知觉图还能帮助企业评估自己是否已经占据了有利的竞争位置，如果不是，则需要考虑调整产品战略以更好地满足目标客户群体的需求。

二、客户全生命周期

客户全生命周期（Customer Lifecycle）通常指的是客户与企业互动的整个历程，从初次接触到购买、使用、忠诚度培养，直到最终可能流失的整个过程。对于提供行业市场产品和大众市场的耐用品的企业来说，如何在达成产品交易后实现存量客户价值的最大化是在业务战略中需要思考和重视的关键问题。这不仅仅是为客户提供售后产品的运维保养服务、更换备品备件或提供耗材，更是要以客户为中心，根据产品在质保期后不同阶段的使用状况，有针对性地设计差异化的服务策略，最大化客户价值。企业需通过客户关系管理系统、物联网设备采集客户行为数据（如使用频率、故障记录），构建客户健康度评分模型，精准识别高潜力客户与流失风险客户。

Predix 是通用电气（GE）推出的工业互联网平台，专为工业设备与系统的数字化和智能化管理而设计。该平台通过整合设备连接、数据分析和应用开发等功能，帮助企业优化运营效率、加速创新，并实现智能化转型。Predix 能够为 GE 的客户公司提供实时信息，协助其机器操作员和维护工程师合理安排维护检查，提升机器运行效率，并减少停机时间。帮助客户主动收集和利用运营数据这类功能，可有效降低 GE 服务协议中的维护成本。当 GE 为客户的设备提供服务时，通常会附带性能保障承诺。主动识别潜在故障并减少现场服务频次，不仅有助于提升客户满意度，也为 GE 自身带来显著的成本优势和运营效益，将客户价值延伸至产品全生命周期。

在 B2C 耐用消费品层面，企业通过强化会员体系与生态协同来增加客户黏性。根据海尔智家 2024 年年报，海尔在服务中台，通过智能化工具应用优化资源配置，提升服务效率与用户粘性。在客户服务环节提升智能客服能力，通过构建客服知识库体系、交互场景标准化体系等，以及培养智能交互解决等能力，2024 年海尔智家的智能交互占比同比上升 25.52%，智能解决率同比提升 10.35%；在售后服务环节，搭建完成智能排程调度、全程在线赋能、备件全链路数字化等功能，用户抱怨同比下降 33.22%，服务费用下降 5.2%。同时，在大众市场，由于经济优惠、处理便利、环保意识增强、技术更新快、品牌营销策略以及可能的政策支持等多方面因素的综合作用，耐用消费品的以旧换新和回收服务受到了消费者的欢迎，这也有效地增加了客户的复购率，延续了客户全生命周期的价值。

无论是在工业领域、医疗设备、汽车行业还是家电行业，成功的企业都能通过客户全生命周期管理，将单次交易转化为长期合作关系，最终实现企业与客户的双赢。

读后思考

了解了产品知觉图后，在和客户的沟通中，你会不会有意识地了解客户所看重的产品维度和优先级？

06　竞争分析：你在和谁打

从本质上讲，战略家的工作就是要去理解竞争和应对竞争。

——迈克尔 · 波特,《竞争论》

2000 年底，我第一次去哈尔滨出差时住在香格里拉酒店。客户经理在聊天中好奇地问我："为什么西门子的人来了，诺基亚和爱立信也来了，每次这三家都是差不多一起来？"我说，我来和他们没关系，我参加的是另外一个项目。这种三家公司这么多人一起来的情况，基本上都是因为客户招标，每个公司都是销售、商务和技术等团队作战。

我的学生问我如何判断谁是竞争对手，我回答说，每次客户招标时他都站在你旁边，或者在做采购决策时，都会拿他和你比较。但实际上，这些都是我们通常能看得见的竞争对手，还有一些我们看不见的竞争对手。比如，数年前，行业内曾流传着这样一句话："中国钢铁行业是夹心饼。"我不知道大家怎么看，这其实要从市场竞争态势的角度来理解这句话的内涵。

一、五力模型分析

哈佛大学教授迈克尔·波特认为，决定企业盈利能力的首要因素和根本因素是产业的吸引力。

波特五力模型由迈克尔·波特于 20 世纪 80 年代初提出。他认为行业中存在着决定竞争规模和程度的五种力量，这五种力量综合起来影响着产业的吸引力及现有企业的竞争战略决策。

借助五力模型分析，企业能够更全面地掌握其所在行业的竞争态势，包括评估整个行业的现状、预测行业未来的发展趋势及路径、识别驱动行业内竞争的主要力量、洞察竞争对手的行为模式及他们可能会采取的策略。

任何产业，无论是国内的还是国际的，无论是生产产品还是提供服务，竞争规律都体现在五种竞争作用力当中。

这五种力量分别为:

（1）同行业内现有竞争者的竞争能力；

（2）潜在竞争者进入的能力；

（3）替代品的替代能力；

（4）供应商的讨价还价能力；

（5）购买者的议价能力。

如图 5-12 所示，波特五力模型从更高的角度诠释了竞争，这种竞争不仅包含了产业链上扮演相同角色的公司之间的竞争，而且还涵盖了新的进入者带来的竞争，以及现有产品被其他行业新技术产生的产品所替代的竞争。

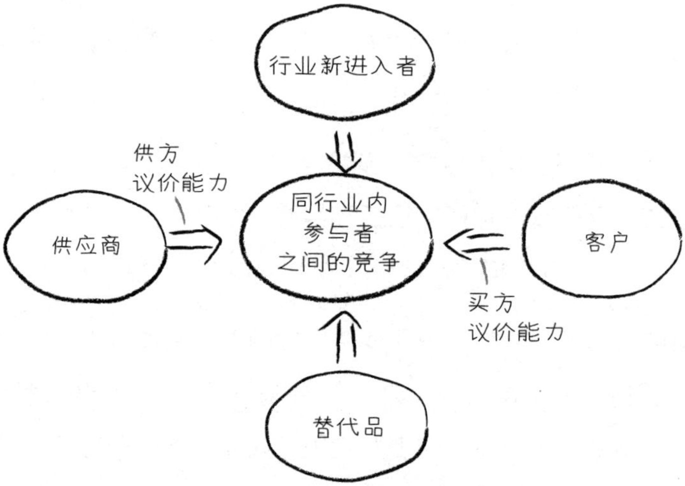

图 5-12　波特五力模型

1. 对五力模型三个方面的分析

针对波特的五力模型，我们可以将其分析框架梳理为以下三个主要方面。

（1）产业链上的买方和卖方之间的议价能力；

（2）行业新进入者或替代品所带来的竞争；

（3）同行业内的参与者所带来的直接竞争。

下面我们逐个进行分析。

> **张帆观点：**
>
> 企业间的竞争很多时候其实是在产业链上的竞争。

第一个方面，我们探讨产业链所体现的关系，分析产业链上的买方和卖方之间的议价能力。

产业链不仅展示了上下游产业之间的

紧密联系，还深刻反映了供应商、制造商（企业）及终端客户之间复杂的动态议价能力。这种多层次的关系网络不仅限于简单的买卖互动，更涉及各方在交易过程中的相对力量对比和利益分配机制。

本节开头时所说的业内曾流传的一句话："中国钢铁行业是夹心饼"，指的就是在钢铁行业下游的市场端，客户通常有很强的议价能力，因此价格的决定权是在市场端而不是生产制造商。

而钢铁行业最重要的原材料是优质的铁矿石，全球著名的三家铁矿石供应商：巴西的淡水河谷公司、澳大利亚的必和必拓公司和英国的力拓集团，牢牢地把握着全球铁矿石供给侧的定价权，有着非常强的话语权和议价能力。

这样一来，国内的钢铁行业在客户端和原材料供应端的两头施压下，就成了所谓的"夹心饼"行业。与此同时，还面临着行业内的直接竞争。

第二个方面是行业新进入者或替代品所带来的竞争。

在前文的行业生命周期图中指出，当市场开始进入成长期时，由于产品技术和性能趋于稳定，开始有更多的客户群体愿意购买和使用产品，市场规模逐步扩大。而随着销售收入不断增加，行业前景逐步向好，也会吸引来更多的行业参与者，这也是我们常说的"英雄所见略同"。

这些新的市场参与者虽然在知名度上要弱于市场的领导者，但由于研发投入较低，因此在生产性能、价格差不多的产品时，有着比较大的成本和定价空间。于是便可以用相对优惠的价格，吸引市场上那些对产品品牌不太在乎或忠诚度不高，但对价格比较敏感的群体。

在竞争态势中的替代品，既可以是不同产品之间的替代，也可以是由原材料和技术原因而产生的替代。

在京沪高铁通车之后，往返于京沪之间的旅行者就多了一个可选择的高效的交通方式。

对时间要求较高但价格不敏感的商务人士，通常会选择乘坐飞机出行。但由于航班受天气的影响较大，在遇到极端天气时，或者对保证到达的时间要求比较高时，很多人便会选择乘坐高铁出行。当然，在旅途所需时间相差不大，但飞机票价比高铁票价高很多时，有些乘客也会选择高铁出行，这就是产品上的可替代性。

在我看来，随着复兴号 CR450 的投入使用，预计再次提速的京沪高铁将进一步分流京沪航线的乘客，尤其是那些对时间掌控要求较高的商务旅客。毕竟，航空公司还是“看天吃饭”，而高铁的准点率是无可挑剔的；旅途中通讯不会中断，车厢内的环境整体安静，传说中的京沪高铁已经成为一个移动的办公室。

而原材料的替代也时有发生。

比如，日渐匮乏的石油资源及其他来自自然界的天然不可再生原材料等，都会带来技术和产品设计上的改变。

此外，随着科学技术的不断创新与科技水平的提升，出于环保和节能减排要求及经济方面的考虑，很多行业都在发生着改变。

比如，碳纤维作为非常优质的材料，重量比钢和铝要轻，在抗拉强度上可以达到钢的 10 倍，还能耐超高温和低温，因此在飞机制造中使用的比例越来越高。

空中客车研发的最新型飞机 A350 集中了公司的全部优势，是一款经济性非常高的民用机型，其碳纤维材料的使用率达到了50%，受到了全球很多拥有洲际长途航线的知名航空公司的追捧。其中型号 A350–1000 帮助新加坡航空公司开通了从新加坡到纽约的超长航线。我有一次出差从慕尼黑回京，乘坐了汉莎航空公司的A350，只用 7.5 小时就到了首都机场，而且飞行体验非常好。

第三个方面是同行业内的参与者所带来的直接竞争，其角力要显得更为激烈。

> **张帆观点：**
>
> 虽然同行业内的参与者所带来的直接竞争显得更为激烈，但绝对不能忽视由原材料和技术原因而产生的替代。

有一家企业在行业内的投标中屡屡不得手，原因是不能满足标书中的一些具体要求，而这些要求是由行业标准协会所制定的。在工作坊中，我问既然你们技术领先且有能力，为什么不参加这个协会呢？后来他们告知，已经开始积极参与行业协会的活动了，因为几个主要的竞争对手都在里面。那这家企业所碰到的投标问题就不言自明了。

前文中提到，往返于北京上海之间的航线，其乘客因为京沪高铁的投入运营而被分流，对于经营京沪航线的几家航空公司来说，这一变化属于同等的竞争威胁。更为重要的是，如何争夺那些仍然选择乘坐飞机的旅客也是在各航空公司之间竞争最为激烈的部分。

在北京大兴机场正式运营前，因航权资源限制，并非所有航空公司在京沪航线上有航线的经营权。在机型和航班时刻没有太大差别的情况下，品牌相当的航空公司相互之间的竞争主要围绕着价格和服务进行，其中的服务内容更多比拼的是常旅客项目的吸引力。

由于商务出行的乘客通常都是价格不敏感人群，因此当航班时刻和舱位标准满足了出行及公司对其差旅报销的要求之后，常旅客项目所能提供的服务和权益对商务类乘客的吸引力往往会优先于机票的价格。

在大兴机场投入运营后，便开始有更多的航空公司在京沪航线起始点的四个机场上投入航班运力。两地之间的航班上座率也开始受到机场地理位置的影响，比如，虽然目的地是在同一城市，但航班却可能会涉及不同的机场。我相信在京沪之间准备出行的乘客在诸多考量因素之外，还会考虑到机场在城市的地理位置。同时，乘客所居住的地点、出差办公地点或下榻酒店的位置对最后的购买决策也都有影响力。具体有多大，这取决于每一个个体的考量，这也是我们所说的消费者决策暗箱。

无论我们对企业的内部情况有多么深入的了解，理解所处行业及其竞争对手始终是把握企业发展方向和业务目标的关键所在。

有一年，谢瑞麟公司国内高管学习了哈佛大学的在线管理课程后，邀请我帮助他们在北上广等地梳理营销管理和财务知识的落地工作。我记得在上海淮海路的办公室里，有一位高管问我："我们在黄金周的时候准备了促销方案，然后竞争对手也跟进了，我们该怎么办？"我回答说，这个问题问得有些晚了。面对销售旺季，为什么认为自己做了方案，竞争对手就不会有动作呢？在准备方案时，不能仅有 Plan A，还应该预备 Plan B，甚至 Plan C。在围绕客户提升服务的同时，还需密切关注竞争对手的动态。

2. 企业的竞争策略

一家企业战略的成功与否，通常与其在面对竞争对手时所采取的竞争策略有很大关系，尤其是产品策略。因为有关产品研发的决策很多时候会构成公司的核心竞争力，也体现着企业对未来行业技术升级、市场发展趋势的理解和把握。

张帆观点：

产品的研发策略对企业战略的落地执行和未来市场表现有着非常大的影响力。

波音和空客是全球民航业的两大巨头，彼此之间的竞争十分激烈，他们在对未来民航市场发展的预测上持有不同的看法。

空客公司于20世纪90年代早期为了完善自身产品线，打破波音747在超大型客机市场的垄断，开启了超大型客机A380的研发。

空客公司当时认为，随着乘客数量的增加，想要解决因航班激增而造成的空域紧张、跑道拥挤的最佳方案就是使用像A380这样的超大型飞机，串联起全球中枢的航空枢纽，再通过中小型飞机向非枢纽、支线机场来分流客群。

这种想法刚好与阿联酋航空不谋而合，为了将迪拜打造成一个国际旅游胜地和航空枢纽，阿航向空客订购了143架A380，也是目前世界上唯一一家把A380作为全球发展战略核心的公司。A380也的确帮助阿航实现了自己的战略定位，在中国市场上，每天都是使用A380往返于北京和迪拜之间承运乘客，而后可再从迪拜中转去往其他的洲际枢纽机场。

从飞行角度来看，中东地区具有得天独厚的地理位置。就拿波斯湾来说，它并非一个普通的海湾，而是一个日益重要的全球航空枢纽，连接着亚洲、欧洲、美洲、非洲和大洋洲。根据相关统计，有近20亿人口生活在4个小时的飞行距离内，有40亿人生活在距离海湾地区7个小时的飞行距离内。这也使得中东地区的航空公司通过各种方式打造中转枢纽，其商业模式主要是吸引从中国到欧洲、非洲甚至美洲的中转客源。由于众所周知的原因，在其他国际区域航线受限的情况下，截至 2025 年 2 月，国内航空公司在中东航线的恢复率与 2019 年相比均超过了 100%，其中到沙特的航班恢复率达到 258.6%。当然，国内航司没有从中东到非洲、欧美的下一段航线网络，这使得国内航司在联运和代码共享等领域与中东的航空公司展开了多方面的合作。

而作为空客在行业内最大的竞争对手，波音的想法却恰恰相反。波音认为，随着全球经济发展和社会进步，将会带来更多的人口流动，而这一流动将更多分布于不同区域、不同等级的热点城市之间。

所以在未来的航空市场上，将需要更多的中小型飞机，它们可以在干线和支线之间快速灵活转变以执飞不同的航班。而客流也将会从主要的航空枢纽逐步分流到二三线机场。因此，波音开始建造一种体积更小、燃油经济性更高的远程客机，这便是后来很多航空公司都投入运营的“梦想客机”787。

其实从乘客端来说，在经济条件许可的前提下，更多人会愿意选择方便的直飞而非耗时耗力的转机。但也要看具体情况是出差还是私人旅行。如果是远距离目的地休假，飞行是旅行的一部分，至少我自己不在乎是否需要转机，多一个飞行目的地就会多一道风景，而且转机价格比直飞价格要便宜很多。对于航空公司而言，无论是出于飞行成本控制的考虑还是航程设置上的灵活机动性，中小型客机显然都更具有竞争优势。

就当前来看，当初空客公司对于市场的判断与现实有着非常大的偏差。伴随着全球和区域内的人口流动，越来越多的洲际航线开始在非枢纽机场之间开通，因为性价比不高，航空公司对超大型飞机的使用需求逐步减少，这也使得空客 A380 和波音 747-8 都相继宣布停产。

从这个案例分析中也可以看出，中国商飞的 C919 客机顺应了民航市场的发展趋势。随着支线机型 ARJ21 更名为 C909 并稳定运营，以及 C919 的逐步大规模投入服务，再到大型客机 C929 的研发推进，C939 已经在规划中，看得出来中国商飞正致力于打造一个全面的产品线。

> **张帆观点：**
>
> 中国商飞 C919 符合民航市场的发展趋势，我们的飞机制造也一定会像高铁一样成功，我对中国制造非常有信心！

在 2024 年 12 月 19 日于哈尔滨举行的国际航空枢纽建设大会上，中国商飞公布了 C909 和 C919 所取得的进展：累计订单量增长至 330 架，交付数量接近 50 架，创下了历史最佳业绩。同时，C919 也实现了累计运送乘客超过 100 万人次，并在过去一年半内保持平稳运行。此外，会议还透露 C929 项目已正式进入详细设计阶段，而关于C939的信息则显示该项目正处于预研阶段。

国内市场对于 C919 而言是重要的起点，其未来发展潜力不可小觑。根据《中国商飞公司市场预测年报（2024—2043）》，未来 20 年间，中国将需要大量新飞机以支撑航空运输市场的扩张，预计到 2043 年中国将接收喷气式客机 9323 架，届时中国的民航机队规模将达到 10061 架，占全球客机机队的 20.6%。

通过持续积累飞行数据、增加安全飞行里程和优化产品性能，中国商飞为 C919 未来进军国际市场奠定了坚实的基础。根据波音 2024 年《民用航空市场展望》，未来 20 年间，中国需要支线喷气机、单通道客机、宽体客机和货机等新民用飞机，共计8830架。

C919客机已于2025年1月1日开始了东航上海至香港航线的首航。紧接着越南在同一月给了C919适航证，允许C919在越南国内进行商业运营。已经有几十个国家和中国达成了双边适航证的许可，可以说C919客机在东南亚和更多国际地区的执飞指日可待，欧美在适航证上的拖延挡不住C919出海的步伐。分析人士预测，在2025年，中国将进一步提升国产窄体客机的国际地位，C919将在亚洲部分地区更加频繁地出现。截至2024年12月中旬，国内航空市场全年出行人次超过了7亿次，其中约6000万次为国际出行。面对这样一个庞大的航空市场，可以预见，在不远的将来中国的飞机制造业也会和高铁一样取得成功。我对国产飞机制造充满信心!

在改革开放初期，冰箱、洗衣机和电视机这些家用电器开始出现在普通百姓的视野里。由于当时的经济发展水平和国民收入有限，很少有家庭能够负担得起。当时市场上售卖的多是日本产的家用电器和欧美的一些品牌；20世纪90年代初，购买这些产品还需要回国指标，而且要用外汇券（Foreign Exchange Certificate，FEC）才能购买。相信很多上了年纪的人对东芝的广告仍记忆犹新，日系产品的广告随处可见。我记得1981年家里有了第一台电视机，是天津电视机厂出品的北京牌14寸彩色显像管电视机。当时的价格是1400元左右，是父亲所在单位组织的集采，从哥哥的月工资里抵扣的，相当于现在的分期付款。

40多年过去了，随着国内经济水平的大幅提高，大部分家庭的可支配收入已经可以轻松购买这些家电。也正是因为庞大的市场需求，驱动了行业的发展。中国已经成为全球家电的设计和创新中心，产品不仅满足国内需求，还大量出口。与汽车行业一样，我们这一代人见证了这一逆转的过程。

3. 变动中的竞争优势

在现实商业环境中，因为技术的发展和市场的不断变化，企业的竞争优势往往也是暂时的。在某个阶段，可能一家企业会非常强，产品市场份额非常大，但因为对技术方向的把握不同，也会带来不一样的结局。

无论是多年前诺基亚手机因为死守塞班系统而没落，柯达对胶卷的偏执而不愿意看到数码相机巨大的市场机会，还是在可预见的将来，苹果的iOS、安卓和华为的鸿蒙这三大主流手机系统将呈现三足鼎立的局面，这些变化都让我们看到，竞争的本质也是动态的。

因为企业在市场上所采取的任何行动几乎都会得到竞争对手的回应，随之竞争优势或许就会被抵消。只有不断地采取行动响应竞争，才能持续保持竞争优势。

你的竞争对手可能超出你的想象。如果你的战略视野仅仅局限于行业内其他企业的活动，那么你将难以发现真正的问题和解决方案。

在成熟的行业商业模式下，企业之间的竞争考验的是企业对市场发展趋势的理解，以及对目标客户群体需求能否精准把握。而竞争的方式，则可通过品牌、产品和服务对其核心竞争力进行呈现，而且这些行动取决于企业管理层的视野和格局。

张帆观点：

制定企业战略时，不仅要关注传统竞争对手和科技新秀，还要前瞻性地考虑客户利益诉求的发展变化。

总结下来，通过五力模型可以看到，在特定的市场环境和行业中，企业所面临的竞争环境，以及与众多竞争者之间的相对地位和关系包括以下几点。

（1）市场发展趋势；

（2）主要驱动要素；

（3）目标客户的诉求；

（4）主要的竞争参与者；

（5）行业关键成功要素。

但我还想强调一下，在商业环境中，很多时候企业的竞争实际上也是人才的竞争。为了给企业赋能，越来越多的公司会通过各种方式提升员工能力，其中包括每年为高层管理人员提供的管理培训，形式涵盖线上和线下。

二、竞争信息收集

我经常和我的学生说，在出差途中，如高铁或飞机上，如果不是事情紧急，一定不要把笔记本电脑拿出来干活，好像显得你特别忙和特别敬业。在公共场合也不要随便打与工作有关的电话，因为你根本不知道你旁边的人是谁。

刚加入西门子时，我和德国上司在酒店会议室开会，临离开时，他会把桌上的所有纸张全数带走，还会检查地上是否有遗漏。有一次因北京机场离港系统发生故障，造成航班大面积延误，我当时从武汉飞往上海，在候机厅的座位附近听到一位年轻人打电话讨论几个友商的报价及他们该如何应对。

跨国公司通常设有专门的情报机构，一些境外中小企业也通过专门提供情报服务的企业来增强自身的竞争情报能力，而我们国内很多企业在这一方面还有很大差距。情报战几乎每天都在上演，虽剧情各异但目标一致。

2001年4月，宝洁公开承认其派出的卧底从对手联合利华的“垃圾堆”里获取了80多份机密文件。后来，宝洁归还了这些文件。

我相信钢铁行业的许多人还记得2009年力拓哈默斯利铁矿业务总经理胡士泰等几位主要管理人员被拘留的事情。

这是力拓中国业务部门最核心的团队，被称为“最得力的四名干将”。胡士泰本人也是力拓铁矿石谈判组成员，被拘留的同时，他的笔记本也被带走，里面包含与铁矿石合同有关的商业敏感信息。同时，国内北方地区的几家钢厂也有相关人员因涉嫌向力拓提供重要资料和机密数据而被拘捕。

力拓自视为一家具有责任感、享有国际知名度的企业，但在铁矿石谈判中，却采取了若干涉嫌商业贿赂的手段。“间谍门”事件被全球媒体昼夜不停地报道，使国内企业意识到：商场上的情报战可能就在你的身边随时发生。不经意间，对手可能已悄然把你置于不利地位。

海外企业竞争情报工作的经验表明，企业想获得的竞争情报95%可通过合法、符合道德规范的途径获得，而80%的信息蕴藏在企业内部，雇员与外界的联系是这些信息的重要来源。

张帆观点：

企业想获得竞争对手的信息，就要多方了解，听对手所说，看对手所为。

曾有人指出，如果请外部的竞争情报专家对自身进行一次充分的信息收集和分析，相信很多企业都会惊讶于自身所泄露的信息量；你的一次演讲、一篇文章或接受媒体的一次采访都可能暴露企业的关键信息。

在企业获取竞争信息时，有 3 个关键点：信息来源、分析方法和决策制定。首先，公司会通过不同的方式收集信息，如听取行业专家的看法、阅读新闻报道和研究分析报告等。然后，利用数据分析工具和技术来理解这些信息，找出其中的商机和潜在风险。最后，根据公司的长远规划和实际需要，挑选出最重要的信息帮助做决定，并据此规划下一步的动作。

三、竞争对手分析

关于竞争对手的分析流程，企业可以采用麦肯锡公司的建议，通过图 5-13 所示的一系列步骤来进行分析。

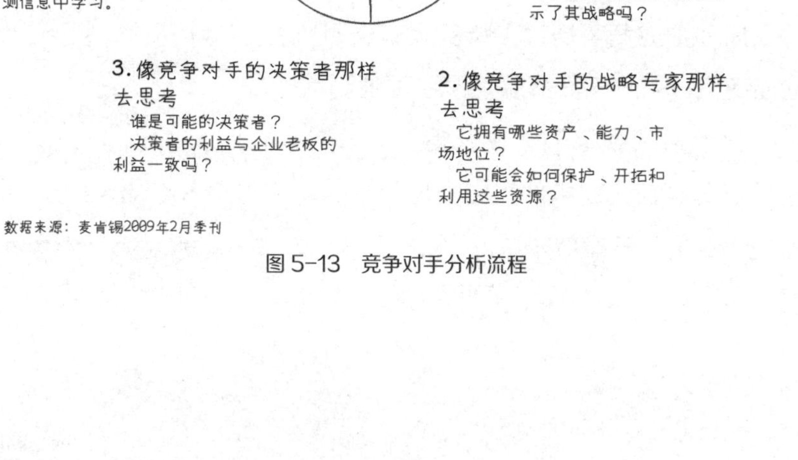

图 5-13　竞争对手分析流程

1. 竞争对手的分析流程

首先，要倾听竞争对手发出的声音，搜集他们的基本信息和动态。

其次，像竞争对手的战略专家那样思考问题，评估他们的优势、能力和市场地位，并推测他们会如何保护和扩展这些资源。

再次，站在竞争对手的决策者角度去思考，了解谁可能是影响决策的重要人物，以及他们的利益是否与企业老板的利益一致。

最后，通过对以上信息的整合分析，形成关于对手行为合理性与否的观点，并从中学习不断更新的指标和检测信息。

通过这样的方法，企业可以更加全面地掌握竞争对手的情况，从而制定更为有效的竞争策略。

2. 评估竞争者的优势与劣势

企业可以通过市场状况、公司运营、产品 / 服务和市场营销四个方面来评估竞争对手的优势和劣势。

具体来说，企业需要认真评估竞争对手的市场规模及成长率、公司流程及决策效率、营业收入及利润状况、产品创新及专利、生产能力及响应订单速度、品牌管理和产品线等关键指标。

读后思考

你现在再做企业竞争分析时，会不会站在产业链的角度用不同的维度思考呢?

07 市场调研：先摸石头在哪儿

不对调查目标进行谨慎考虑就进行调研，通常只会白白地浪费时间和金钱！

——小奥维尔·沃克（Orvill Walker）、
约翰 W. 马林斯（John W. Mullins），《营销战略》

我常常问学生这样一个问题：周一进入办公室后，通常会做些什么呢？

大家的回答往往像流水账一样，列举着各种例行会议和已经安排好的事务性工作。

但我认为这并不是真正的努力。

我眼里的努力，不是每天只会低着头锄地般的埋头苦干，而是要时不时抬头看看天。

我自己每天早晨起床后，首先关注隔夜的海外市场交易情况、人民币汇率、油价和金价等数据；其次通过各类媒体了解是否有重大新闻或突发事件发生；最后才着手处理预先安排的工作任务。

这样的做法可以帮助我们紧跟社会动态和市场变化，不和这个社会，以及不断变化的市场脱节，避免因信息滞后而导致不必要的判断失误。

1. 从新闻信息到市场洞察

2021 年 3 月 23 日上午 8 时（埃及时间，北京时间下午 2 时），台湾长荣海运旗下的巴拿马籍货轮“长赐号”在从红海北向驶入苏伊士运河时，在河口南端 6 海里处遭遇强风，导致船身偏离航道并意外触底搁浅。这艘长达 400 米、宽近 60 米、排水量达 22 万吨的巨轮几乎横跨了运河，造成了欧亚之间这一重要航道的中断。

此次搁浅事件导致苏伊士运河双向交通完全阻断，至少 100 艘船只受到影响，其中包括满载原油的油轮和货柜船等，对全球贸易和航运业产生了重大冲击。据估计，由于运河封锁，全球贸易每天可能损失 60 亿至 100 亿美元。

> **张帆观点：**
>
> 我眼里的努力是在埋头苦干的时候还不忘抬头看看天。

事发那天我正在给一家有大量国际业务的公司中高层后备干部授课。当物流部门的学生收到关于“长赐号”搁浅的消息推送后，立刻开始评估哪些货物可能会受到影响，并考虑如果搁浅持续一周、两周甚至更长时间，公司应采取何种预案来应对这一突发情况……

这才是我认为的真正努力：保持与市场动态的紧密联系，不和这个市场所发生的关键信息脱节。

市场洞察其实就是要做到：回顾过去发生的事情，关注现在正在发生的变化，并预测未来可能发生的情况，同时为市场的不确定性提前准备好应对方案。

2. 什么时候需要调研

每天我们都会接触到大量各种类型的信息。当遇到对业务至关重要的资讯时，我们需要从多个渠道验证信息源，以确保其可信度。

我相信很多高管都知道，做商业决策时所用的信息往往并不完整。根据我的了解，在实际商业环境中，70%～80%用于决策的信息是间接获取的二手资料。但是，当这些信息不足以支持我们的决策时，公司通常会选择开展市场调研。

> **张帆观点：**
>
> 当二手信息不足以支持我们的决策时，公司通常会选择开展市场调研。

市场调研的目的是解决实际业务需求。通过分析市场可能的变化趋势及客户群体的潜在购买动机和需求，企业能够识别最有价值的市场机会，并避免在制定营销策略时出现误判。

市场调研可以是一个耗时几个月、花费不菲的项目；也可以简单到只是通过电话访谈有不同观点和立场的资深人士，深入了解情况，多问几个“为什么”。除了要关注目标市场的发展趋势和客户群体的变化，我们也需要留意竞争对手的行动和言论。同时，建立和维护专业网络及信息渠道的习惯也非常重要。这样，才能确保我们不会错过任何重要的市场信号。

很多时候，公开的行业报告数据往往不足以激发立即行动的意愿，而私有数据则可能改变游戏规则。

在我之前任职的西门子移动通信，每当总部要推出新产品或重

要升级时，公司都会安排与关键客户进行预沟通，这实际上就是一种调研形式。我们会找到关键客户中的关键人物，征求他们的意见，这样做不仅能够获得宝贵的客户反馈，还显示出我们对客户的尊重。当产品正式发布时，无论最终采纳了多少客户的建议，客户都会感到有成就感。即便有些建议未能被采纳，我们也会与客户沟通具体原因，这一过程同样有助于建立信任。

3. 市场调研流程

图 5-14 展示的是市场调研的流程图。

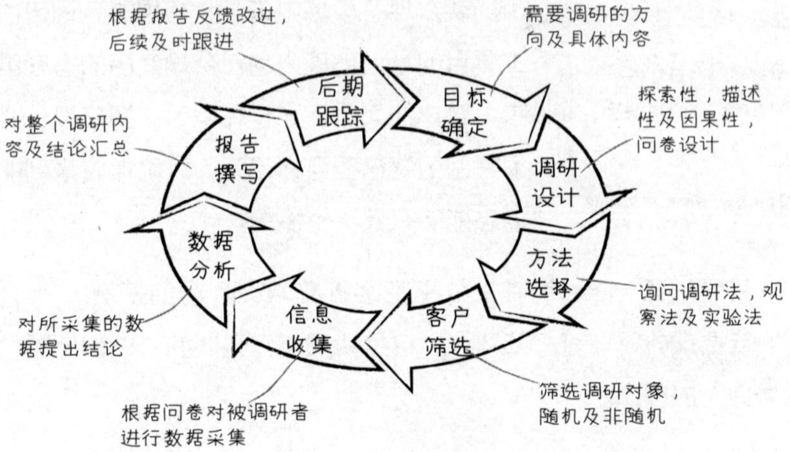

图 5-14　市场调研流程

这个市场调研流程图可以看作是一个导航系统，能够告诉我们在短时间内需要完成哪些关键步骤和准备工作来进行市场调研。其旨在通过结构化流程，帮助企业将对市场信息的困惑或对市场不确定性的期望转化为可执行的商业洞察。

好的市场调研的结果不仅是企业解决业务问题时的决策基础、帮助企业规避市场风险和投资风险，同时也帮助企业持续构建对市场的认知和理解，以及在动态变化的市场中持续保持竞争力。

市场调研目标

如上图所示，在市场调研的流程中，理解目标确定的重要性至关重要。作为市场调研的基础环节，目标的准确设定是确保后续步骤正确的关键。如果目标设定出现偏差，将导致问卷设计偏离方向；而若样本选择再出现问题，则整个调研结果的可信度将大打折扣。

> **张帆观点：**
>
> 市场调研的目标决定调研的方向，而决定调研目标的是业务需求。

例如，当公司计划研发新产品、进入新市场或在现有市场中进一步拓展时，调研的主要目的是评估该市场对公司产品的潜在需求、客户的期望及竞争环境等。调研设计必须紧密围绕这些目标展开，以确保收集到的信息能够有效支持决策。

我经常在 MBA 课堂上分享空客研发 A350 时的案例。大公司一样要虚心听取客户的建议，这是我们一直强调的“以客户需求为导向”的理念。

当初空客公司在研发 A350 时，原本计划使用 A330 的研发平台。然而，在与主要的航空公司沟通的过程中，遭到了大多数公司的反对。

早期的空客 A330（如 A330-200 和 A330-300）无法执行跨洋飞行的主要原因涉及飞机设计、发动机技术和适航规定 3 个方面。

首先，从设计角度来看，早期的 A330 主要是为较短航线设计的，其航程和性能未能完全满足跨洋飞行的需求。这些飞机在设计和制造时更侧重于经济性和乘客舒适性，而非远程飞行能力。

其次，发动机技术也是制约早期 A330 跨洋飞行能力的重要因素。当时的发动机在可靠性、燃油效率和耐久性方面可能未达到长时间、远距离飞行的标准。跨洋飞行需要发动机具备高度可靠性和稳定性，以应对飞行过程中的各种突发情况。

再次，适航规定也对早期 A330 的跨洋飞行能力产生了影响。根据国际民航组织（ICAO）和美国联邦航空局（FAA）的规定，双发飞机在进行跨洋飞行时需满足特定的延程运行（ETOPS）要求，包括飞机设计、发动机性能、机组训练及备降机场选择等。早期的 A330 可能未能完全符合延程运行要求，因此被限制在较短的航线上。

在 A350 研发之前，波音公司已推出了 787 等新一代远程宽体客机，这些机型在燃油效率、乘客舒适度和运营成本上表现出色，占据了市场的一席之地。为了与波音 787 竞争，空客需要一款具有竞争力的远程宽体客机来巩固和扩大其市场份额。

随着航空技术的进步，新一代飞机在发动机、航电系统、复合材料应用等方面取得了显著进展。A350 采用了先进的轻质混合材料，如铝锂合金和碳纤维增强塑料，不仅减轻了机体重量，还提高了机翼的高、低速效率。此外，A350 借鉴了 A380 的“偏倾前缘”技术，使得复合材料机翼性能显著提升。这些先进技术和设计理念使 A350 成为一款高效能且经济型的新型宽体客机。

最后，通过向航空公司的调研和客户反馈，空客改变了原有的研发思路，最终造就了 A350 这款能够满足航空公司对于高效、环保和低成本运营需求，在远程航线上非常有竞争力的机型。

4.3 种类型的调研

在设计调研时，根据具体目标选择合适的调研类型非常重要。一手信息的市场调研主要有 3 种类型：探索性调研、描述性调研和因果性调研，它们各自发挥作用，并且相互补充。

类型一：探索性调研。

在实际业务经营中，当需要了解相关市场信息但对其内容和性质尚不明确时，通常会进行探索性调研。

其主要目的是发现和识别在业务提升过程中有哪些需要改善的地方，提出合理假设，以为后续的描述性或因果性调研提供方向和基础。

通常，探索性调研会采用定性数据收集方法，比如，深度访谈和焦点小组讨论，以深入了解客户的心理动机、态度和感受等深层次信息。例如，银行调研如何提升对老年人群体的服务水平。

类型二：描述性调研。

描述性调研是在对市场或客户问题已有初步了解的基础上，为了更详细地描绘市场现状、趋势和特征而进行的一种调研。

描述性调研所采集的数据着重于客观事实或总体特征的描述。例如，它关注目标客户群体的规模与增长率，以及该群体的具体特征等信息。

描述性调研通常采用定量数据收集方法，如问卷调查和观察法，以获取诸如客户数量、行为频率、比例等可以量化的信息。

类型三：因果性调研。

因果性调研是针对市场上出现的各种现象或问题，调研其中的因果关系，目的是找出问题发生的原因和结果，简单来说，就是调查“为什么”会发生这样的情况。例如，航空公司可能希望通过因果性调研来了解某条航线客座率下降的具体原因，为什么某一条航线的乘客满意度不高，航班的餐食为什么经常供过于求等。

因果性调研通常采用实验设计、回归分析等方法，通过控制变量和系统地收集数据来检验假设。

张帆观点：

调研通常从探索性调研开始，它帮助我们发现问题并形成初步假设，为后续调研指引方向。

在实际市场调研中，探索性调研、描述性调研和因果性调研是相互融合且循序渐进的，只是在定性和定量上会有所侧重，根据需要灵活组合，共同发挥作用。

我们通常从探索性调研开始，它帮助我们发现问题并形成初步假设，为后续调研指引方向。

接着，我们会进行描述性调研，详细描绘市场或客户的现状、趋势和特征，这一步骤提供了丰富的背景信息，支持更深入的研究。

最后，通过因果性调研来验证之前的假设，明确变量间的因果关系。

这个过程就像是逐步解开谜题：先找出问题（探索性），再详细了解情况（描述性），最后确定原因和结果（因果性）。

这种协同方式有助于我们系统地理解市场或客户的问题，获取全面而深刻的信息，从而更好地支持决策制定。

5. 调研方法：定性调研和定量调研

常用的调研方法包括定性调研和定量调研。

定性调研：一对一深度访谈、焦点小组讨论、角色扮演和情景决策等；

定量调研：由调研员进行的调研（包括面对面访谈和电话访谈）、自助式调研（如信函调研和计算机、互联网辅助调研）等。

大众市场的调研确实通常是从定量分析开始的，通过统计数据来识别市场趋势和消费者行为的关键模式。这种方法能够帮助企业快速了解大量样本中的普遍特征，如消费者的购买习惯、偏好及对价格的敏感度等。在初步的数据分析基础上，找出关键点，随后利用定性调研深入探究这些关键点，以发现改善和提高的方面。

相比之下，由于行业市场的交易往往涉及更复杂的决策过程和技术性考量，因此调研往往更侧重于定性方面。这类市场中的买家通常是专业人士，他们可能需要详细的解决方案而非仅仅是标准化的产品；而且每个客户的采购流程也可能存在很大差异。因此，定性调研可以更好地理解特定行业内的专业需求、技术要求及内部采购流程等复杂问题。定性调研还能捕捉到行业内的一些细微差别，如不同企业的文化差异、合作伙伴关系的特点或者是某些特定应用场合下的特殊要求等。

一般情况下，定量调研主要采用封闭式问题，以便于数据的量化分析和统计处理。有的也会附带一些开放式问题，用于收集额外的意见或见解。

定性调研则完全或几乎全部使用开放式问题，鼓励受访者详细表达他们的想法、感受和动机，从而获取深层次的理解。

这样的设计选择确保了两种调研方法能够各自发挥其优势，定量调研提供广泛的数据支持，而定性调研则挖掘出背后的故事和原因。

目前很多定量问卷调查已经跟移动互联网结合起来了，如通过 App 或小程序来推送问卷和收集数据，这种方式不仅让问卷分发更高效，也让数据收集变得更方便、覆盖面更广。但同时我们需要考虑到，通过这种方式回答问卷的群体中可能有一些人不是理想的访谈样本，会对后期的数据分析带来干扰，造成偏差。

我们要注意的是，不论是定量还是定性研究，在当前的市场调研趋势下，都已经广泛运用了大数据技术和 AI 技术。

张帆观点：

大数据技术和 AI 技术已经广泛运用于定量和定性市场研究，但是样本选择是关键。

我们在日常生活中使用手机、点击网页翻看头条新闻、刷抖音或小红书、通过移动支付系统购物……其实，我们每时每刻都在制造数据。

也许很多人并未意识到，在计算机前有一群数据专业人士在梳理和筛查各种信息。比如，我通过第三方机票平台查询从北京到喀什的机票信息后，我的朋友圈不久就会出现新疆国旅的广告，相信大家都能理解其中的道理。

这些数据的拥有者通过分析可以洞悉我们的每个举动，预测我们的行为，并将这些洞察提供给相关商家以获得收益。对大数据投入关注的人的确处于金字塔的顶端。

张帆观点：

数据作为一种资源的无限潜力，以及它在不同背景下应用的可能性，对于推动创新起着重要作用。

在《大数据》一书中，涂子沛提道：“数据不会因为激发的思想和创新而被消耗，相反，它可以为创新提供无尽的燃料。一小片合适的信息，可以促使创新迈出一大步。一组数据，可能会得到数据收集者难以想象的应用，也可能在另一个看似毫不相关的领域得到应用。由于这些创新型的应用，数据的能量将层层放大。”

这段话强调了数据作为一种资源的无限潜力，以及它在不同背景下应用的可能性，展示了数据对于推动创新的重要性。

在这里，我想说一下定性调研，如焦点小组访谈。焦点小组访谈是一种采用小型圆桌座谈会形式的调查方法，由一位经验丰富且训练有素的主持人引导。主持人以半结构化的方式（即预先设定部分访谈问题）与一组具有代表性的参与者进行交谈。通过这种方式，主持人能够引导参与者围绕研究主题展开讨论，从而收集到深入且多样的信息。

有一年，国航委托央视采用焦点小组访谈的形式，对乘坐头等舱和商务舱的客户进行了调研，我也受邀参与。此次调研的目的在于发掘客户的潜在需求，进一步改善两舱的服务质量，更好地满足乘客的需求，从而提升客户忠诚度。

记得马伊琍主演的电视剧《我的前半生》热播时，我正在南开大学给 MBA 班上课。有学生告诉我，剧中有关市场调研的场景与课堂上讲解的内容非常相似，建议我去看看。后来在闲暇时间，我追看了这部剧，总体感觉不错，特别是对涉及市场调研部分的专业性印象深刻，说明编剧和导演在这方面确实下了功夫。

剧中有一个关于某牛奶品牌的焦点小组访谈场景，从画面和过程来看，与专业机构如央视的操作手法非常相似。

不管是做定性调研还是定量调研，我们都会用到调研问卷。接下来，我们来看具体问卷设计的内容，这是决定调研的数据质量、有效性及受访者参与度的核心。

6. 问卷设计

问卷的内容是由调研目标决定的，设计时需要考虑到受访者的背景信息，以及可能实施调研的具体场景。

总体来说，问卷设计应遵循以下三大原则。

清晰易懂：被访谈者明白问卷中所问的问题。

可行可答：被访谈者有能力回答问卷中的问题。

尊重意愿：被访谈者愿意回答问卷中的问题。

> **张帆观点：**
>
> 问卷设计应遵循三大原则——清晰易懂、可行可答、尊重意愿。

换句话说，问题必须让人家能明白、能回答，并且还乐意配合。这样做出来的问卷，才能真正收集到有用的信息。

我的一位朋友请我帮忙审核一份为某央企设计的调查问卷，该问卷通过小程序填写。在填写过程中，我发现某些问题只能二选一，否则无法继续作答。我不愿意违心地随便选择一个答案，认为应该设置一个“其他”或“以上都不适用”的选项作为出口。

我向他指出，这种问卷设计得不够专业，如果不修改并直接增加第三选项，调研结果将缺乏参考价值。

在设计问卷时，应避免冒犯受访者，并确保不犯常识性错误。

有一次，我出差住在北京望京附近的一家国际连锁酒店，晚上回到房间时，我发现床上摆放了一份中文的客户满意度调研问卷。当我看到第一条个人信息问题时，立刻感到非常不满。

问题是这样的，“您来自：英国，美国，日本，俄罗斯，亚洲其他国家……”

我当即拿着问卷前往前台投诉。接待我的是前台经理，一位来自美国的年轻女士。我向她指出，这份问卷的设计非常不专业，提供的选项不仅不够全面，而且显得极不礼貌。我相信这家酒店接待了大量海外客人，但如果按国家分类提问，中国作为酒店所在国理应排在首位。将中国归类为“亚洲其他国家”，不仅是不礼貌的表现，更是对本国客人的冒犯。为此，我第二天就退房离开了。虽然酒店的外籍总经理给我写邮件道歉，但在我回复并对昂贵的宽带收费表达不满后，就再也没有收到任何消息。

问卷所包含的问题一定要考虑被访谈者的耐心程度，并选择合适的时间让他们回答。一家著名外企的服务工程师在医院完成维护保养服务后，按照流程，事后一定会对医院进行服务满意度反馈的电话调研。每次调研包含 60 多个问题，并且是从境外拨打过来的。工程师抱怨说，医生们很头疼这种调研方式。我认为可以在医生方便的时候提供链接让他们在线填写，并且应该将问题的数量缩减。然而，当提出这些建议时，得到的回答是“不行，都不能改，必须进行电话调研”。对此，我真的很不理解。

7. 调研样本选择

电视剧《我的前半生》还有一个场景给我留下了深刻的印象，是关于调研对象的。

在剧中，罗子君为了确认一份调研问卷的真实性，特地从上海赶到苏州。她在当地遇到了一位负责执行问卷填写的调研员阿姨，对方让她随便填写问卷。罗子君回来后与同事讨论此事，得到的答复是这种做法在业界普遍存在。

所以，我特别要强调的是，在大众市场的调研中，样本的选择至关重要，质量比数量更重要，因为定量分析的结果往往依赖于样本的代表性。

> **张帆观点：**
>
> 调研样本的选择至关重要，质量可能比数量更重要，因为定量分析的结果往往依赖于样本的代表性。

还有一个我个人的经历，同样涉及调研对象的选择，颇具代表性。

曾经在上海生活时，每周我都会去上海电视台旁边的球馆打球。有一次，在南京西路快到球馆时，一位阿姨拦住我，询问我是否愿意参与一项有关手机的调研。由于职业关系，并且当时也有时间，我便答应了。然而，在填写问卷的过程中，当阿姨得知我的职业背景与通信行业相关时，她立即终止了访谈，表示我不适合继续填写。我认为这是问卷设计者对样本选择严格要求的一个体现，组织者显然排除了一些可能影响结果的专业人士。这些专业人士的意见可能与目标群体样本的意见存在较大偏差，从而干扰调研数据和结论的准确性。那位操作问卷的阿姨显然接受了专业的培训，并在访谈中严格执行了相关规定。

我还想特别提醒的一点是，有些企业尽管花费了高昂的成本聘请专业调研公司，并精心设计了问卷，但如果在选择受访对象时出现了偏差，最终可能导致调研结果不具备可用性，也无法获得具有代表性的结论。

有一次在课堂上，一位学生问我，他们公司花费了一百多万元，请了三家知名的调研公司为一个产品进行调研，但调研结果提交给总部后却无法使用，因为三个报告的结论差异很大。我问他：“这三家调研公司的资质有问题吗？”他回答说，这些公司都是业界比较有名的。我又问：“问卷的内容是你们提供的吧？他们应该只是从专业角度对问卷进行了润色。”他表示是这样的。我推测，问题可能出在被访谈对象的选择上，不同的受访群体对问卷内容的理解和认知的差异可能导致结论的不一致。

在行业市场，对采购流程上的关键人物的调研访谈时，不同的岗位职责的人对相同问题的回答会有很大差异。而在大众市场中，即使针对相同的问题，从一线城市和二线城市获得的反馈可能会有很大差别；即使在同一城市的不同区域，这种差异也存在。因此，尽可能地确保所有受访者画像与样本选择的标准一致就非常重要。

有一年，那时我还在西门子移动通信工作，盖洛普为我们业务集团做了一份年度调研报告，报告显示市场营销工作得到了很好的反馈。当时看到这份报告时，我心里有些不安，因为那一年我们工作似乎并没有特别的辛苦，而前一年确实非常忙碌，频繁出差，但反馈结果却较为一般。我相信导致这种差异的主要原因可能是客户方样本选择不当及数据收集时间的滞后性等因素。

2016 年美国总统大选前所有主流媒体的民调都是希拉里获胜，

但结果是特朗普笑到了最后，因为选择投他票的很多是“红脖子”，这些人在民调中一直不被主流媒体所青睐。2024 年大选特朗普以绝对优势获胜，这和投票前主流媒体的民调也不相符，选前的差距绝对没有这么大，归根结底都是样本的选择有问题。当然也不排除是那些主流媒体的有意为之。

关于样本的规模，企业在做调研时，应当综合考虑经济性、实用性和可操作性，重视样本的代表性和相关性，这样才能确保调研结果的有效性和可靠性。

张帆观点：

重视样本的代表性和相关性，这样才能确保调研结果的有效性和可靠性。

鉴于中国逐步进入老龄化社会，某知名旅行社总社计划开展一项针对“夕阳红”出境游产品的专项调研，旨在为未来市场开发提供战略依据。该调研项目的目标是通过对老年细分群体旅游消费行为及其需求的进一步细分，提升旅行社在国内外市场的竞争力。项目将评估公司目前在这一细分市场的表现，挖掘潜在客户需求，并为优化旅游产品设计和结构提供可靠的决策依据。

我受邀担任该项目经理，负责设计并推动调研项目的实施。在样本选择方面，我坚持从该旅行社现有的客户群中挑选部分用户进行一对一的深度访谈，因为这些客户已经体验过公司的服务，他们的反馈最为真实可靠。

项目组中另一位留法博士后则认为需要更多的样本量以支持他准备撰写的研究文献，因此安排实习生前往公园对跳广场舞的老年群体进行了大量问卷调查。其实很多被访谈者都没有出过国，我认为不能为了一味的追求样本数量而忽视样本的质量。我开玩笑说：

“我不关心你是否要写文献，我关心的是如何高效且有效地完成这个项目。”

项目结束后，在回顾总结时，我们发现虽然公园问卷的样本量较大，但回答问题的质量和可信度远不及那些经历过实际服务的客户的深度访谈。

8. 信息采集

有学生问我：“问卷设计科学了，样本选择也经过精心筛选，采集工作是不是就变得容易了？”事实上，在实践中这并非易事。诸多因素都可能影响所采集信息的准确性，如采集时间、采集环境、调研对象的心态及调研项目的特性等。因此，对于每个调研项目，建立并遵循一套必要的规范流程是非常重要的。

我想再提一下某知名旅行社的调研项目。在我们完成该旅行社针对退休人员境外游需求的调研后，在向管理层汇报时，CEO 指出我们的调研结果与公司内部数据在全陪服务质量方面存在差异。

我们的调研结果显示，总社聘请的海外全陪非常尽职尽责，细节考虑周到，因此旅行团的满意度较高；而聘请的国内全陪在旅行中的服务细节上则显得不足，许多方面考虑不够周全。然而，CEO 表示公司在这一方面的评估结果是一致的。

事实上我们调研发现，参团人员对整个旅行存在诸多不满：有时由于行程安排不合理，需在早上四五点起床赶飞机，这对他们来说非常辛苦；老年人更倾向于选择在淡季出行，体验慢节奏的深度游，希望通过旅行体验当地的人文风情，而不是走马观花式的游览；特别是在欧洲旅行时，他们不喜欢一天换一个国家的紧凑安排，也不太接受长途汽车旅行；且行程中导游的敬业度不够、忽视很多老年群体特别需要的细节服务，如主动告知景点的卫生间位置，而是过于关注个人事务如买东西或处理退税等，影响了服务质量。

因此，我解释说，实际上，旅行团成员在海外期间确实有很多不满，但他们从境外返回国内在首都机场解散时，全陪会拿出问卷并说一些感性的话，表达如果评分较低自己的考核也就不好之类的话，这些话语触动了团员们的同情心，导致许多人在填写问卷时选择了更为正面的评价。

相比之下，同时期春秋航空对旅行团满意度调查的做法是在旅行结束后的两三天内安排相关人员上门访谈。此时，出行的热情已经降温，旅行团成员的感受更加冷静和客观，且愿意表达自己的真实感受，因此反馈也更为真实可靠。

还有一个具有代表性的调研案例。

在一个巧克力市场调查项目中，调研对象需要品尝三款巧克力，并从多个方面进行比较。为了确保比较的客观性和真实性，在品尝每两款巧克力之间（即第一款与第二款、第二款与第三款之间），调研对象需要用矿泉水漱口，且每次品尝的量应控制得当，不宜过多。这样做可以保证味觉的准确性，从而得出更加客观真实的评价。如果调研对象在执行过程中不够严谨，即使问卷设计再科学、样本选择再精准，也会影响最终的结果。当然我们也不能忽视调研对象个体之间的味觉差异和喜好差异，这些都可能会给调研结果带来偏差，需要综合考虑。

9. 数据分析

调研结束后，数据分析就像是解开谜题的关键一步。它能帮我

张帆观点：

产品维度，使用场景、采购决策因素及重要性排序等，这些都是数据分析的灵魂。

们从一堆数据中找到有价值的信息，给决策提供有力的支持。通过系统而专业的工具及软件进行分析。

我想强调的一点是，使用再好的专业工具都离不开对目标客户群体及其利益诉求的理解。比如，产品维度，使用场景、采购决策因素及重要性排序等，这些都是数据分析的灵魂。

记得当初接手知名旅行社调研项目时，我确实有点担心自己不擅长软件操作，特别是对 SPSS 软件不太了解。但团队里有一位博士专门负责这部分工作，我就专注于前期的问卷设计、数据采集，并最终生成各种饼图和柱状图，然后给出分析结果。

特别强调的是，在呈现市场结论时一定要做到数据可视化，创建交互式图表和仪表盘，让分析结果更加直观。

工作中总会有自己不擅长的部分，这正是团队合作的重要性所在。大家分工明确，专业的事交给专业的人去做就好。这样不仅能保证项目的顺利进行，还能充分发挥每个人的特长。

10. 报告撰写

市场调研报告是对调研结果的总结与展示，存在多种模板，在此不再赘述。当向管理层汇报时，通常使用 PPT（幻灯片）来呈现信息。在此，我想强调几个关键点。

清晰的逻辑与简洁的表达：

整体内容及逻辑结构必须非常清晰，文字风格应保持简洁明了，确保通俗易懂。

包含概要部分：

报告应有一个概要，概述调研目的、方法、主要成果及结论和建议。

数据可视化：

尽可能利用图表来描述数据。对于图中的数字，避免重复说明，而应进行解读，特别是对图表中显示的重大变化给予解释，不应忽视这些细节。

统一且具有总结性的标题：

每页标题风格需统一，最好是一句话总结该页内容。如果标题仅作为分类，则正文中不论是图表还是文字，都应有简明扼要的总结。

专业的版面设计：

整体风格应保持专业，颜色选择最好与企业标识色系一致。字体统一且易于辨识，特别强调的地方可以使用粗体，但颜色种类不宜超过三种。

适度的动画效果：

播放过程中，动画效果应适量，避免动画过多干扰注意力。

11. 后期跟踪

> **张帆观点：**
>
> 市场调研的后续追踪是确保其结果的有效性及长期价值的关键环节。

每一份市场调研报告反映的都是既定的事实——无论是行业的发展趋势，还是被调研群体的行为与态度。在这个变化的世界里，唯一不变的就是持续的变化。为了最大化调研结果的价值，后期跟踪不可或缺。市场调研的后续追踪是确保其结果的有效性及长期价值的关键环节。

第一，明确追踪的具体目标。

在进行后期跟踪时，首要任务是明确具体的追踪目标。这些目标通常包括以下几点。

市场趋势的演变：了解行业的最新动态和发展方向。

目标客户群体的变化：持续关注客户需求、偏好和态度的转变。

竞争对手的举措：分析对手的战略调整及其对市场的影响。

评估市场策略的效果：验证现有营销活动是否达到了预期效果，并识别改进空间。

每个目标都应具体、清晰，并且与市场调研的整体目标相契合。这有助于确保所有努力都朝着同一个方向前进，避免资源浪费。

第二，数据收集与分析。

对于收集到的追踪数据，应及时进行深入分析，多问几个“为什么”，以探究其背后的原因和逻辑。

例如，如果某个产品的销量突然下降，我们不仅要关注销售数字本身，还要考虑外部环境（如经济状况）、内部因素（如供应链问题）及竞争对手的动作。

深入理解客户反馈的变化，不仅可以帮助我们发现问题所在，还能为未来的产品或服务创新提供灵感。

通过这种方式，我们可以提炼出有价值的洞察与结论，从而更好地提供企业决策支持。

第三，结果应用与调整。

根据数据分析的结果，企业应及时作出如下的调整。

产品改进：基于客户反馈优化产品特性或功能，优化客户体验。

市场策略优化：调整定价、渠道选择等关键要素，使营销活动更贴合市场需求。

市场沟通活动的调整：改变广告投放方式或内容，增强品牌影响力。

第四，建立常态化机制。

此外，后期跟踪还应该成为一种常态化的管理机制，而不是一次性的任务。定期回顾和更新调研成果，可以确保企业在快速变化的市场环境中始终保持竞争力。

面对不确定的情况，做决定就像是一个不断调整的过程。我们需要时不时停下来，回顾一下我们根据什么信息做了这些决定，以及思考我们的决策过程。

优秀的团队会从数据中吸取教训，并根据学到的东西来改变计划。他们也会努力提高讨论的质量，确保每个人都能更好地理解问题。

花时间仔细探讨分析细节非常重要，比如，样本规模的大小和组成、业务结果的评估方式、如何区分因果关系与相关性，以及分析结果在不同情况下适用的程度。这样做有助于我们了解哪些结果能支持我们的决策，哪些不能。每个经过深思熟虑的研究结果就像是一块拼图，帮助公司预测不同的变化对业务经营所带来的不同影响。

12. 一个问卷设计的 MBA 课堂案例

在清华经管 MBA 的教学中，我经常使用“国航乘客满意度调研”作为问卷设计的练习。每次出题时，我都会提醒学生：题目中设置了多个“陷阱”，需要大家通过合理的假设来使调研更具针对性。

以下是课堂案例中关于明确概念和问卷设计主要内容的讨论。

明确概念。首先，我们需要明确“客户”的定义，在此背景下，“客户”特指乘坐飞机的乘客。根据市场细分的原则，我们可以将这些乘客分类如下。

（1）按会员状态区分：常旅客会员与非会员；

（2）常旅客会员会再细分为：普通会员、银卡会员、金卡会员、白金卡会员及终身白金卡会员；

（3）根据所选舱位的不同，乘客可分为：经济舱乘客、超级经济舱乘客、公务舱乘客和头等舱乘客；

（4）此外，还可以按照不同的航线对乘客进行交叉区分。

其次，我们需要界定“满意度”的考量范围和具体因素。

最后，为了确保调研全面且无遗漏，我们需要系统地梳理从购票开始的每个环节相关的重要考量因素。这不是随机的头脑风暴，而是基于系统思考的设计，确保每个关键点都被覆盖到。罗列出全流程，这是最简单的方法，也是能够避免有漏项的最实用的方法。

作为一家提供全方位服务的航空公司，国航的服务流程涵盖以下多个关键环节。

（1）购票环节。

出行目的：商务、探亲、休闲旅行等；

购票途径：国航官网、国航 App、客服热线 95583、航司柜台、第三方代理（如去哪儿、携程等平台）、企业机票代理（如中航嘉信）；

决策因素：航空公司品牌、航班时刻、票价、机型、常旅客、直航或者转机选项、安全记录和口碑等。

（2）值机。

国航官网、热线、航司 App、柜台、机场自助值机、第三方小程序或 App。

（3）候机及登机过程。

公共区域：这部分通常由机场负责，航空公司在此方面的影响力较小；

贵宾室：包括头等舱和商务舱乘客及常旅客白金卡和金卡会员的专属区域，由航空公司负责管理和服务；

登机过程：登机现场的秩序和效率、远机位接驳车的及时性和舒适度直接影响航空公司的服务质量。尽管接驳车由机场安排提供，但在乘客端的服务体验通常都是反映了航司的整体服务水平。

（4）客舱体验。

客舱设施：座椅空间及舒适度（含头枕等）、头等舱和商务舱座椅是否具备180度平躺功能、个人空间的隐私性与宽敞程度、机上娱乐系统、行李舱空间、卫生间设施等；

餐食和饮料：食品品质、分量、口味、饮品种类的多样性等；

服务质量：服务响应的及时性和专业性、解决问题的能力、服务人员的态度等。

（5）行李托运、航班延误及改签处理。

行李托运：等候行李传送到达时长、是否有行李损坏情况及后续处理方式；

航班延误：对航班延误的响应速度和处理措施；

机票改签：条款的合理性和操作便利性。

设计调研问卷。在明确了客户分类与满意度考量范围之后，接下来需要确定国航希望通过调研解决的具体问题。基于此，我们可以构思问卷的设计思路。

假设一：如果国航此前未曾开展过类似的调研，目标是识别服务流程中需要改进和提升的方面。

对此，可以首先进行一个覆盖全服务流程的探索性调研，以了解乘客的整体体验。根据初步调研的结果，在那些被反馈为关键或问题频出的服务环节，进一步实施因果分析为主的深入调研。

如果针对的是非会员，数据收集可以在飞行途中由乘务员随机向乘客发放问卷，并确保在航班降落前回收。而对于会员，则可以通过便捷的小程序等工具进行操作。

假设二：如果国航希望优化客票销售途径或值机方式等，则需要对售票途径和值机方式的相关数据份额及增长趋势等进行调研，并根据调研结果做出相应的业务调整。

我自身对此的体验是，平常出行购买国航的机票都是使用国航App或小程序，操作简单方便。相反，国航的官网页面设计在用户友好方面有待提高。作为凤凰知音资深常旅客会员，使用官网购票从查询机票开始，很难坚持到支付，特别是安全认证环节怎么都过不去，所以早就放弃使用了。因为购票方式的多样化，我已经很多年没有去过国航售票处，机场的柜台也是在航班不正常时才会去的。

值机可以分为线上和线下两种形式。航司可以通过后台数据分析出当下主要的值机方式。通常无行李托运的乘客，除非是安全通道的座位，都会选择线上方式值机，方便快捷。也有的会在机场的自助值机设备值机。有托运行李需求的乘客需要在人工柜台排队值机，这通常会受限于人工柜台的接待能力。如果同时提供自助托运行李，效率就会提升很多，只是在初期要安排工作人员协助办理。

假设三：若国航注意到京沪航线在特定季度内，常旅客中金卡及以上等级乘客带来的收入比例出现下降趋势，则需要探究其背后的原因。

此时，应针对该航线上的常旅客展开专门的问卷调研，并选择符合样本标准的常旅客做焦点小组访谈，以便深入了解问题所在。

若选择问卷调研，可以通过调用后台大数据，直接将问卷发送至相关常旅客的电子邮箱或推送至国航App，并提供一定的里程数或红包作为填写问卷的奖励。

假设四：为了全面提高客舱服务质量。

在此假设下，国航可以围绕客舱服务的关键要素设计详细的调查问卷，如座椅舒适度、娱乐系统和服务内容、餐饮种类及质量、乘务员服务的主动性与响应速度等。

此类调研建议选择在特定航线的飞行过程中执行，以便获取最真实的乘客反馈。

2024 年 12 月初在从深圳飞往北京的航班上，乘务长询问我是否参与了国航为庆祝“凤凰知音”常旅客计划 30 周年而特别举办的活动。我后来同国航和这个项目有关的朋友做了具体的了解，也留意了相关新闻，知道了活动详情。

这次活动旨在回馈长期支持国航的忠实乘客，并特别邀请了具有象征意义的会员参加——包括第一位注册的会员、第 1000 万位会员及第 9000 万位会员。

2024 年 11 月 27 日上午，国航“人生旅途 知音相伴——‘凤凰知音’常旅客计划 30 周年活动”在京隆重举行。

张帆观点：

通过私域模式构建稳固的客户关系，是实现持续增长和盈利的主要手段。

在活动现场，国航系展示了迭代升级后的会员产品服务全貌，通过一幅完整详尽的身份权益及出行权益全景图，生动展现了国航对 9300 万会员全年龄层、全时段、全地域、全场景消费需求的深度洞察与回应，涵盖了起飞前、飞行中、落地后的全流程旅途关怀。并预告了国航系在 2025 年的会员新产品，分享了地面和机上服务升级、线上平台智能化应用的最新进展，还发布了“凤凰知音”贵宾会员激励计划。自 2025 年 1 月起，“凤凰知音”将对成行客票金额达标的金卡及以上级别会员进行额外权益奖励，包括升舱券、选座券、里程延期、免费退改券等。

2025年5月22日下午，我受邀参加“倾听客户声音共话美好旅程”国航客户座谈会。与国航商务委员会主任梁爽、客户服务中心总经理李军伟等领导，以及国家体委代表、企业代表和凤凰知音常旅客代表等20余人，一同就国航现有会员权益规则、客票服务政策、客舱与地面服务及95583热线等多项内容进行研讨。会前，我根据国航提供的议题方向，精心准备了4000余字的建议材料。在发言环节，我作为常旅客代表被第一个点名发言。

现在很多营销人士总是会提及“私域”，营销私域是指企业在自己拥有并完全掌控的平台上进行用户经营和管理，通过构建稳固的关系，实现持续增长和盈利的一种经营模式。客户愿意加入国航凤凰知音会员，是出于对国航品牌的认可，也是对国航提供的航空服务的认可，我认为这个会员群体就是国航的营销私域。如何增强这部分目标群体的黏性并提升忠诚度，对国航来说非常重要。这可以进一步提升国航的核心竞争力，特别是在购票环节，对客户选择航司的倾向性有很大影响。

这个世界唯一不变的就是它始终处于变化之中。市场调研的行为可能随时随地发生，关键在于你是否留心观察，是不是有心人。

读后思考

现在，你还会选择每天“两耳不闻窗外事，一心只读圣贤书”的工作方式吗？你是否已经掌握了实用的市场调研方法和操作的关键事项呢？

第六章
SWOT 分析：我们是谁

IBM 过去经常设计自己的操作系统以运营自己的硬件产品。然而，当个人电脑时代来临的时候，IBM 却对设计自己的操作系统不太投入，这致使它竟请微软公司为自己的第一台个人电脑提供操作系统。微软抓住了 IBM 的这一失误，巧妙地建造了计算机领域中最有力的特权产品。

——路易斯·郭士纳,《谁说大象不能跳舞》

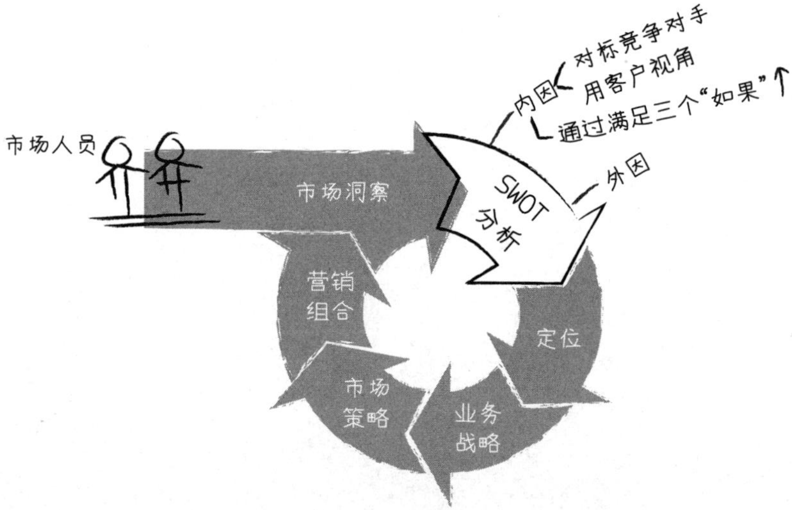

图 6-1　营销管理"吹风机模型"之 SWOT 分析

我曾看到新闻报道，有位 MBA 教学的大佬说，我们现在还在用 SWOT 分析，太过老套，MBA 教学需要新的工具。对此，我其实是不认同的。我们不能为了追求新工具而引入新工具，我眼里的好的管理工具是能够先解决实际业务问题，并且通过不断验证，反复推敲和完善，能够拓展到更多领域使用。在实际经营中，如果一个工具既能解决实际的业务问题，又能经得起时间和不同业态的考验，那么我们完全可以将这个工具上升为系统思维的一部分。

SWOT 分析虽然看似简单，但能真正做好并不容易。一个好的 SWOT 分析需要客观、理性，从客户的视角出发，并与竞争对手对标。同时，SWOT 分析也要有层次和逻辑，关键在于你如何表达。

有一次，我为一家以研发著称的大厂的产品经理做工作坊。在讨论一个产品系列时，学员们说他们的优势是研发，但劣势是产品落伍了。我问他们，如果产品已经落伍，那么你们的研发优势体现在哪里？是预算多、人员多，还是技术领先？结果现场没有人能回答我。这说明，即使是在使用 SWOT 分析时，也需要深入思考和具体化。

SWOT 分析模型主要用于评估企业的优势（Strengths）、劣势（Weaknesses）、机会（Opportunities）及面临的威胁（Threats）。SWOT 分析是对组织内部条件及外部环境因素进行全面考量的一种方法，是一种常用的分析工具，也可以帮助职场人员对未来的发展做好职业规划。

张帆观点：

将权重系数加入 SWOT 分析并通过量化得出结果不是一个好主意。

杰克·韦尔奇认为，这种分析能够帮助企业更好地理解自身的定位及所处的竞争环境。

罗伯特·卡普兰（Robert Kaplan）和大卫·诺顿（David Norton）这两位教授因开发平衡计分卡而闻名，他们也认为 SWOT 分析可以作为战略规划过程的一部分，帮助识别关键成功因素和潜在风险点。

我还想强调一下，SWOT 分析作为定性分析工具，虽然在某些因素上可能会涉及量化的值，如市场规模和未来增长。但我绝对不认可将各个相关因素赋予权重加入 SWOT 分析并通过量化得出结果，因为权重系数会因个体、职能和层级之间的认知差异而有很大不同，这也会导致 SWOT 分析的结论出现偏差。

在前面的章节中，我们已经通过商业的定义将企业经营所需要的关键要素，以及运营会涉及的方方面面进行了整体梳理。并指出，企业需要在洞察目标客户群体的痛点及其对产品利益诉求的基础上，进行价值主张的设计，以确保产品在具有针对性的同时，又能以优于竞品的方式满足客户的真实需求。最后，再通过恰当的商业模式，基于创造稳定收入和产生利润的企业目标，在企业内部根据产品价值主张，进行理性地创造、交付并获得价值。

按照营销管理“吹风机模型”，在完成了企业运营相关的各种准备之后，我们需要将产品投入目标市场上进行营销推广活动。在产品实际进入市场之前，我们需要对这一目标市场进行分析，了解有关市场的各类信息，包括：该市场所在地政府的法律法规及其是否有相关技术要求；该市场所处的发展阶段；该市场上目标客户群体的规模、增长及利益诉求；以及在该市场中相关行业参与者的情况等。基于以上这些外部信息，企业需要站在内外部的角度，对自身进行理性分析，即本章节所讲述的 SWOT 分析。

SWOT 分析结论可以帮助企业清楚地知道自己在商业环境中到底是谁，基于分析结论确定合适的定位，并通过业务战略和市场策略来达到目标，真正实现“知己知彼，百战不殆”。

01 SWOT 模型：两个维度

企业永远不能在竞争敌手面前自满，也不能放弃寻找获得竞争优势的途径。

——迈克尔·波特，《竞争优势》

年少时，我的父亲带我去他们单位的医院看病，说我的这条腿总是治不好。医生面无表情地说："那就截了吧。"我父亲很生气，拉着我就走了。回家后和母亲说，大胡子张大夫真不像话，说要截肢，儿子才 14 岁，没有腿以后怎么生活呢？我现在很理解双方的角度：在父亲眼里，他认为我一定会痊愈，所以把四肢健全看得很重要；而在医生眼里，首先是要能活下来。其实两者并不矛盾，只是父亲关注的是康复后四肢健全、行动正常，而医生则是希望我能够先保全生命，迈过当下的这道坎。我隔壁病房的小哥哥就因为没有及时截肢，最后因癌细胞扩散不得不手术，但还是在术后两周就去世了。

我经常和很多人说，在面对企业的优劣势分析时，一定要冷静，不能被自身利益和情感等因素干扰，要客观理性、有比较有参照，也就是“旁观者清”。在我看来，在经营决策时保持所谓的“冷血”，其实是为了做得更好。

如图 6-2 所示，我想很多读者已经注意到了，在标题“SWOT 分析”后面，我特别标注了“客户视角”和“与竞争对手相比”这两个纬度。如果我们想确定内部优势确实是客户所看重的，并且比竞争对手做得更好，那就一定要从客户的视角与竞争对手相比。这也是我在课堂上针对 SWOT 分析模型所强调的两个纬度。

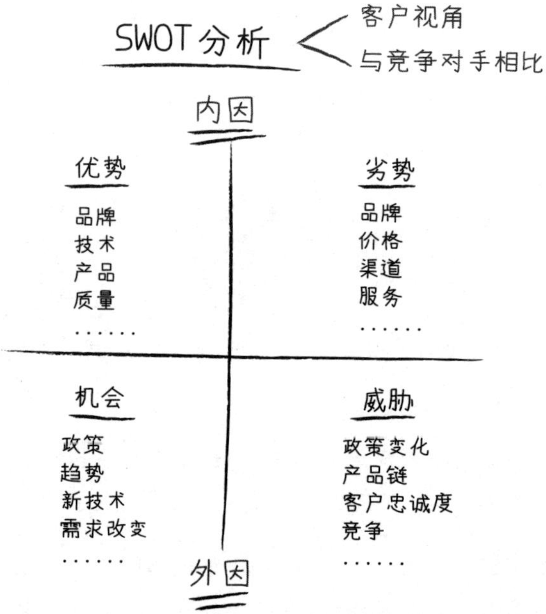

图 6-2　SWOT 分析

一、SWOT 分析的两个重点

1. 客户视角

如前文所述，大众市场和行业市场的目标群体在采购决策上有很大的差别。大众市场的购买决策通常是随机、单品和小规模。在大众市场，从客户的视角我们可以通过卡诺模型（Kano Model）、需求金字塔，再落实到产品知觉图上来深度理解客户的需求。其中卡诺模型是由日本质量管理专家狩野纪昭（Noriaki Kano）于 1984 年提出的，用于分析客户需求与产品功能满意度的非线性关系。

而行业市场决策流程长，会涉及多个决策者，如技术部门、采购部门和高层。所以客户视角需要深入了解各个决策层级的需求，而不仅仅是最终用户。例如，技术负责人关注产品性能，采购关注成本，高层关注战略匹配。

行业市场的特性使得企业客户更看重长期合作和可靠性，特别是稳定的供应链及深度协作，如采用 VMI（Vendor Managed Inventory），即供应链协同管理模式管理库存及与供应商联合研发。同时，跨国公司通常对地缘政治因素的影响很重视，除了常规的市场风险，还会考虑供应链中断的可能性，通过战略供应商分级管理来优化供应链。

如前文所述，行业市场的客户对产品的需求是组织的需求，可以根据企业在产业链的角色，从其经营的角度通过产品知觉图来理解客户利益诉求。但最后的采购决策需要综合各层决策影响者来制定，如战略、技术、采购、使用者、财务及其他隐形的影响者。

2. 与竞争对手对标

在前文的竞争分析中，我们通过麦肯锡的分析方法来理解竞争对手。具体的对标可以从几个维度来看。比如，在资源层面，我们看其供应链深度、专利储备量及资金实力；在能力层面，我们看其新产品研发周期和故障响应速度；在业绩表现层面，我们看市占率的变化和客户留存率；在人力资源层面，我们比较技术路线与人力资源的匹配度，以及人才储备等。

据相关数据，我们对比宁德时代与 LG 新能源，发现前者专利转化率高出 37%。专利转化率指的是专利技术转化为实际产品或商业应用的比例。高的转化率就意味着企业更擅长将研发成果转化为实际产品和解决方案，在提升市场份额、技术壁垒、盈利能力、企业竞争力，以及对整个行业的示范作用方面都具有重要意义。

当然，造成这种差异的也可能是 LG 新能源更注重基础研究，而宁德时代更偏向应用技术。同时，这两家公司所处的政策环境和市场环境不同，所获得的发展机遇也不一样，如中国新能源汽车市场正处于快速发展中，这推动了汽车电池的不断更新迭代，也给电池制造商带来了巨大的市场机会。

与行业中的竞争对手，特别是行业领导者相比，才能让企业在 SWOT 分析中对自己有客观、全面的认知。

二、SWOT 分析的两大因素

具体来说，SWOT 分析可分为内部因素分析和外部因素分析两大部分。

1. 内部因素分析

企业的内部因素分为优势和劣势两个方面，具体的划分依据主要是着眼于企业自身的能力及其与竞争对手之间的比较。

优势：通常是指组织内部的优势因素，比如，品牌知名度高、技术实力领先、产品领导力强、运营流程高效、服务优质和员工素质高等。

劣势：则是指组织内部的不足之处，比如，客户对品牌或产品缺乏认可，产品知名度不高、价格高、产品质量差、售后服务跟不上，销售渠道不完善及运营资金不足等。

2. 外部因素分析

企业的外部因素包含了机会和威胁，即由于外部环境的变化，对行业和企业可能带来的潜在影响。

机会：是指外部市场环境变化为企业带来的有利条件，比如，政策变化带来的新兴市场机会、市场强劲的增长势头、客户对新技术的追求趋势及市场需求转变等。

威胁：是指外部市场环境变化对企业造成的威胁，比如，政策变化带来的不确定性、经济低迷造成的负面影响、客户忠诚度降低及市场竞争加剧等。

读后思考

你现在对 SWOT 分析的价值和作用有不同的理解了吧?

02 SWOT 分析：第三视角

大公司有自己的优势，但大公司如果不能适应这个时代，瞬间就灰飞烟灭了。

——任正非,《以奋斗者为本》

这么多年在我做过的工作坊中，但凡涉及 SWOT 分析，都会有一些需要改善和思考的地方。例如，一家企业可能会把管理流程完善放在其优势里，但流程完善也可能带来低效率这一负面效应。像前面所说的以研发著称的大厂的某产品线，在做 SWOT 分析时，一再强调研发实力雄厚是该企业的优势，但在做劣势分析时，又陈述说该产品线的产品落后了，这就出现了很大的矛盾。这也许意味着该企业的研发实力确实很强，但和这款产品并没有直接的关系。此外，还需要考察该企业的管理层对行业整体发展趋势的把握能力、技术更新迭代能力和对产品线的规划能力等是否也是真的强。

SWOT 分析方法的具体步骤，可分为确定范围，收集信息，分别列出优势、劣势、机会和威胁，以及获得 SWOT 分析结果。

1. 确定范围

SWOT 分析的第一步是明确分析的具体范围。在实际业务运营中，可以根据实际需要进行调整。例如，分析对象既可以是一个企业整体，也可以是企业中的某一个业务单元，或者是一个单独的产品与解决方案等。

2. 收集信息

SWOT 分析的第二步是收集翔实的内外部信息，并据此进行客观理性的总结。

外部信息：包括政府相关政策的影响、市场发展状况、客户需求和技术革新趋势等。这些信息可以从市场所在地的政府官网、行业协会、客户和竞争对手的官网，以及第三方机构的专业报告和访谈资料中获得。

内部信息：包括企业研发实力、产品竞争力、运营效率、销售能力和竞争对手的信息等。这些信息可以从企业官网、年报和市场客户端的反馈等渠道获得。

3. 分别列出优势、劣势、机会和威胁

（1）优势、劣势分析。

在做优劣势分析时，结果的客观性高度依赖于视角的选择和比较的基准，即需要从客户的视角出发，并与竞争对手进行比较。优劣势判断的本质是客户用脚投票的结果，而非企业的自我标榜。

只有将客户视角的需求痛点与竞品及替代选择结合，才能避免“优势变鸡肋，劣势成盲区”的陷阱。脱离客户和竞争对手的

SWOT 分析，轻则导致资源错配，重则危及生存。

当年，诺基亚在功能机时代拥有“坚不可摧”的产品形象，并认为其硬件耐用性是核心优势。2007 年前，耐用性确实是用户的首要诉求，尤其是在新兴市场，诺基亚手机连续 14 年保持全球市场占有率第一，2007 年甚至达到了 40%。

我们复盘一下：从行业发展和市场需求的角度来看，公司没有敏锐地洞察到技术革新给产业链带来的变化——即 App 和内容成为了移动通信市场的主要发展驱动因素，也没有从客户视角认识到智能手机时代用户需求已从单纯的打电话、发短信转向对社交属性内容的需求转变，这促使了如 App Store 等新的商业模式的诞生。诺基亚前 CEO 埃洛普在 2011 年提到，“我们最大的错误是认为硬件足够重要”，侧面反映了诺基亚对软件生态系统的忽视。

公正地说，诺基亚当时并非完全没有尝试，例如，比 App Store 晚一年推出的 Ovi Store 与环球音乐合作推出了“Comes With Music”服务。但分成模式僵化（开发者仅能获得 30% 的收入），导致应用数量不足，说白了，就是没有放下身段，仍用老大的思维对新兴的合作者保持强势，完全没有与时俱进看到行业已变，已经不是当初那个自己可以“一览众山小”的时代了。此外，由于受到 DRM（数字版权管理）和硬件绑定的限制，用户接受度较低。

诺基亚希望通过与微软的合作实现自救，但由于生态系统建设滞后、市场响应不足及战略僵化，最终未能抵御 iOS 与 Android 的冲击。诺基亚手机衰落的本质在于未能将客户需求的变化和竞争对手生态系统的崛起纳入战略核心，导致“优势变枷锁，劣势成死穴”。

在这里，我想强调的是，公司在策略执行和选择时机上可能存在问题，管理层的决策风格和文化因素也可能影响其转型能力。然而，在进行 SWOT 分析时，这些与人相关的管理风格等因素往往最容易被忽视，就是俗话说的“灯下黑”。对于管理者而言，能够客观地审视和剖析自己是非常不易的一件事。

我还想补充一点，拥有强大品牌的公司如果想要进入一个全新的市场或推出一款新产品时，尤其是虽然对其自身而言是新产品，但对于市场上其他竞争者来说已经是成熟的产品时，那么该公司品牌的强大并不能必然提升客户对该款新产品的认可度。

内部优劣势分析可能使用到的工具有：行业及公司基准、市场份额及增长、行业生命周期曲线、产品知觉图等。

（2）机会、威胁分析。

机会和威胁的分析主要针对外部环境。机会是指外部环境中有利于分析对象的因素，而威胁则是指不利的因素。在 SWOT 分析的这个阶段，需要考虑的因素包括但不限于政策环境、经济环境、市场需求和竞争格局等。同样需要对以上每一个因素进行分析，并评估其对分析对象的机会和威胁情况。

在外部环境分析中，无论是进行机会还是威胁的分析，都应该先从政策法规开始，进而分析市场的发展前景、技术革新趋势、目标客户群体的态度及市场竞争态势等。

需要注意的是，政府法规政策的调整和改变可能会为一部分市场参与者带来机会，同时也可能为另一部分参与者带来限制。

例如，当政府提高产品的国产化比率要求时，会促进本地品牌成长，但对纯进口品牌的产品销售业绩会有很大的负面影响。

我理解我们中国人眼里的“危机”有双重意思，即威胁和机会并存。同样的事件或信息，审视的视角不同，看到的东西自然也会不同。

例如，从威胁分析的角度看，目标客户群体对产品的忠诚度不高；但从机会分析的角度来看，这个威胁可以转化为：目标客户群体对接受新产品持开放态度。

分析外部环境的机会和威胁可能使用到的工具有：行业生命周期、PEST 分析方法、波特五力模型等。

4. 获得 SWOT 分析结果

SWOT 分析的最后一步，就是总结出分析结果。需要明确的是，这个分析旨在对企业自身及其所处市场环境和未来发展进行全面总结，其目的是客观全面地为企业之后的业务决策提供基础，并不需要提及有关改善和提高的具体行动计划。同时，SWOT 分析本身不具备判断行业技术创新路径的能力。

此外，SWOT 分析需要定期进行更新，以帮助企业及时根据自身能力变化和外部环境变化做出更为适合的决策。通常，企业可以通过自身努力和资源调整来改善现状，但实际操作中总会因为各种各样的原因而未能达到目的。这里我提醒大家记住三个“如果”：

如果你知道；

如果你愿意；

如果你正好有相应的资源。

张帆观点：

企业采用“三个如果（如果你知道；如果你愿意；如果你正好有相应的资源）”可以改善和提升自身的不足。

当这三者同时具备时，理想状态下企业完全可以改善和提升自身的不足。但在现实的商业运营中。工作中有些人总是看到别人的缺点，认为自己做得无可挑剔，能够客观理性地审视自己的管理者其实并不多。也有些人知道自己存在的不足，但不愿意去改进，这是第二个“如果”的问题。第三个“如果”则是指如果没有必须的相关资源也不行，如企业技术实力，资金和员工的能力。

而外部大环境对所有参与者来说都是一样的，关键在于谁能更好地理解政策、把握趋势、规避风险，做到审时度势。

读后思考

当你再进行 SWOT 分析时，你是否牢牢记得保持客观理性，从客户的视角，和竞争对手对标来评估自己的优劣势呢？

03 SWOT 分析举例：出海的中国智造

回顾全球化黄金年代制定的公司战略，我们不得不为一个更加分割的世界重新制定公司战略，要考虑不同国家的背景和制约因素，从而制定适合不同市场的策略。

——史兆威，《哈佛商业评论中文版》

2023 年 10 月刊《“政府之手”归来，全球产业政策新时代》

海外市场政策法规的调整变化对中国公司的出海有着非常大的影响，比如，市场准入受限，或在企业正常经营时遭遇“黑天鹅”事件等，这些都是企业在出海时所要思考和充分准备的。

在 2025 年 1 月初，随着 TikTok 被美国政府封禁的可能性增加，大批自称“TikTok 难民”的美国用户开始寻找替代平台。这些用户不仅对 TikTok 的突然关闭感到不满，同时也希望通过加入一个新的社区来表达他们对于这一政策的态度。因此，当他们发现小红书时，便迅速涌入了这个原本主要面向中文用户的社交平台。根据市场研究机构 Sensor Tower 的数据，在短短一周内，小红书在美国市场的下载量增长超过了 20 倍。

小红书因“TikTok 难民”事件在美国市场迅速走红，下载量激增，展示了其作为内容分享平台的强大吸引力。这为中国企业提供了国际品牌推广的新渠道，同时也带来了技术与基础设施、国际化运营经验不足及政策法规适应性等方面的挑战。面对激烈的竞争和用户忠诚度的考验，中国企业需抓住这一机遇，通过小红书这样的平台加速产品创新和市场响应速度，同时积累宝贵的国际化运营经验。

2013 年，距离中国政府为应对全球发展和合作而提出的“一带一路”倡议已经过去了 10 年。回顾过去 10 年的发展，从政治角度看，该倡议不仅促进了国际合作与互联互通，推动了地区的稳定与安全，同时也极大地促进了相关地区的经济增长与发展，推动了区域经济一体化进程。

对于众多有实力的中国企业来说，“一带一路”意味着商机。但是，中国企业想要“走出去”，也面临着很多困难和挑战，此时，SWOT 分析是一个很好的分析工具。

我大学同班好友郭定云，当年从温岭花岙村扛着扁担走出来的渔家之子，在 2011 年创办了浙江维朋制冷设备有限公司。当时，国内空调排水泵市场依赖进口且无主流品牌，公司通过自主研发（如防水密封技术、低能耗电机设计）推出高性价比产品，迅速占领市场。之后，公司专注于空调排水泵的规模化生产，通过成本优化（材料工艺革新降低 40% 成本）和快速迭代（年均 3 款新品）建立了护城河。3 年内投入千万级研发资金，迭代产品性能（如排水效率提升 30%），至 2023 年市占率超 35%，成为行业第一，树立了行业标杆。

2015年，随着国内环保政策（如《制冷设备维修环保规范》）升级及空调保有量突破4亿台，公司瞄准后服务市场的机遇，战略推出了冷冻油泵、空调清洗机及真空泵工具三大品类。其中，空调清洗机凭借“无水耗+低噪声”设计，精准契合商场、医院等场景的环保需求，上市首年即贡献20%营收，推动公司从“单品供应商”升级为覆盖安装、维护、诊断的一站式解决方案服务商。为了提升品牌领导力，2016年公司邀请德国设计团队重塑VI（视觉识别，Visual Identity，后简称VI）形象，产品外观获得红点设计奖，经销商网络从120家扩展至300家。

为了保持产品领导力，公司在研发上做出了长足的努力，累计申请专利23项（含5项发明专利），核心专利如“防腐蚀排水泵叶轮设计”，延长产品寿命50%。公司不仅加入了国际制冷协会（IIR），参与制定空调工具安全标准，提升了话语权，还通过与浙江大学共建联合实验室，研发AI驱动的设备预测性维护系统。产品获得了CE、UL等认证，在75个国家和地区建立了自己的销售渠道，海外收入占比从2018年的10%提升至2024年的70%。

浙江维朋制冷以技术创新和精准市场定位，从单一品类突围，逐步构建全球化品牌影响力。其成功印证了“小众市场也可成就大生意”的商业逻辑，为制造业转型升级提供了“专精特新”的范本。

以下是浙江维朋制冷设备有限公司的海外市场SWOT分析。

优势：

（1）较强的产品创新及设计能力。

（2）获得红点设计奖、欧洲CE认证和美国UL认证，提升国际客户信任度。

（3）提供一站式解决方案，覆盖安装、维护、诊断全流程，差异化竞争力显著。

（4）柔性供应链支持小批量定制和快速交付。

（5）拥有国内市占率第一的行业口碑，增强海外经销商的合作信心。

劣势：

（1）作为新兴品牌，在欧美市场的知名度低于 Danfoss、Emerson 等百年企业。

（2）三大核心品类（排水泵、清洗机、真空泵）需适配多国标准（如欧洲 ERP 能效、美国 ASME 认证），管理成本较高。

（3）独家代理模式可能限制终端市场覆盖，依赖经销商售后服务，响应速度受限。

（4）供应商成本高、交货期长等因素导致成本无明显优势。

（5）经营管理和执行力有待提高。

机会：

（1）中国“一带一路”倡议提供贸易便利化支持，降低出口合规成本。

（2）欧盟 F-Gas 法规强制淘汰高 GWP 冷媒，催生配套工具升级需求。

（3）中国制造在越来越多的海外市场被客户广泛认可。

（4）东南亚、中东空调普及率年增 15%（据 Frost & Sullivan），带动工具需求激增。

（5）国际大厂聚焦高端市场，中低端工具领域存在空白（如非洲、南美）。

威胁：

（1）地缘政治因素，关税和合规要求带来的影响和不确定性增加。

（2）欧美反倾销调查（如针对中国制冷设备配件）风险；新能效标准（如欧盟 Ecodesign 2025）增加认证成本。

（3）Danfoss、Emerson 可能通过降价或捆绑销售（设备 + 工具套餐）挤压生存空间。

（4）创新的设计容易被复制，导致产品同质化，从而引发价格战。

（5）汇率与供应链波动，如人民币升值削弱价格优势；海运成本波动影响利润率。

SWOT 分析作为一个很好的工具，可以帮助企业梳理出相较于竞争对手的优势，在海外市场环境中目标市场所在地法律法规的要求，以及潜在的机会和风险等。

SWOT 分析虽然有用，但也有一些不足之处。首先，它很主观，因为结果很大程度上取决于做分析的人怎么看事情。不同的人可能会有不同的看法，有的人看到的是风险，有的人则可能从中发现机会。

在给一家公司做工作坊时，有一组选择了公司的一款新产品。在 SWOT 分析环节中，对于优势部分，大家说他们有很好的客户关系，比竞争对手好。因为在前面的讨论过程中我已经获得了一些信息，所以在点评时我说：“你们说的客户关系好，是因为你手里只有一两个客户，而竞争对手的客户太多，根本照顾不过来，所以你当然觉得好了。”坐在后面旁听的总经理开玩笑说，你真不给面子，但事实的确如你所说。

其次，它是静态的，意味着它基于当前的情况来做评估，但市场是不断变化的。比如，政策改变或新技术出现，这些 SWOT 分析未必能提前预测到。

前一段时间，在为一家央企的人才发展项目讲解营销管理“吹风机模型”时，一位学员告诉我他上过我的课。那是大约两年前，他们公司曾邀请我做工作坊。在 SWOT 分析环节时针对一个小组的讨论，我对他们相关部分的点评非常到位，判断颇具前瞻性，如今已开始显现成效。我确实已经记不清当时具体说了什么。他补充道，那时国家对产业政策进行了调整，提高了行业在运营过程中的安全标准。我当时指出，这对他们公司而言是一个利好，因为它有效遏制了那些为短期利益而仓促组建的“草台班子”进入市场所带来的恶性竞争。这种政策调整，既可被视为一个外部机会，也可以转化为企业内部的运营优势。

再次，SWOT 分析有时过于简化问题，没有深入探讨复杂的市场环境和企业内部运作。

最后，它主要提供定性的判断，即描述性结论，而不是具体的数字或数据。因此，企业在做决策时，还需要结合具体的数据和其他分析方法来验证和支持 SWOT 分析的结论。

具体注意事项如下：

（1）SWOT 分析目标必须明确清晰；

（2）SWOT 分析结果是对现有内外部因素进行分析后的定性总结；

（3）SWOT 分析中，针对内部因素的优劣势分析，需要从客户的视角出发，并与竞争对手进行对比；

（4）对于外部环境中如技术创新带来的发展方向，SWOT 分析缺乏判断力。

因此，在实际应用中，我建议将 SWOT 分析与其他方法结合使用，以获得更加全面和精确的战略洞察。

从改革开放开始，我们的产品出海从代工起步，如衬衣、牛仔裤、打火机等低技术含量的轻工业用品和机械类产品，发展到光伏、新能源汽车、芯片、高铁，再到如今的大飞机，这些都是"中国制造"向"中国智造"转变的标志。在我眼里，"中国智造"不仅仅局限于这些高科技产品，还包括文化产品，如泡泡玛特、《哪吒 2 · 魔童闹海》等。

读后思考

文章中提到了 SWOT 分析可以为职场人士的职业发展规划做分析，你能做到客观理性地看待自己吗？

第七章
定位：我们要去哪里

在波特看来，“针对所有顾客经营所有业务”是导致企业战术平庸和产生低于平均绩效水平的主要原因，企业必须在那些可以赢得竞争优势的战略中“选择”适合自己的战略。

——亨利 · 明茨伯格（Henry Mintzberg），《战略历程》

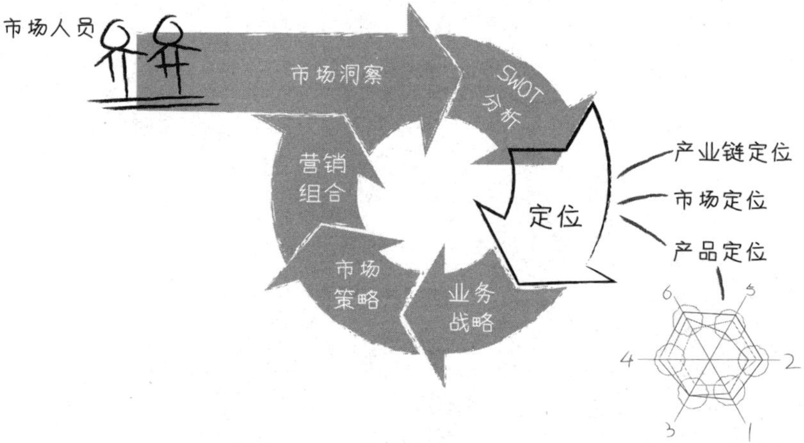

图 7-1　营销管理“吹风机模型”之定位

当下的移动通信行业已经进入了 5G 时代。虽然在海外旅行时，有的国家和地区还在使用 4G 网络，但网速，特别是使用流媒体时的网速还是可以被接受的。对于我自己来说，那段曾经在一线奋斗的经历是记忆中不可磨灭的一部分。有时候上课和学生交流时，还是会想起来和记黄埔 H3G 意大利公司当初推出 3G 业务的成功。这是业界真正的第一个 3G 运营商，也是一个里程碑。

当时是在 2003 年，意大利市场由 TIM、Wind 和 Vodafone 3 家移动运营商所主导，此外还有虚拟运营商。意大利移动市场是一个价格敏感型市场，很多人因为不同运营商在不同时段的资费不一样而常常使用两部手机。市场的手机渗透率高达 110%，这也意味着新进来的移动运营商只能通过争夺其他运营商的用户来生存和发展。当时移动运营商的服务同质化非常严重，3G 服务绝对是一个卖点，但资费也高，如何吸引友商的客户转网的确是个问题。

不同于 TIM、Wind 和 Vodafone 这几家移动运营商对自己的定位，H3G 将自己定位为“多媒体移动服务提供者”，把 3G 对产业链发展的贡献，即内容和App两个新兴驱动因素融入自己的产业链定位。进入市场前做的市场沟通活动也非常成功，通过在服务上市前的“三个三”（即三个“三个月”）的市场预热，不按常理出牌、独树一帜的广告策划成功吸引了市场的关注，并且做到了有效转化。

当时国内的运营商也在密切关注行业的发展变化。在一个高峰论坛上，西门子请到了当时H3G意大利公司的CTO做分享。在问答环节，我问他，作为一个全新的移动运营商，面对极具挑战性的市场，你们是怎么做的？他当时回答说，他们关注于塑造品牌和终端客户端的营销管理，并将网络运维等目前不擅长的工作交给设备厂家来做。

说来还有一个小花絮。这个案例做得不错，从设备厂家的角度给国内客户提供成功的案例。在给西门子移动中国的管理层做介绍时，当时的CEO Peter Weiss问我这个案例是否对公司订单有帮助。那时真的是年轻，想都没想就回答说我不在乎。他有点不高兴地问你为什么不在乎，我就看着他的眼睛，从西门子的价值观开始讲起，其中有一条是我们帮助我们的客户变得更强。最后我说，如果中国的客户问到谁是H3G的设备厂家，那我会说西门子是其中之一，这就是我不在乎的原因。后来我的直接上司CTO李万林问我为什么要在会上如此直言，我说我有说错吗？他说没有说错，而且讲得很好，但是当着那么多人的面直接表达，他怎么可能提拔我呢？这会让人觉得不太妥当。我说反正你们把我放在专家这条线上，也没有什么提拔不提拔的问题。后来在走廊上碰到Weiss先生时，他还是客气地微笑打招呼，仿佛一切都没有发生。

这些都是成长过程中的故事。有的人认为你温和，有的人觉得你强势不给面子。场景不一样，角度不一样，你的人设也会有很大不同。

张帆观点：

定位是企业在商业活动中的“人设”。

如同我们每一个人在社会活动中都有自己的人设一样，企业在商业活动中也会有自己的人设。

在前面的市场洞察环节中，通过对目标市场的系统梳理，我们了解了该市场所处的阶段及未来可能的发展方向，以及行业参与者，即竞争对手的经营状况等。SWOT 分析旨在帮助企业理解自身的优劣势。

完成一系列分析后，企业需要对自己在进入目标市场时有一个清晰的定位，也可以说是企业的使命和发展愿景。企业的使命是企业存在的根本原因和核心价值，明确企业为谁创造价值及如何创造价值，为企业的未来提供方向。

企业愿景是一个企业对其未来的长远规划和期望，它描绘了企业希望达成的理想状态和在所处行业中的定位。

清晰的企业使命和愿景能够激发员工的热情和动力，帮助企业建立清晰的战略方向和目标，在市场竞争中保持方向，推动企业不断发展和进步。

遵从于企业的使命和愿景，企业需要从三个层级来考虑自己的定位：

第一，产业链定位；

第二，市场定位；

第三，产品定位。

读后思考

如果你是一家企业的营销管理人员，你还会只从产品的角度来看你主要的竞争对手吗?

01 产业链定位：我们的角色

中间商的成本优势产生于他们对规模经济和范围经济的利用。

——阿尔弗雷德·钱德勒，《企业规模经济与范围经济》

特朗普第二任期开始，便对多国实行关税政策，加剧了贸易摩擦。“美国优先”的政策对于促进制造业回流到底能有多大的作用，时间将会给出答案。

我们在本书的一开始就强调了利润是企业一直追求的重要经营目标，而资本也是逐利的，哪个行业利润高就去投资哪个行业。当初美国制造业外流主要是由于政策变化、成本差异、技术变革和全球产业链分工等因素。正因为如此，耐克和苹果等公司通过外包制造环节降低成本、提高效率、分散风险，专注于自己的核心竞争力，即品牌和产品设计，并明确了公司在产业链上的角色定位，同时也让公司获得了可观的利润收入。这种模式在全球化和专业分工背景下尤为有效，但同时也需要有效的供应链管理和风险控制措施。

在改革开放初期，我们国家主要依靠劳动力成本优势成为“世界工厂”，吸引外资，发展劳动密集型产业，那时我国处于全球产业链的低端，依赖加工贸易和出口导向型经济，是一个用衬衫换飞机的时代。

在加入WTO之后，中国进一步融入全球产业链，尤其是制造业规模迅速扩大，开始向中端产业链升级，如家电、电子产品组装。那个阶段，虽然国内企业开始积累技术和管理经验，但核心技术和品牌仍由外国企业掌握。

随着劳动力成本上升及国际贸易环境的变化，中国政府推动产业升级，强调自主创新和核心技术突破，向高端制造业和高科技产业发展。在多个领域如新能源、5G、高铁、大飞机、芯片等方面取得了显著成就。

这些年我们在产业链上从低端到高端的角色定位变化，离不开每一个中国人在中国智造中的贡献，让我对中国标准更加充满期待。

一、产业链的定义

产业链是产业经济学中的一个概念，指的是从原材料到终端用户的整个产供销链条。它涵盖了多个环节，每个环节之间基于一定的技术及经济关联，相互影响并依据特定的逻辑关系和时空布局而客观存在的经济链条。

产业链的结构可以分为上中下游三个环节，存在大量的上下游关系和相互价值交换。

上游：主要是基础产业和原材料的供给。

中游：通常属于技术研发和制造环节。

下游：是市场拓展环节，包含渠道经销商和终端用户。

二、产业链的两维属性

产业链的本质是用于描述一个具有某种内在联系的企业群结构，它是一个相对宏观的概念，存在二维属性：结构属性和价值属性。

1. 结构属性

产业链中的结构属性主要指的是企业间存在的一定次序的链接关系，这种链接关系构成了产业链的结构。

2. 价值属性

产业链中的价值属性是指产业链中各个环节所创造和传递的价值，是产业链存在的核心和基础，它体现了产业链各个环节所创造和传递的价值，反映了企业间的竞争和合作关系，以及产业链的价值创造、价值传递和价值增值过程。业界通常也会把产业链称为“价值链”。

价值链是哈佛大学商学院教授迈克尔·波特于 1985 年提出的概念。波特认为，“每一个企业都是在设计、生产、销售、发送和辅助其产品的过程中进行种种活动的集合体。所有这些活动可以用一个价值链来表明。”

三、产业链定位

如果从上下游的角度，产业链可以划分为供应商、制造商、渠道商和终端客户。如图 7-2 所示。

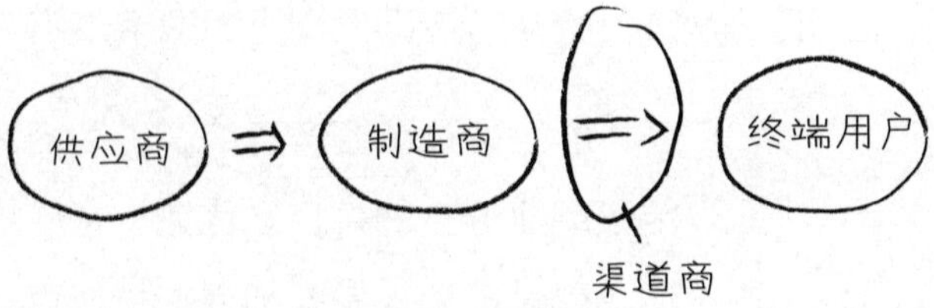

图 7-2　产业链

1. 供应商

基础设施提供商、原材料供应商及专业的设计机构等。每一个行业的供应商因为行业的属性不同，在产业链上的影响力也不同。

2. 制造商

可以分为原始设备制造商（OEM）、原始设计制造商（ODM）、原始品牌制造商（OBM）和零部件制造商等。

3. 渠道商

主要包括批发商、经销商、零售商、代理商和佣金商等，他们以经营和管理销售渠道为生，负责将产品从制造商传递到最终客户端。

4. 终端客户

可以是企业机构，也可以是大众市场的每一个个体，这取决于企业自身的产品和服务针对的受众群体。

如前文所述，产业链中的价值属性涉及产业链的价值创造、价值传递和价值增值。在这个过程中包含了很多环节，包括市场需求、技术研发、产品设计、原材料采购、生产运营、交付和售后服务。这些环节相互衔接，共同构成了一个完整的产品生产和服务过程。同时，因为分工需要，也会衍生出众多的子价值链。这为各种类型的中小公司参与产业链的经济活动创造了利润和生存空间。

> **张帆观点：**
>
> 企业需要根据自身的能力和资源，来确定在产业链上的角色。

企业需要根据自身的能力和资源，来确定在产业链上的角色。比如，是关注技术研发、产品设计、做零部件的供应商，还是进行产品整机的组装、品牌推广，抑或是在分销渠道上有所作为。

20 多年前在上海生活时，巴比馒头刚刚问世。印象中口感不错也很美味，就是每次购买时需要排很长的队。没想到的是，经过这么多年经济形势的各种变化，上海巴比馒头不仅没有消失，而且已经发展成为在国内颇具影响力的连锁品牌。其成功的关键在于对自身能力和资源的精准定位。在产业链中，巴比馒头选择了专注于供应链管理，特别是中央厨房和配送体系的建设与优化。中央厨房确保了所有门店提供的包子和现场手工制作的包子在口感上几乎一样，不仅提高了产品的标准化水平，也增强了消费者的信任度。此外，中央厨房为重要产品创新和技术采用提供了充足的研发空间。

读后思考

请尝试用产业链定位来分析你的企业、你的客户，看看是不是会有新的发现。

02 市场定位：我们的形象

为了避免同样的错误，公司必须经常对顾客做调查，向顾客提出问题，让顾客说出他们对公司产品或服务的看法。如果顾客同公司的看法不一致，公司就遇到麻烦了。

——杰克·特劳特（Jack Trout）、
史蒂夫·瑞维金（Steve Rivkin），《新定位》

我没有戴耳机的习惯，所以对这个市场缺乏了解，对耳机品种的理解也就是有线或无线入耳式的两种。第一次知道韶音科技这个2011年就创立的品牌，还是在2024年初于清华MBA课堂上的讨论，当时是这家公司的CFO范晓锋所在的小组选择的案例。我对被誉为“马拉松之王”的肯尼亚运动员埃鲁德·基普乔格（Eliud Kip-choge）代言的广告画面印象极深，色彩辨识度非常高。

一直觉得戴传统的耳机就听不到外界声音，在户外运动时会因隔音而带来交通隐患，而且戴耳机时间长了不仅不舒服，如果不小心音量过大对听力也会有损伤，这或许是我很少戴耳机的原因。但韶音的这一款骨传导耳机彻底改变了我的认知，其在耳机市场的定位通过精准卡位传统耳机厂商的盲区，即安全性与舒适性的不足，同时也是骨传导耳机这一细分市场的领导者。

这家公司专注于开放式声学及佩戴技术，特别是在骨传导耳机领域深耕细作，确立了“开放聆听不入耳”的产品定位。它精准切入运动耳机市场，针对运动爱好者的需求，提供在多种运动场景下适用的耳机产品。通过绑定基普乔格这类“技术需求极致化”的运动偶像，成功将骨传导耳机从“小众产品”推向“运动刚需”。

一、市场定位的定义

市场定位指的是企业根据目标市场的竞争状况和自身资源条件，建立和维护其产品或服务在目标市场中的特定市场地位，是企业愿景和使命的组成部分。

市场定位的本质是通过战略性地塑造差异化价值，在目标客户群体的认知中建立独特的心智占位。

企业的市场定位不同，其在目标市场所采用的竞争战略也不同。这通常涉及对产品或服务的特性、品质、价格、品牌形象、促销策略等方面的决策。通过有效的市场定位，企业可以更好地满足客户的需求，提高产品或服务的市场竞争力，进而实现营销目标。

张帆观点：

市场定位是使企业在目标客户群体心中占据一个独特且有价值的位置。

品牌形象定位是反映公司在市场中所占据

的独特位置，它反映了公司品牌希望被目标客户群体所认知的核心特点和价值观。品牌形象是一个多维度的概念，涵盖了品牌知名度、美誉度、忠诚度、定位、传播、识别和感知等方面。

一个成功的品牌形象应该能够清晰地传达公司市场定位和品牌的核心价值及特点，引起目标客户群体的共鸣和认同，从而建立起持久而稳定的品牌关系。品牌形象定位需要清晰、准确，并且与目标客户的需求和期望相符合。

二、市场定位的多种选择

市场定位也反映了企业在细分市场的竞争地位，通常可以分为市场领先者、市场跟随者、市场挑战者和市场补缺者四大类。

1. 市场领先者

是指行业中在同类产品的细分市场上以技术创新或产品领先，市场份额占优的企业。这些企业通常通过不断的技术创新提升产品领导力，在存量市场和增量市场努力保持和提高市场占有率。

市场领先者的特征包括高市场占有率、高行业影响力、高品牌知名度、持续创新、强大的营销能力和丰富的资源储备。这些特征使得市场领先者能够在竞争激烈的市场中保持领先地位，并持续为目标客户提供优质的产品和服务。

2. 市场跟随者

通常居于市场次要地位，一定时间内没有能力或者不寻求成为市场领导者。

这类企业通常会观察市场领先者的策略，规避风险，降低成本，通过模仿来让自己规避潜在的技术或市场风险，降低成本的同时能够适应市场的发展变化，避免与市场领先者正面竞争，从而在市场上保持自己的竞争力。

3. 市场挑战者

是指那些希望通过技术创新或商业模式的创新努力达到市场领先地位，向市场领先者挑战的企业。

这类企业通常积极进取、创新能力强、对市场趋势敏感、具备强大的执行力且勇于承担风险。这些特征使得市场挑战者能够在竞争激烈的市场中脱颖而出，挑战现有的市场格局并提升自己的市场份额和地位。

4. 市场补缺者

是指那些专心于向市场中规模较小或被大企业忽略的某些细分市场提供产品或服务，在这些小的细分市场上通过专业化的经营来获取最大限度收益的企业。

他们通过专注于某个细分市场，提供有针对性的产品或服务，以满足特定客户群体需求，从而获得竞争优势。

> **张帆观点：**
>
> 企业可以在不同的目标细分市场通过差异化的产品进行不同的市场定位。

在上述四种传统的市场定位分类中，企业既可以专注于价值，通过提供高质量、高附加值的产品或服务，定位自身为高端市场的领导者；也可以通过为价格敏感者提供廉价但质量可接受的产品或服务，定位为价格领导者；或者通过不断推出创新的产品或服务，定位自身为具有先驱性的品牌等。

企业可以在不同的目标细分市场通过差异化的产品进行不同的市场定位。

在大众市场，也有企业利用信息不对称或市场状况的不同，在不同的细分市场采取有差异的市场定位。

依云（Evian）矿泉水在法国属于中高端矿泉水品牌，但价格相对亲民，常见于超市和便利店，并与当地其他矿泉水品牌如 Perrier、Volvic 等竞争。其定位更偏向于日常消费的优质选择，而非奢侈品。而在中国市场，依云通过高端酒店、进口超市和精品零售渠道销售，强调“天然纯净”和“法式优雅”，价格显著高于本土品牌，成为国内高端饮用瓶装水市场的代表。

王家沙本帮点心制作技艺是上海市静安区的传统手工技艺，在上海是著名的小吃连锁品牌，但在曼谷著名的百货公司暹罗百丽宫，我发现上海王家沙却是一个定位高端经营上海菜的中餐厅。肯德基、必胜客等西式快餐店在最初进入中国市场时都算是消费较高的餐厅，经过几十年的发展，这一类餐厅在国内餐饮市场已经回归到自己本来的市场定位。

春节在马来西亚槟城休假时，看到了好几家蜜雪冰城的店铺，我去比较了一下，发现蜜雪冰城延续低价策略，主力产品在 5～10 马来西亚林吉特，合人民币约 7.5～15 元。蜜雪冰城凭借供应链成本控制，即国内原料出口与本地生产结合，加之更注重本地化产品与营销，成为“平价替代”的首选。

三、市场定位的主要步骤

企业要明确市场定位，需遵循一系列步骤。

首先，明确目标市场，分析其规模、增长率、客户特征及趋势，通过细分确定最有潜力的目标群体，满足客户需求。

其次，研究竞争对手，了解他们的表现、产品特点和营销策略，识别自身优势与不足，以制定针对性的市场定位。

确立竞争优势是关键，评估企业的资源和能力，找出在目标市场中领先的因素，如产品或服务的独特性。基于此，制定产品定位策略，强调核心卖点、性价比等，确保契合目标群体需求。

再次，塑造积极的品牌形象能提升产品的认知度和美誉度，增加客户信任和忠诚度。有效的营销传播策略是传达产品定位和品牌形象的重要手段，涉及广告、促销、公关等活动，并需要清晰定义传播的各个要素。

最后，持续监测市场定位效果，根据反馈调整策略，捕捉新机会，规避风险，从而指导未来的市场行动。这一过程是动态的，要求企业灵活应对市场变化。

读后思考

你觉得哪一个市场定位更符合你公司的情况？为什么？

03 产品定位：我们的武器

取胜的通用战略只有两种：一是化身低成本领导者——不是更低，而是最低；二是成为差异化推动者——不是全方面，而是消费者重视的某一维度。

——雷富礼（A. G. Lafley）、
罗杰·马丁（Roger Martin），《战略制胜》

我曾看到财经新闻报道说，瑞幸咖啡的高管表示要与星巴克对标。当时看到这个消息时，我其实并不完全赞同，因为两者在经营理念和消费场景上存在显著差异。

星巴克卖的不仅仅是咖啡，更是一种消费场景和氛围。在进入国内市场后，有很长一段时间一直在引领国内咖啡文化的潮流。2000 年初，曾经流传这样一句话“我不在星巴克，就在去星巴克的路上”，就足以说明当时星巴克在市场上受追捧的程度。消费者可以在店内享受悠闲的时光，体验独特的咖啡文化。而瑞幸咖啡则主打便捷和高效，用户可以通过手机 App 随时随地下单，半小时内即可收到咖啡。这种模式更符合现代都市快节奏的生活方式。

近年来，瑞幸咖啡通过产品创新，推出了基于咖啡的多元化饮品，以满足年轻消费群体的需求。在门店布局上，瑞幸咖啡注重优化，通常选择在写字楼、商圈和社区等人流密集的地方开设门店，以便更好地覆盖周边的外卖和自提需求。

尽管经过几年的快速发展，瑞幸咖啡在国内的门店数量和销售收入已经全面超越星巴克，但在服务业态上，两者仍然存在明显的不同。星巴克依然坚持提供场景氛围的消费体验，而瑞幸咖啡则更侧重于便捷和高效、随时随地的消费模式。

企业确定了在产业链上的角色，选择了在目标细分市场的市场定位后，需要通过提供相应的产品或服务来支持自己的定位，比如前文提到的韶音科技的骨传导运动耳机定位自己是骨传导耳机这一细分市场的领先者。

产品定位是一个复杂而系统的过程，是指企业在市场中为其产品设定的特定位置，基于产品的特性、功能、品质、价格等因素，以满足目标客户群体的需求和期望。

产品定位是对目标市场的选择与企业产品结合的过程，也是企业市场定位的主要落地呈现，直接面对目标客户群体。产品定位为产品打造一个独特且吸引人的市场位置，从而在激烈的市场竞争中脱颖而出。

> **张帆观点：**
>
> 在产品定位时需要遵循的三个原则是：目标客户群体喜欢或愿意看到；有别于竞争对手；公司有能力实现。

在产品定位时需要遵循三个原则。

（1）目标客户群体喜欢或愿意看到；

（2）有别于竞争对手；

（3）公司有能力实现。

如果企业计划推出一个创新或颠覆性的产品，没有竞品可比较，那就需要深入洞察客户的痛点，通过解决痛点来尽可能满足客户对产品各个层面的诉求。产品的定位就应该是业界创新的产品领先者。如果市场上已经有竞品，企业则可以通过产品知觉图（见图7-3）来比较客户期望与竞品之间的差异，在客户最在乎的维度上努力超越竞品，以确定自己产品挑战者的定位。

每一个细分市场对产品的关注重点都不一样，产品的特征可以包含很多维度，比如，品牌、功能、能耗、价格、服务、维护保养、用户友好等。

行业市场中的客户是组织，对产品的诉求考虑最多的是在满足预算的情况下与自己经营相关的一些指标，比如，产能、技术先进性、能耗比、故障率等。这些都是保证稳定经营的重要指标。

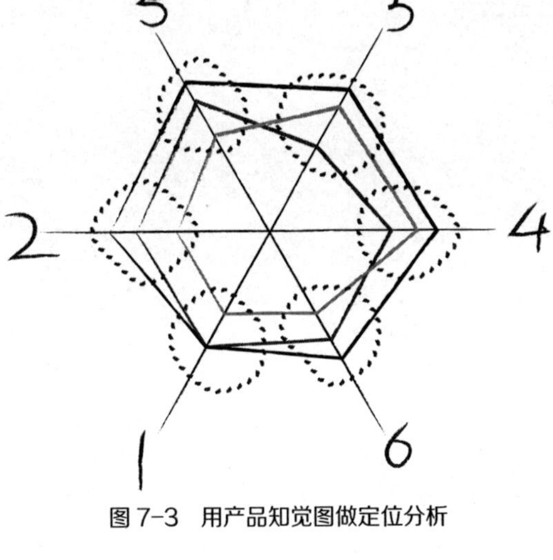

图7-3 用产品知觉图做定位分析

面对大众市场的产品外观设计及是否能够满足情感诉求也非常重要。通常两维度的性价比不能够准确反映产品的特质及是否符合目标客户的期望值。在多维度情况下，如何洞察目标客户群体对产品各个维度的态度及优先级排序，如何比较公司产品和竞品之间的差别，如何规划新产品对产品定位至关重要。这个时候，产品知觉图就是一个非常实用且好用的工具。

针对从事服务业的企业来说，服务就是企业所提供的产品，和实物产品一样可以多维度地考量服务的品质，比如，服务的响应速度、专业性、可靠性、服务人员的态度及个性化服务等。

如何准备一个能够反映真实状况的产品知觉图对确定产品定位非常重要。

读后思考

基于产品的价值主张，以及对目标客户群体的了解，你能够通过使用产品知觉图来确定产品定位吗?

第八章

业务战略：我们如何实现

战略不过是制定基本的规划，确立大致的方向，把合适的人放到合适的位置上，然后以不屈不挠的态度改进和执行而已。

——杰克 · 韦尔奇（Jack Welch），《赢》

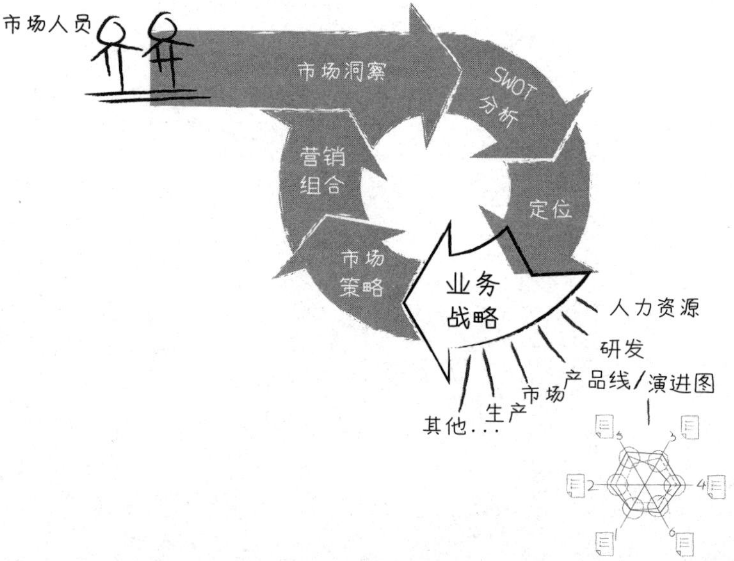

图 8-1　营销管理“吹风机模型”之业务战略

有一次工作坊结束时，这家国企的总经理问我：“工具都很赞，但为什么有些公司还是把自己做死了？”我回答说：“人性。”接着，我问他：“每次做决策时，你是不是觉得自己是天下最聪明的人，认为这个决策肯定是对的？”他点头说：“是的。”

我告诉他：“这个决策对不对，还真不是你说了算，这需要时间来验证。”决策的正确与否往往需要经过时间和市场的考验，而不是仅凭个人的主观判断。

一、什么是战略？

在宝洁公司前 CEO 雷富礼（A. G. Lafley）和摩立特公司

战略咨询顾问罗杰·马丁（Roger Martin）合著的《宝洁制胜战略》（*Playing to Win*）中，给战略下了这么一个定义：简而言之，战略就是选择。具体来说，战略是一组选择的组合，目的是推动企业在所处产业中获得独特位置，以便打造出比竞争对手更持久的优势和卓越的价值。

我非常认同他们对于战略的观点。接下来，让我们一起探讨业务战略。

二、业务战略

如前文所述，SWOT 分析让企业知道“我们是谁”，定位环节确定的是“我们要去哪里”，而业务战略所要达成的则是“我们如何实现”。

这里的业务战略指的是公司战略，即企业在全面分析内外部环境因素的基础上，为实现其长期发展目标与愿景，所制定的一系列总体性、长远性和指导性的规划和管理决策。公司战略可以分解为长期、中期和短期的业务战略，也可以是在特定业务领域为实现公司战略目标而采取的具体行动和策略，涵盖产品、市场、竞争等多个方面。

甚至在财年底，当公司为新一年讨论制定发展目标时，我们也可以把营销管理“吹风机模型”中的定位换成新一年的战略目标，如销售收入实现 30% 的增长。为了达成这一目标，在业务战略部分进行分解时，就要明确人力资源需要做哪些工作、研发该如何开展、产品线应如何设置，以及市场营销和销售该怎样执行等。

总体来说，业务战略的制定是基于 SWOT 分析的结论，根据张帆观点：

实现企业业务战略的核心是职能部门之间的协同作战。

企业的使命和发展愿景，有针对性地制定行动方向，即如何实现企业的发展目标。企业的业务战略需要各个职能部门共同协作才能完成，因此确定业务战略后，如何将总体战略目标和方向细化为可操作、可衡量的具体行动计划的过程就是我们常说的战略分解。这一过程确保组织内的各个部门、团队乃至个人都能明确自己的角色和责任，从而协同一致地推动业务目标的实现。

在这里我们主要谈谈与业务战略最相关的几个主要职能部门，比如，人力资源、研发、产品线 / 未来的演进图、市场、生产、运营等。

人力资源战略服务于业务，有很多重要的职能，如薪酬体系、绩效考核等，其中人才培养是最核心的职能之一，即如何通过体系化的人才培养机制来持续地给企业赋能。确定了企业战略后，为了完成这个战略，理想情况下的人员状况是什么样的？盘点当下的人员状况，找出需要改善提升的地方，然后通过多种形式的培训、工作坊来提升员工的职业能力和素养。

研发战略基于业务战略，通过对技术发展方向、市场需求、竞争及资源能力等进行系统的分析和规划，制定出符合自身特点和市场需求的研发战略，为企业的长期发展提供有力的支持。

产品战略的核心是产品的价值主张，明确产品能为客户解决的核心问题或满足的核心需求，基于行业技术发展和目标客户群体的反馈，对未来的产品发展进行战略规划。产品知觉图在这里能够为产品未来的发展演进提供客观的建议。

在前文所述的市场洞察模块，我们用产品知觉图深度理解目标客户群体对产品的利益诉求；在产品定位模块，我们通过产品知觉图对客户诉求、竞品及公司产品之间的比较，确定产品差异化的定位。

如图 8-2 所示，在分析比较后，我们既可以针对自己领先的维度提出保持领先所需的行动，也可以找出短期内产品能改进和提高的点，如技术指标等。

真正的战略价值在于发现那些尚未被坐标轴显性化的隐性维度。中长期来看，我们还要基于这些分析比较，以及行业发展方向和技术革命，为下一代产品指明设计和发展方向。

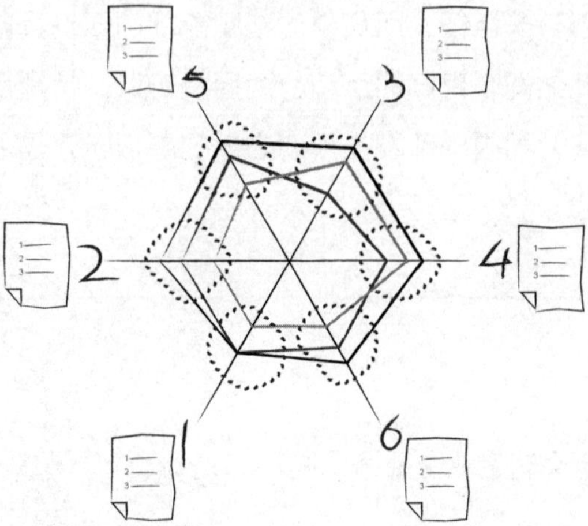

图 8-2　基于产品知觉图分析确定产品在相关维度上可提升的空间

总体来说，产品战略是针对产品定位中的各个维度要达到的目标，对公司业务战略下的研发战略、市场战略、供应链战略、生产战略等的协同。

市场战略帮助企业实现其战略目标，谋求长期发展，在分析外部环境和内部条件的基础上，对企业市场营销所做的总体规划，如3~5年所期待的品牌影响力、市场份额、销售收入等。

生产战略关注如何通过优化生产流程、降低成本、提高产品质量等措施，将原材料转化为最终产品或服务，以满足企业营销管理的需求，同时为企业创造更多的竞争优势。

运营战略确定并强化那些使企业区别于竞争对手的关键能力，如提升运营效率、建立稳定的供应链体系，创建一个既符合当前市场需求又能引领未来发展的战略运营框架。

虽然业务战略通过战略分解形成了各主要相关职能的子战略，但企业的战略能否成功，不在于这个战略分解做得有多清楚，也不在于执行计划有多详细，而在于这些职能部门在执行自己战略时是否能够在彼此之间有良好的互动、沟通及协调，特别是在战略执行中遇到困难或公司内外部发生预期之外的事情时，是否还能选择坚持，不忘初心。

读后思考

你现在学会制定业务战略了吗?

第九章
市场策略：三个选择

一家公司在追求胆大包天的目标时，应该小心地保存自己的核心。

——吉姆 · 柯林斯（James Collins），《基业长青》

图 9-1　营销管理“吹风机模型”之市场策略

当年作为业务顾问（Business Consultant）加入西门子移动通信时，我从事的是市场方面的工作，同时也要被安排做管理层的一些特别的项目。记得有一个项目是为了进一步提高经营业绩，增强市场竞争力，管理层启动了一个由外部顾问公司主导的项目，旨在通过客户访谈解决流程相关的问题，提升客户服务效率，同时为后续的业务决策提供信息。

我们对客户进行了分类，即使是那些市场份额不多的客户，也要去进行访谈。按计划，我需要前往东北某省查看公司的设备。在这个客户市场中，竞争对手的市场份额高达 99%，而我们的市场份额非常少。我记得特别清楚，那天正下着大雪，一位工程师大姐来打开机房的门，她感叹道：“哎呀妈呀，你们的设备质量太好了，从来不出问题，这么好的设备怎么不多卖我们一些呢？”

当时，我对这句话的解读是：我们的产品质量确实不错，从负责该客户的大客户经理对此次行程的冷淡，可以感受到可能是客户关系或其他方面没有处理好。这次经历让我意识到，除了产品品质过硬，客户关系在市场策略中也同样重要。

我眼里的“以客户需求为导向”不是说提供质优价廉的产品，而是指能够精准地满足客户对产品的利益诉求，帮助客户消除痛点、解决问题，同时还能建立起顺畅、有效的沟通渠道。

公司各个部门之间需要紧密合作，确保我们不仅了解客户的显性需求，如价格、性能等，还要深入理解他们的隐性需求和潜在期望，如个性化的解决方案、快速响应的服务等。此外，建立长期的信任关系，通过持续的价值传递和优质的客户服务，让客户感受到他们是我们业务的核心。这样才能真正实现以客户需求为导向的经营理念，从而在市场上获得竞争优势。

如前文所说，市场战略服务于企业的业务战略，通过高效的营销管理，不断扩展盈利模式，在某个或多个市场为企业获得强大的品牌影响力和稳定的业绩及增长。

市场战略决定了企业在所处行业和市场的整体及长期格局和目标，而市场策略则是明确市场战略在营销管理中的执行，回答“是什么”“为什么”“做什么”和“怎么做”的问题。

一、如何制定市场策略

如果一个企业的市场目标是从 A 到 A+，结合行业特点，我们

> **张帆观点：**
>
> 企业的经营理念和资源决定了企业市场策略的选择方向。

看看手中的三张牌，即产品领导力、客户关系、高效运营，我们应该如何去在市场上打这三张牌呢？

1. 看企业的核心竞争力

行业中不同类型的企业核心竞争力也会不一样，有的是靠自身产品的技术领先，有的是靠客户关系非常稳固，有的则是靠高效的运营。

2. 选择合适的市场切入点

在进入市场时选择的策略是从某一类特定的目标细分群体开始，提供有针对性的解决方案，通过成功案例获得口碑和市场影响力，进而不断地扩张；还是采取田忌赛马的方式，在长远和全局的视角下做出最优决策。

3. 通过市场沟通扩大品牌影响力

良好的市场沟通行为是扩大品牌知名度和影响力、增强客户忠诚度和黏性的必要手段。从“酒香不怕巷子深”到“酒香也怕巷子深”，说明了市场沟通在市场策略中的重要性。

市场策略不仅关乎企业的自我定位，还涉及如何通过产品创新、客户服务和运营效率等方面建立竞争优势。

二、考量核心竞争力的三个维度

无论企业在哪一个行业做什么样的具体业务，从客户角度来看，基本上主要关注三个方面：产品领导力如何、客户关系好坏和流程效率。与此相对应，企业在进入市场时，需要在产品领导力、客户关系及高效运营这三个维度上考量自己的核心竞争力。一家企业如何在这三个维度中平衡，结合所在行业特点和状态，制定出适合自己的市场策略才是正道。

1. 产品领导力

这种市场策略将产品的性能和创新放在首位，强调企业向客户提供优质且具有行业领先地位的产品或服务。产品领导力取决于公司的研发实力和对技术发展趋势的把握。当然，在公司或行业遇到技术瓶颈时，的确需要一段时间来突破，如中国的芯片产业。

2. 客户关系

该策略侧重于建立深层次的客户联系。基于此策略，企业会全心全意地关注客户服务、提升客户体验并致力于维护与客户的长期关系。客户关系满意度或忠诚度的提高不仅在于公司的基本能力，即产品和服务，还在于客户的过程体验。

3. 高效运营

在这种策略下，企业重视优化内部流程和服务交付过程，确保客户在购买产品或请求服务时能够享受到最大的便捷性和高效性。

在产品领导力、客户关系和运营优化这三个维度上，我们可以用市场领导者、市场跟随者、行业平均水平、低于平均水平来表示公司在每个维度所处的水平。如图 9-2 市场策略模型所示，我们定义 A 是企业在市场的现状，A+ 为企业在未来某个时间点的发展目标，我们按照这个市场模型拆解为三个纬度：产品领导力、客户关系和运营优化。企业可以基于 SWOT 分析和产品知觉图所指出的需要改善和提升的方向，结合公司的战略发展目标，推出相应的举措，以确保在各个维度上达到提升目标。

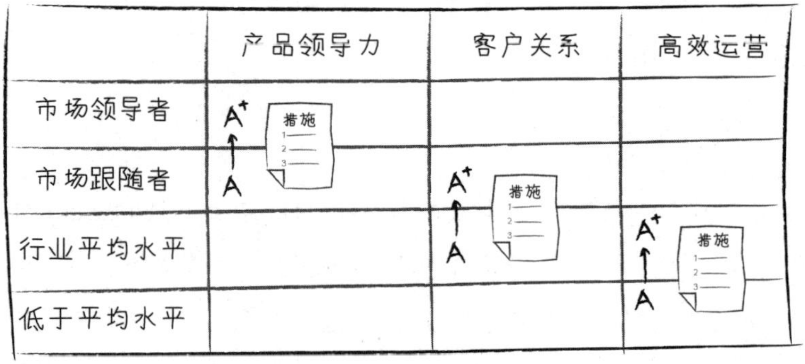

图 9-2 市场策略模型

市场策略模型向我们展示了从客户的视角看企业的经营，即吸引客户的是你企业的产品领导力（产品性能是否出众），良好的客户关系还是高效运营。理论上，我们可以看到企业在这三个维度上都处于市场领导者层面，而事实上，企业的市场策略通常都是“一俊遮百丑”，至少到现在我没看到过有一家公司能在三个方面都处于市场的领导地位，这其实是企业资源有限或者经营理念所致。

有些企业可能认为，在当今市场竞争中，必须满足所有不同的客户需求。但实际上，通过聚焦业务重点，企业才有机会深入专注其中一个价值领域，从而提供卓越的客户价值。

在快餐行业，麦当劳是全球最大的快餐连锁企业之一，拥有广泛的市场份额和强大的品牌影响力。麦当劳餐厅以汉堡、薯条和碳酸饮料为主打产品，同时推出各种套餐和特色小食，以满足不同消费者的需求。从定位来讲，麦当劳与 Shake Shack 之间还是存在较大差异的。在客户关系层面，尽管麦当劳做了很多沟通推广工作，但在行业中却处于平均水平或以上。我认为，麦当劳的核心竞争力在于高效的运营。1992 年，我在深圳华强北，据说是中国第一家麦当劳餐厅做了一周的管培生，对此深有体会。

我曾服务过的一家世界 500 强企业，其在行业市场中的产品质量过硬，口碑很好，但售后服务满意度不高。相反，国内的一家竞争对手虽然产品质量有所欠缺，但服务响应时间和满意度都很高。这家外企曾问我："为什么我们的服务不能做得那么好呢？"我回答说，当然可以，但那样公司的成本会增加很多。你们的产品质量好，很少出现问题，一旦出现问题时，可能会显得手忙脚乱。而对手因为产品质量不稳定，服务团队肯定已经有了非常成熟的应对经验，能够在短时间内迅速解决问题。也许有人会说，我的产品和服务两个都好呢？如果你愿意付出努力，应该可以做到，但相应的损失的是企业的利润率。

读后思考

从客户的视角，你是否已经了解企业的核心能力应该聚焦在哪几个方面？

01 产品领导力：硬核

我们做这些是因为我们想创造伟大的产品，因为我们关心用户，因为我们愿意为全部的体验负责，而不是去做别人做的那些垃圾。

——史蒂夫 · 乔布斯,《乔布斯传》

我曾服务过的一家公司在中国的研发部门，根据中国市场的发展趋势和客户的需求，研发出了一款在国内市场广受欢迎的畅销产品。但不久，该部门就被裁撤掉，相关职能交给了海外的全球研发中心来承担。如果总部的决策不是完全退出中国市场，那我觉得这真是一个在中国市场自毁前途的“神操作”，完全无法理解管理层的这个决策。

还有一家我曾服务过的制造业公司，在产品管理工作坊中，我说咱们门口的大卡车没有了吧？得到的回答是早就没有了。我又问最近日子不好过了吧？大家点头同意。我说，再不改，日子会越来越差。那些大卡车是客户的，企业原来在业界以产品领导力超强而著称，不需要营销，客户等着提货的车就排在厂门口。后来因为产品逐渐被国内对手超越，门庭冷落是很自然的事儿。

企业如何实现产品领导力这一市场策略呢？

近一百多年以来，每个产业时代都会涌现出很多新贵，但能够一直保持技术领先和产品创新的企业其实不多。有的行业消失是因为被新技术所带来的新兴行业所淘汰；有的则是被自己的经营理念所限制。当初，柯达因为胶卷业务繁荣，对数码相机技术的出现反应滞后，忽视了技术革命和经济发展所带来的巨大市场机会。曾经在功能机时代非常辉煌的诺基亚，貌似是因为塞班系统战略失误，其实也是输在行业发展、新技术所带来的产业创新和商业模式的变化上。

张帆观点：

再好的商业模式，如果想长久都离不开过硬的产品来承载落地。

再好的商业模式，没有一个强大的产品领导力支撑，都不会太过长久。华为的今天，是因为过去二十多年来对研发矢志不渝的巨额投入，这需要管理者不仅要具备前瞻性的战略发展格局，还要有足够的胆量、耐心和定力，关注企业发展的长期价值而不是盈利的短期目标。我认为，产品领导力可以从因技术领先而带来的产品创新和以客户为导向这两个维度来看。

产品创新不仅要考虑到行业内前沿技术的发展演进路线，还要考虑到行业外的新技术所带来的产业革命，对产品所承载的技术方案有前瞻性的思考。同时，要考虑到客户对产品的真实需求、要解决的痛点、使用场景及用户友好等维度，来对产品不断地改善和提高，形成非常清晰的产品演进图。

《经济观察报》报道，作为扫地机器人品类的发明者，iRobot 长期占据全球市场领导地位。但近年来，随着技术的不断进步和市场竞争的加剧，iRobot 在全球多个市场的市占率逐渐下滑，其丢失的市场份额主要被包括石头科技在内的中国品牌瓜分。市场调查机构欧睿国际的调查数据显示，2023 年，石头科技的年销售额位居全球第一；魔镜数据显示，2023 年，在美国市场上，石头科技高端产品的市占率已经达到了 57%，远超 iRobot 的 26%。

在准备进入美国市场时，石头科技进行了近 1000 人的用户访谈。调查结果显示，40% 的用户对扫地机器人在清扫墙角时的效果感到不满意。针对这一痛点，石头科技投入研发，推出了一款专门针对美国市场、能够显著改善墙角清扫效果的产品。

石头科技不断迭代产品。通过调研未购买扫地机器人的有宠物家庭，石头科技发现他们对智能清洁工具有需求，但又担心机器人会吓到宠物、碰倒宠物的饮食器具或拖动宠物粪便。针对这些痛点，石头科技重点开发了避障功能，并增加了对宠物粪便的识别功能，推出了宠物主人可以放心使用的产品。

读后思考

请观察身边的企业，哪些是典型的产品领导力企业？

02 客户关系：软实力

营销职能要做的事情，就是立足商务活动领域，构建供求一体化关系，构建“企业—客户”的关系。

——包政，《营销的本质》

很多年前在武汉出差，入住武汉香格里拉酒店，因为身体不舒服，一天没吃饭。后来点了房间送餐服务，选择了一碗清汤面，很快就送到了。让我惊讶的是，没过几分钟，送餐服务来电话说：“张先生，我们觉得那碗面可能不够您吃，我们给您送一小筐新鲜面包，是免费的。”我不知道是因为当时自己的会员级别高，还是酒店工作人员特别关注细节，看我人高马大的肯定不够吃。但不管怎么说，那个电话和随后送来的面包真心暖到了我，这么多年过去了还是记忆犹新。

在去年济南的一个项目中，一位经常出差的EMBA教授邀请我住在一家亚朵酒店，让我体验一下什么是真正的酒店服务。他谈到在亚朵酒店的住宿体验时对我说：“在一般的酒店，出去办事总有

12点退房的焦虑，但在亚朵不会。有时候下午6点退房也不会增加房费；有一次甚至到晚上8点才退房，亚朵也提供了方便，没有多收费。”我非常认可他的看法，特别是那天晚上送来的免费宵夜确实让我感到惊喜，感受到“被宠”还为此发了朋友圈。作为一个经常出差住酒店的人，在一个不是会员的陌生品牌的酒店受到了善待，马上对这个品牌有了好感，有种“路转粉”的感觉。

另一位经常出差的朋友在评价亚朵酒店时说：“在亚朵酒店，你可以做到安心、放心，只要你的要求不过分，酒店都可以满足你。”

如果公司选择聚焦于客户关系，重要的是深入了解目标客户群的愿望和需求，并将这些信息融入公司的业务战略之中。这样可以帮助公司更好地把握并预测客户需求。建立丰富的客户数据库至关重要，为此，企业可以利用系统来激活所获得的客户数据，从而制定出最适合客户的解决方案，为客户提供量身定制的产品和服务。

张帆观点：

客户体验是影响客户关系的重要因素，基于产品和服务的核心价值所建立的客户信任是客户关系的决定因素。

客户关系强调“以客户需求为导向”的理念，需客户体验、核心价值、信任纽带三者平衡支撑。企业通过产品核心价值的交付同客户之间建立信任，同时采用有效的市场沟通活动，优化客户服务、高度关注客户体验，并专注于与客户的长期关系，即客户终身价值。实施这种市场策略时，必须认识到，只有当这些关系能够为企业带来长期利益时，努力建立可持续的客户关系才有意义。

在行业市场领域通常是信任大于体验，即长期合作依赖履约能力与风险共担。销售人员与客户之间的深厚联系有助于提供卓越的服务，工程师在提供运维保养服务时始终从客户的角度思考，势必会赢得客户的信任和提升忠诚度。大众市场中，对于快消品和餐饮业来说，体验的权重就很高。而对于耐用品来说，消费者更关注产品的核心价值。通过个性化内容生成，如UGC（用户生成内容），公司能增强与客户的互动；如设立平台让客户分享使用体验，或通过社交媒体传播正面故事。品牌可以通过将自身融入消费者的生活方式中，强化品牌的归属感，从而构建品牌忠诚度。为确保一致的服务质量，一些企业为VIP客户提供专属联络人，并赋予员工即时解决问题的权限。

读后思考

请观察身边的企业，哪些是典型的客户关系型企业？

03　高效运营：支撑协同

还有一种迅速实现尽善尽美的捷径：使在一个完整的价值流上从开始到完成的全部相关企业都做突破性改善。

——詹姆斯 · 沃麦克（James Womack）、
丹尼尔 · 琼斯（Daniel Jones），《精益思想》

十几年前第一次在美国旅行时，我在华盛顿五角大楼附近一个很大的购物中心买了几件同款式的T恤衫。去收银台结账回来，店员已经装好放在购物袋里，我接过来没有检查就直接去酒店取了行李飞往水牛城看尼亚加拉大瀑布。

第二天在酒店的房间里打开购物袋，发现少了一件，而且是我最喜欢的颜色。我按照购物小票上的电话打到购物中心寻求帮助，每一个接电话的人都要问一遍怎么了，大概是第四个说话的人才是那家店的店员，他问了情况后说要和经理说一下。没几分钟，经理就在电话上再次问我怎么回事，我有点不高兴地说我不知道还要再说几遍，对方很客气地说抱歉，但又坚定地说这是最后一次。然后通过购物时间、小票上的数据和信用卡号后，对方问我是需要退款还是想要衣服。如果是退款，就直接在信用卡上操作了，我回答说想要衣服。她说把地址给她，她会快递给我。我说我大后天要回北京了，这位女士说她现在就寄，用加急快递，费用由他们来承担。结果在我离开纽约的那天上午，衣服送到了住处。快递费用远超那件T恤的价格。

我想这种办事效率不仅仅是因为这位经理站在我的角度解决问题，还是其决策果断的表现，相互之间自始至终都是信任的。这也让我想起了有一次开车时从收音机听到的一则新闻。某电商平台对很多商品提供七天内无条件退货和退款服务，从一定程度上对终端消费者友好，但是对商家并不如此。有些服装类的商家经历过恶意退货，只因为有人想赚保险的钱。在现实生活中，不是每个人都能够诚信守约，因此，电商平台需要考虑建立一个对买卖双方都公平有效的退货机制，不然会形成恶性循环。

高效运营不是局部优化，而是技术、组织、客户三环咬合的精密系统，企业需要始终以客户价值交付与全流程最优为导向。

如何实施高效运营？

企业可以通过流程优化，精简和重构业务环节、降低时间与资源损耗，实现降本增效；以卓越的客户体验为导向，全方位提升客户与员工满意度。同时，企业还需要依托前沿技术深度挖掘数据价值，为运营决策提供支撑。对运营实施精细化管理，确保各环节衔接紧密、高效运转。此外，注重人才培养，激发员工的积极性和创造力，让员工成为效率引擎，而不是压榨员工。

张帆观点：

高效运营意味着优化的流程、降低的成本和卓越的客户体验。

高效运营战略非常适合以下类型的公司。

（1）成本敏感型公司，如春秋航空；

（2）交易导向型和标准化生产；

（3）客户决策以价格为主导；

（4）拥有大量产品库存（主要指大众市场）；

（5）快速交货；

（6）高度关注客户便利性。

高效运营不适用于研发周期长的创新驱动型企业，注重情绪价值、轻性价比的奢侈品和高端服务业，以及一些项目金额大、周期长的 B2B 公司。

在电商经济发达的当下，国内很多城市的在线购物可以做到当日达和次日达，在特定城区甚至能做到生鲜食品一小时送达，极大地提高了我们日常生活的满足感、便利性和效率。这些都是电商企业高效运营的体现。

高效运营不仅是为了降低公司自身的成本，而是通过降低成本来让销售端的价格有更多的操作空间，并通过市场研究充分了解客户的需求和对价格的感知。高效运营的核心是构建和持续优化顺畅高效的业务流程，确保产品和服务能够按时以合适的价格交付给客户。

提升运营效率涉及了解客户需求、优化资源配置、提高决策质量及创新营销方式等多个层面的努力。上述方法展示了如何利用现代技术和分析工具增强企业的竞争力和运营表现，确保企业在市场中保持领先地位并实现长期增长。这种方法不仅能提高短期销售业绩，还能带来长期财务回报，因为高效的运营能够转化为更高的客户满意度、忠诚度和更多的业务机会。

随着市场竞争压力不断增加，对质量、可靠性、速度和成本降低的要求也在不断提高。同时，公司有越来越多的机会和技术来改进其流程，获得竞争优势。

到 2024 年，春秋航空继续巩固其在中国低成本航空市场的领导地位，其“高效运营”战略的核心——成本控制、效率提升和服务创新，依然发挥着关键作用，并取得了显著成效。2024 年上半年，春秋航空实现了营业收入同比增长 22.97%，净利润增长达到 62.28%，充分展示了其稳健的财务表现和市场竞争力。

春秋航空持续优化其单一机型策略，通过引入更先进的空客 A320neo 系列飞机，进一步降低了燃油消耗和维护成本。根据 2024 年上半年的数据，春秋航空的单位成本相比去年同期再次下降了 4%。这一数据不仅远低于行业平均水平，也为保持价格优势奠定了坚实基础。

春秋航空不断优化航班网络布局，强化枢纽机场的中转能力，同时通过数字化转型提高内部管理效率。2024 年上半年，公司的飞机日均利用率达到 9.28 小时，领先行业平均水平近 0.58 小时，显著增强了公司的运营效益，进一步提升了盈利能力。

读后思考

请观察身边的企业，哪些是典型的高效运营型企业？

第十章
营销组合：落地呈现

营销策略，无论是单项还是组合策略，其价值在于把“产品的价值”与“顾客的利益”对应起来并予以系统化。

——包政，《战略营销管理》

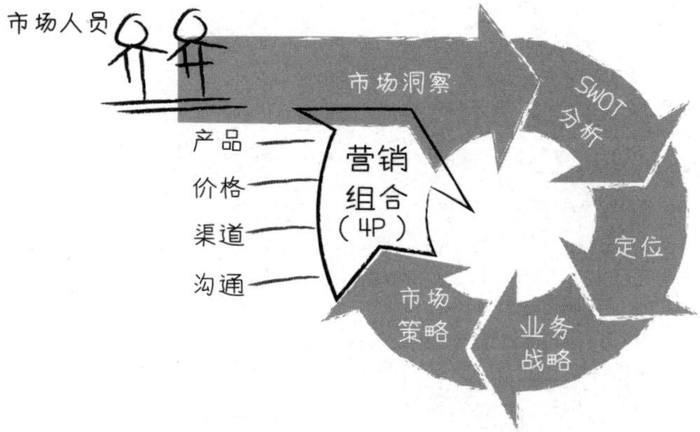

图 10-1　营销管理“吹风机模型”之营销组合

有一次，我在为一家知名外企做工作坊时遇到了一个这样的案例。该外企有 A 和 B 两款产品，是在同一条生产线上生产的，价格差别不大。A 产品定位于高端客户，B 产品面向中端客户。

然而，投入市场一段时间后发现，原本应该购买 A 产品的客户却选择了 B，而应该购买 B 产品的客户从未购买 A。

管理层面临的问题是，产品本身不能改动，因为修改产品会涉及较大的变动，时间上也来不及。渠道也不能改变，因此剩下的可调整因素只有价格和推广。

经过讨论，我们发现 A 产品的客户对价格不敏感，更在乎产品的价值。而 B 产品的客户对价格敏感，更看重性价比。基于这些分析，大家倾向于首先调整价格，即给 A 产品涨价，B 产品降价，使 A 和 B 之间的价格差距足够大。这样，在推广时就有更多的故事可讲，可以突出 A 产品的高端价值和 B 产品的高性价比。

同时，在中端市场，B 产品的降价将使其相对于竞品更具竞争力，有助于吸引更多对价格敏感的客户。

通过这一系列调整，不仅解决了客户错位的问题，还提升了产品的市场竞争力，实现了更有效的市场定位。

营销组合（Marketing Mix）是市场营销中的一个核心概念，是由美国市场营销学者杰罗姆·麦卡锡（Jerome McCarthy）在 20 世纪 60 年代提出的。这一理论是现代市场营销的基础之一，它将营销活动分为 4 个基本要素：产品（Product）、价格（Price）、渠道（Place）和沟通（Promotion），这 4 个要素共同构成了营销组合，简称营销组合 4P。

我需要强调一下，品牌在做营销组合 4P 的决策时，在每一个环节的决策中都要考虑品牌的影响力，所有的决策行为，特别是组织的市场沟通活动，不能与品牌调性、所传递的价值观有冲突。

营销组合 4P 是营销管理在市场上的具体呈现方式，也是营销管理在客户端落地的重要工具。我其实更喜欢 4C 的说法，即客户（Customer）、成本（Cost）、渠道（Channel）和沟通（Communication）。4C 理念更注重从客户的角度出发，强调满足客户需求、控制客户成本、合理的分销渠道及与客户的有效沟通。

在 MBA 的课堂上，我也会强调 4 个“Right”，即合适的产品（Right Product），在合适的时间（Right Time）、合适的地点（Right Place），给合适的人（Right Person，即目标客户）。这一 4R 原则强调了精准营销的重要性，确保每一次营销决策都紧密围绕着为客户提供最大价值的目标展开。

我们具体来看一下 4P 中的每一个“P”所包含的主要内容。

1. 产品

产品在市场营销中承担着达成交易的载体的角色，是给公司带来销售收入的主要形式。企业在营销组合 4P 阶段的产品，未必就是单一的一个产品，还可以是多种产品组合而成的解决方案；服务也是产品的一种形式，并广泛存在。设备质保期后的运维保养服务也能为企业带来不菲的销售收入。大众市场耐用品的维护保养也是企业持续获取收入的方式。这些都是在当初制定商用模式时应该考虑的重要内容。

2. 价格

营销组合 4P 中的价格不仅是从价值上对产品的阐述，其实很多时候也是用来进行市场细分的一个有效工具，可以简单直接地将价格敏感型和价格不敏感型客户区分开来。这里的产品价格通常是指产品本身的价格；企业在确定价格时，还要充分考虑所处的行业特点和自身的商业模式。在行业市场中，企业购买设备的总费用不仅包括产品本身的价格，还需考虑使用成本、维护保养费用、耗材及保险等附加费用。大众市场的耐用品也是如此，大同小异。

3. 渠道

Place 这个词的本义是地点，在这里则指销售渠道。渠道是指企业通过何种形式来触达客户并实现交易，通常有直销和分销两种形式。行业市场的企业通常有自己的销售团队，可以直接与客户沟通联系；也有的公司会专门设立销售团队负责与经销商的相关工作，采用一级代理、二级代理、独家代理等多种分销形式来触达客户。

最近几年国内比较热门的电商直播也是渠道的一种形式。如果一个农民通过直播卖自己家里生产的农副产品，这种形式就是直销；如果这个农户是通过董宇辉等主播进行直播带货的，这种形式则属于分销。

4. 沟通

最后这个 P，即 Promotion，本意是推广，但我更喜欢用沟通来替代。

我认为推广注重单向，强调信息的覆盖和影响，这种形式适合大众市场。而沟通是双向的，注重双方的反馈和理解，确保信息准确传达，这种形式更适合行业市场。无论是推广还是沟通，都是期望通过多种市场活动传递企业品牌及产品的价值主张，来尽可能地影响客户的采购决策。

在过往与一些企业打交道的过程中，也经常会碰到有人会说 4P 战略，我其实并不是很认可这种说法。业务战略、市场策略，这些都是指企业为了实现业务目标而应努力的方向；到了 4P 环节，则是如何将这些战略和策略落地，已经是具体的行动计划而非战略。

> **张帆观点：**
>
> 企业可以根据自己所在的行业特征及自身的核心竞争力，在 4P 落地执行的过程中有所侧重。

销售目标是企业在制定营销策略时要考虑的核心指标。达成销售收入的核心是营销组合能充分发挥作用，4P 彼此之间的协作效果决定了企业能否实现其总体营销目标和市场定位，以稳定的销售收入提升市场份额，并增强品牌影响力和客户忠诚度。

企业可以根据自己所在的行业特征及自身的核心竞争力，在4P落地执行的过程中有所侧重。深度营销强调以“1P+3P”的结构来整合4P策略，即将营销渠道视为战略性的重点策略，其他的产品、价格和促销推广等3P策略满足基本需要。这一模式在2001年被欧普照明成功应用于营销突破中，帮助其在激烈的市场竞争中脱颖而出。

2001年，面对产品同质化和国际巨头的竞争，欧普照明选择通过深度分销模式突破。此策略强调渠道的战略重要性，构建多层次、高效的分销网络，确保产品快速到达消费者手中。欧普照明与经销商、零售商紧密合作，建立自己的销售团队，保证渠道畅通，并利用合理定价和促销活动吸引消费者。这一策略使欧普照明不仅覆盖了广泛的市场，更成功触及偏远地区和小城市，稳固了其市场竞争地位。

读后思考

某一办公用品为主的国内贸易商想开拓某海外区域市场，其产品是通用的办公耗材和耐用品，这家企业在打4P这几张牌时该如何侧重？为什么？

01　产品组合：营收靠谁

酒店业的产品是一个整体，甚至前台的衣服、服务人员的态度、早餐的品质、WiFi 的速度，都构成了酒店的产品。

——季琦，《创始人手记》

有一次在 MBA 的课上，有学生问我怎么看星巴克开始销售依云天然矿泉水这件事，我回答说这应该是个不错的选择。星巴克的产品线中只有咖啡和茶饮，饮品菜单里没有水这一项。依云天然矿泉水在国内市场算是高端品牌，对星巴克的产品线是一个很好的补充，不仅是新的利润点，而且交易成本和储藏成本都很低。后来又增加了巴黎水（充气天然矿泉水），从品类上进一步满足了其客户群体对高端瓶装水的需求，这些其实都是双赢的合作。

这个学期我的一个学生在课间问我，对于初创公司，是品牌重要还是产品重要？我说当然是产品重要。产品面临的是“能不能用、好不好用”的问题，品牌则面临的是“自己愿不愿意选、愿不愿意推荐给别人”的问题。初创期的公司必须以产品为根基，品牌是产品的“情感与认知升华”。对于资源有限的初创公司来说，“先做出客户喜欢的、愿意夸的产品”是第一优先级的事情。只有当产品满足了客户的利益诉求，让客户产生“这个牌子我信得过”的认知后，品牌才能降低客户的决策成本，此时为产品赋予功能以外的价值，比如身份认同、情感共鸣等，才有机会让客户愿意为“品牌溢价”买单。

也许有人会问，企业提供给市场的品类多了好还是少了好？这不仅要看企业对市场的理解，还取决于企业自身的核心竞争力及可以掌控的资源。我相信，不论是行业市场还是大众消费市场，只要是从事商业经营的公司，在公司创立初期可能只有一款产品。但随着经营规模的增长、公司战略的升级，以及对市场需求的深度理解，基本上都不会只拥有一条产品线。多产品系列也意味着多种收入的可能性，但同时也会伴随一些风险。做好未雨绸缪，每一个市场都会因为技术进步、经济发展、客户诉求的改变而每天都在发生变化，企业不能一直仅依靠一款产品打天下。

行业市场强调的是综合解决方案；大众市场则以品类丰富为主，尽可能多地涵盖消费者需求。专注于行业市场的公司，针对不同的行业都有自己的解决方案；而面向大众市场的公司也是如此，例如，汽车公司会提供不同车型来迎合有不同利益诉求的子细分市场。企业的产品可能有的在市场上很抢手，有的则销售状况不尽如人意。

在这种情况下，企业如何能够同时在不同的细分市场经营不同的产品呢？我相信图 10-2 所示的波士顿咨询公司的波士顿矩阵（Boston Matrix）可以提供帮助。这个矩阵也被称为成长—份额矩阵，是一个用于评估公司产品组合的战略管理工具。该矩阵通过两个维度——市场增长率和相对市场份额，将公司的产品或服务分为四个象限，每个象限代表不同的战略方向。

图 10-2　波士顿矩阵

（1）明星产品（Stars）：位于高市场增长率、高市场份额的象限。这些产品通常需要大量的投资以维持其增长势头，并且有可能成为未来的现金牛；

（2）现金牛产品（Cash Cows）：位于低市场增长率、高市场份额的象限。这些产品已经成熟，能够产生稳定的现金流，但增长潜力有限；

（3）问号产品（Question Marks）：位于高市场增长率、低市场份额的象限。这些产品有潜力成为明星产品，但也可能需要大量的资源支持，是否能成功尚不确定；

（4）瘦狗产品（Dogs）：位于低市场增长率、低市场份额的象限。这些产品通常盈利性差，可能需要重新定位或考虑退出市场。

通过使用波士顿矩阵，企业可以更好地理解各个产品的市场地位和发展潜力，从而制定更有效的资源配置策略。

使用波士顿矩阵的步骤如下。

（1）确定产品组合：列出公司的所有产品或服务；

（2）计算市场增长率：计算每个产品的市场增长率。这可以通过比较过去几年的销售额增长率或市场研究数据来得出；

（3）计算相对市场份额：对于每个产品，计算其相对于最大竞争对手的市场份额。这可以通过市场份额百分比来表示；

（4）绘制矩阵：根据市场增长率和相对市场份额，将每个产品放置在波士顿矩阵的相应象限中；

（5）制定战略：根据每个象限的特点，为每个产品制定适当的战略。

通过波士顿矩阵，公司可以清晰地了解其产品组合的现状，并制定相应的战略来优化资源配置和推动业务增长。

张帆观点：

知觉图在产品组合环节可以帮助公司用客户的视角对竞品知己知彼。

不管是哪一种产品，细分市场的客户都不会只拘泥于考虑性价比，而是会从多个维度进行考量，并且这些维度还具有优先级。这时，我们需要再次使用产品知觉图。

在给某大厂的产品经理能力提升工作坊上，有一个产品经理提到自己的产品在市场上面临很多困难。他认为产品很好，但客户并不认可。我建议他换个视角，不要只从自己的角度，而是要看看客户怎么看。我启发他根据对客户的理解，帮助他在产品知觉图上标出客户主要诉求的维度和期望值，然后再把自己和竞争对手的产品进行相应比较。画完后，他看了半天，仰天长叹道："我今天才知道为什么过去的十年我走得如此艰难……"从知觉图上可以看到，产品的能力和客户的诉求完全是扭曲的关系。

还有一次在做工作坊时，一位技术背景深厚的产品经理对我说，他的产品如何如何好，但销售反馈客户总是抱怨产品价格高，且一直没有成交进展，只是说产品价格太贵了。我教他用产品知觉图将客户利益诉求按多维度分解，同时把他的产品也按照相同维度标识出来。结果展示，公司的产品在各个维度上都全面超过了客户的要求，呈现出来的结果如图 10-3 所示。

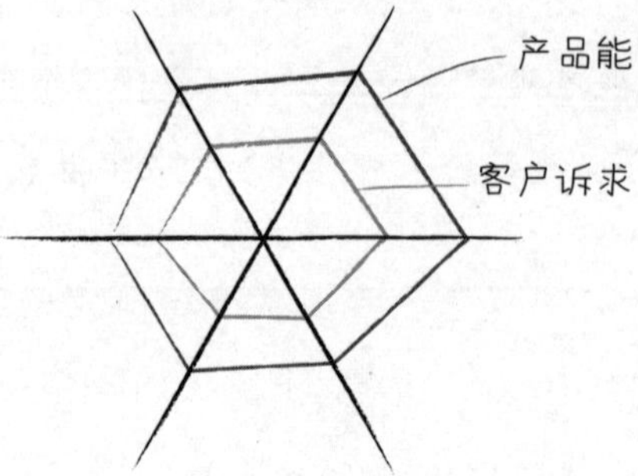

图 10-3　通过产品知觉图判断客户需求匹配度

我告诉他："这个客户不是你的目标客户。他对产品的要求其实没有那么高，而且价格是他的第一考量因素。是销售找错了对象。"

通过产品知觉图的分析，我们在这个环节可以对客户的诉求进一步确认和理解，从而评估达成交易的概率有多少，以及在市场沟通环节如何根据这个分析来影响客户的决策。

我相信很多公司在市场竞争中都会遇到很多瓶颈，比如，产品销售出现困难、市场份额增长乏力等。这些原因其实主要都是与产品自身的竞争力相关的。

最近在给一家知名外企做产品管理工作坊时，遇到了一款产品，很能说明产品知觉图在一线营销中的作用。在其目标细分市场中，单看该产品 20% 的市场占有率觉得还不错，但与一个主要竞争对手所拥有的 60% 的市占率相比就差了很多。为了从产品的角度来理解市场需求和自身的竞争力，我让大家现场绘制该产品的知觉图。具体要求是基于客户视角从多个维度确定产品特征，并标注每个维度在利益诉求中的优先级排序，然后通过产品知觉图客观地多维度呈现客户对产品的利益诉求、竞争对手和本公司这款产品相对应的水平。我们发现，该公司的产品在各个维度上都弱于竞品的表现，但价格却高出了 50%。无论从哪个角度来看，该款产品能够有 20% 的市占率已经很不错了。如果公司想要在这个市场继续发展，那就需要根据知觉图呈现的结果对产品本身做出根本性的改变。

读后思考

某饮品公司在某细分市场上提供多种饮料产品，波士顿矩阵显示其一项茶饮产品是“瘦狗”，但知觉图显示这款茶饮在“健康属性”上有很大机会。你会如何处理该产品线？为什么？

02 价值价格模型：利润靠谁

定价不仅是销售的问题，不仅是为了好卖或为了方便获取订单，而是决定企业生死的关键，制定价格必须使买卖双方都满意，定价是一项极为重要的工作，最终应该由经营者做出判断。

——稻盛和夫，《卓越企业的经营手法》

2024 年底，肯德基宣布对部分产品平均提价 2%，具体涨幅介于 0.5 元至 2 元之间，有一些年轻人在这条新闻后面跟帖调侃说吃不起了。1987 年，肯德基在北京前门开设了其在中国的第一家餐厅。现在这家门脸不大的餐厅虽然看起来是普通的不能再普通的快餐厅，但当初在国内可是非常轰动，引起民众的广泛关注。我还记得，那是 1988 年的暑假，当时我还是个读大三的学生。和几个同学相约一起去尝鲜，每个人都点了一份套餐，价格是 8.5 元——这几乎相当于我一个月生活费的 20%。在那个年代，对于国内的绝大多数人来说，肯德基不仅因为其独特的西式风味而显得奢侈，更因高昂的价格让人望而却步。那次就餐的体验，或者说第一次接触到西式餐饮的经历在很长一段时间都难以忘怀。一年后，我大学毕业的第一份工作的月工资是 100 元出头。从 1988 年到 2023 年，全国居民人均可支配收入从 700 元增长至 3.92 万元，增幅超过了 50 倍。随着居民收入的显著增长，西式快餐也逐渐从一种尝鲜的高端消费转变为大众日常生活中的常见选择。

据新闻媒体报道，电视剧《我的阿勒泰》的热播，新疆禾木的游客数量急剧增加，但当地的基础设施尚不足以满足大量游客的食宿需求，导致物价异常高涨。在禾木景区，一份大盘鸡的价格可达 298 元，而在乌鲁木齐市，同样的菜品价格约为 98 元；一盘清炒土豆丝在禾木售价高达 48 元。这样的价格差异反映了当地因旅游热潮带来的供需失衡现状。

后来又有报道称，禾木开了一家肯德基餐厅，价格为全国统一价，很多网友回帖道“终于吃上了平价餐”。这也反映了供应链标准化对价格稳定的重要性。对比起来，当年开在北京前门的肯德基餐厅，其餐饮价格对当时的绝大多数人来说都堪称昂贵。可以说的是，当下的肯德基餐厅早已不是 30 多年前的那种只提供炸鸡、汉堡等的“洋快餐”了，而是完成了从“洋快餐”到“本土化餐厅”的演变。在北京的肯德基餐厅中推出的“老北京鸡肉卷”和“皮蛋瘦肉粥”等传统的本土食品更贴近国内消费者的口味，这也是其本土化策略的商业成效之一。

肯德基依靠“全球化思维，本土化行动”，通过深度融合中国饮食文化，灵活调整产品组合，不仅赢得了市场，也重新定义了“洋快餐”的边界。这种策略的本质是基于对本地消费者需求的精准洞察，优化调整了自己商业画布中的很多模块，从供应链到运营都做到了本土化。正如百胜中国前CEO屈翠容所言："在中国，你必须比消费者更快地改变。"这也反映了三十多年来中国社会变迁、经济发展所带来的巨大变化。

写到价格这一章时，我还想起了有一次在准备产品经理核心能力提升项目的沟通时发生的故事。

500强公司赛默飞世尔一个事业部的高管曾对我提出了这样的要求。他说："我希望你告诉我的产品经理，在制定价格时需要考虑哪些因素，什么时候该给折扣，什么时候不给或少给等问题。"

我回应说，这些产品经理需要具备基础的财务知识，这样才能理解定价体系，掌握销量与价格、相关成本之间的关系，以及折扣对利润的影响，从而权衡自己的定价策略。他们还需要了解客户的投资预算通常在什么时候被批准，投资方向，具体执行时间和周期如何，并参考去年的销售量月度分布情况来制定下一年的月度销量计划。同时，考虑到行业的整体水平、目标客户的期望，以及主要竞品可能采取的市场策略等因素，再回过头来看自己在价格和折扣上应该如何出招。

一、价格制定是个复杂的决策过程

> **张帆观点：**
>
> 价格是客户的"痒痒肉"，如果你抓住了目标客户的痛点，价格只是浮云。

我从来都不认为在市场上产品的价格低就好卖，价格高就不好卖。其实，价格是客户的"痒痒肉"，如果你抓住了目标客户的痛点，价格只是浮云。但非常重要的前提是这个客户必须是你在细分市场中选择的目标客户群体，是不是刚需，还要看所处的行业阶段。当然，同行业市场的理性采购相比大众市场不同的是，在大众市场很多消费者愿意为情绪价值买单，花钱取悦自己，有没有实际用途先不说，让自己开心最重要，这和价格没有必然的联系，也是相关企业决策者需要关注的。

泡泡玛特在全球范围内爆火的爆款小怪兽 LABUBU，相对于销售价格，其制作成本说不上有多高。LABUBU 受市场追捧的真正原因是其产品的创意设计、故事、文化属性，以及明星的推波助澜，它们既能满足目标客户群体的情绪价值，又能提供社交属性，同时也成了时尚密码。

企业的利润来自合理的定价和可控的成本，这两者之间的价差越大，企业的利润就越高。从宏观角度来看，成本端的费用取决于你在产业链上的议价能力，这会很大程度上影响原材料的价格；此外，后续的研发、生产相关费用，为了销售产品而发生的费用，包括管理费用、设备折旧和分摊，以及税费等都会对价格产生影响。

在成本可控的情况下，对经营者而言，正确定价是企业获取利润最快且最有效的方法。而在定价时需要考量的因素包括当前客户的支付意愿、竞争者的价格水平、自己的目标定价等。这些因素基本都反映在行业价格层面、产品战略层面和成交价格层面，虽然这是三个不同的层面，但它们是相互关联的。

行业价格层面：最宏观的定价策略出自这一层面，管理人员必须了解政策法规、客户需求、成本结构，以及供应链中的其他高层次因素如何彼此互动并影响总体价格。例如，航空业受燃油价格波动影响显著，低成本航空（如春秋航空）通过减少服务（如取消免费餐食）降低票价，吸引价格敏感型乘客。

产品战略层面：在这一层面上，需要考虑竞争对手的价格及产品特性，还需了解客户对产品的利益诉求优先级，如前文多次提到的产品知觉图，客户是否将价格因素放在决策优先级的第一位。

成交价格层面：从定价开始，确定可以提供哪些折扣、付款条件、维保期限，以及对渠道的奖励措施等，这样才能测算出真实的成交价格。

我曾服务过的一家 B2B 行业的公司有 A 和 B 两款产品，这两款产品组合起来构成一个解决方案。公司期望客户能够同时购买两款产品，或者至少购买产品 A，因为产品 A 是公司的主要利润点。但在市场上发现，客户通常只会买产品 B 而不选择产品 A。后来公司推出了一款新的产品系列C，实际上是产品A和产品B的内置组合，价格高于单独购买产品 A 和产品 B。而且由于产品 B 的销量一直不错，所以这款产品仍在销售。有学生问我该怎么办？我说这要回去问问你们领导，确定他们的产品规划是什么，心里最想要什么？不能什么钱都挣吧？！

我们也要注意低成本竞争者正在一个又一个市场里对高端市场竞争者构成威胁。在当今的民航业，低成本航空公司正在改写市场规则，逐步为出行者提供新的选择。当然，很多人会抱怨飞机减配座位后背小桌板、取消座椅后仰调节功能、减少座椅间距等这些对乘客不友好的举措。但作为价格敏感型乘客，即使航班时刻不太理想，起降机场有点偏，座椅没那么舒适，但能以不可思议的极低的机票价格安全抵达目的地，还有什么不满意的呢？

当然，这部分乘客也可能因为太过于关注飞行成本，只盯着机票价格，而忽视了很多间接成本，比如航班时刻不理想以及地理位置偏远带来的时间和交通成本等。

我在为本书内容做调研时，看到春秋航空官网国内和国际特价机票的定价都是 9 元起、99 元起、199 元起、299 元起和 599 元起这几个选项，排除起降时段或航线因素，相信很多人还是会感到震撼。更令人震撼的是，根据 2024 年前三季度的财务数据进行的详细分析，从净利润的角度来看，春秋航空在四家航空公司中排名第二，仅次于南航，高于国航和东航。

如图 10-4 所示，虽然春秋航空的营收规模远小于国航和东航，但其净利润却远超后两者，更不用说净利润占收入的比例了。

单位：亿元

	收入	同比	利润	同比
国航	1281.50	21.50%	13.62	72.06%
东航	1025.85	19.78%	-1.38	*
南航	1346.61	12.70%	19.65	48.86%
春秋	159.77	13.29%	26.04	-2.73%

较上年同期亏损的25.96亿元大幅下降

数据来源：2024年以上各航空公司第三季度报告

图 10-4　2024 年前三季度的收入利润汇总（1-9 月）

表面上看起来是机票价格和运营成本的问题，实际上反映的是社会发展和航空公司的经营理念。现代社会中，航空出行早已从奢侈型消费转变为平民化消费。早期飞行时，航空公司还会给乘客发放纪念品，比如，法国航空对洲际航班旅客会赠送刻有法航标志的纯金属钥匙链，虽然很精美，但成本其实很高。虽然当下对价格不敏感的商务出行仍然存在，但更有潜力的还是日益增长的大众市场。

为什么坐飞机一定要有餐食供应？为什么托运行李一定要免费？如果我是一个乘客，在飞机上不吃不喝也不托运行李，是不是我的机票就应该便宜一点？

这些看似简单的问题，背后实际上反映了航空公司的经营理念，即你面对的是什么样的细分乘客群体，他们又需要什么样的服务？对于全服务航空公司来说，面对春秋、亚航、酷航等低成本航空公司的竞争，必须谨慎考虑未来的生存之道——到底该如何调整服务和运营模式。这其实根本就不是钱的问题，而是采用什么样的商业模式、如何更好地满足不同细分市场客户对出行需求的战略选择。

二、产品周期、成本和价格

记得十几年前，很多进口品牌的汽车因为使用沥青制造的阻尼片给车内带来了难以忍受的异味，遭到车主广泛投诉，而那些使用树脂制造的阻尼片的汽车则没有这个问题。当时，沥青阻尼片的成本是 100 元，树脂阻尼片的成本是 200 元。我清楚地记得在车里收听某热线节目时，有消费者打进电话抱怨说："我花了几十万买你的车，100 元的成本你也给我省？！"但从车企的角度来说，这 100 元乘以几十万辆、上百万辆的车，就是一笔巨额费用支出。我认为厂家不能为了单方面追求自己企业经营的利润和利润率，在选择原材料时一味追求低成本而损害客户的利益。

对绝大多数企业来讲，利润指标是 KPI 考核中非常重要的一项，也是企业经营和发展不变的追求。从财务数据来看，决定利润的两大要素就是销售价格和成本费用。通常在价格不敏感的细分市场，客户崇尚产品价值或其他非价格因素，价格在决策因素中的排序并不优先。但在一个价格敏感的细分市场中，如何制定一个既能满足公司利润指标，又在市场上具备竞争力的产品价格，确实需要考虑很多因素。

前面我们提到了产品生命周期，它包含定义、实现、商用和退市四个阶段。现在我们换一种方式来看一款产品从无到有直到进入市场开始销售的全过程，即设计、原型、生产和销售，如图 10-5 所示。

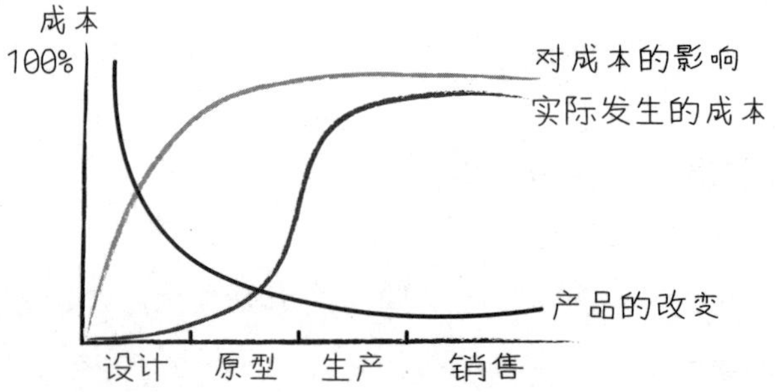

图 10-5 产品在“设计 - 原型 - 生产 - 销售”过程中对成本的影响

我们可以看到在不同阶段，产品的改变程度、实际发生的成本及对总成本的影响，这主要是基于产品开发过程中常见的成本曲线和变更成本理论。

设计阶段：产品的功能不仅要考虑技术与原材料的使用，更要考虑终端用户的支付意愿和支付能力，后两者对市场潜力有决定性作用。因此，最好的技术和最优的材料未必就是一款产品的最佳选择。这个阶段的主要成本是研发人员的费用，而设备等固定资产则是通过折旧反映在公司的损益表中。

原型阶段：基于设计阶段的产品概念，原型阶段需要将产品概念变成实物。此阶段除了落实一些产品特性，还要考虑原材料的使用，如原材料的经济性和最优配比，企业的利润是否有保证等。经过各种测试、测算和不断的验证，最终确定一款既能满足客户需求又能使公司利益最大化的产品。

生产阶段：当产品进入生产阶段时，实际发生的成本会显著上升，因为原材料和直接人工成本会从设计阶段和原型阶段的估算变成真实费用。产品按设计要求投入生产，如果在生产环节因生产要求而做调整，只需要针对特定部分进行调整，相比设计阶段而言，对总成本的影响较小。

销售阶段：到了销售阶段，大部分成本都已经发生，包括研发、生产等。此时若对产品进行更改，除了可能需要重新设计和生产，还需要考虑召回已售出的产品等问题，这将带来巨大的额外开销。但是，由于产品已经定型并投放市场，因此对于小范围的调整，如包装更新或软件层面的小修小补，其成本影响是最小的。

这张图很好地说明了，当我们需要对产品成本进行优化时，一定要从源头入手，在设计和原型这两个阶段就要充分考虑。

张帆观点：

产品成本优化时要从产品设计的源头开始。

在产品设计初期充分考虑各种因素，并尽可能地减少后期变动，可以有效控制整个项目的总成本。

这种理念与敏捷开发方法论中的“尽早失败”原则相呼应，鼓励团队快速迭代、尽早发现问题并解决问题，以此来降低长期整体项目风险和成本。

生产和销售是企业在实际经营中把产品概念转化为收入和利润的重要环节，理解和准确把握盈亏平衡点是至关重要的，因为它直接关系到企业的盈利能力和财务健康状况。

盈亏平衡点（Break-Even Point，BEP）是指企业在一定时期内，总成本（固定成本 + 变动成本）与总收入相等的临界点。此时企业既不盈利也不亏损，利润为零。它是企业运营中重要的财务指标，通常以销售量或销售额的形式表示。

盈亏平衡点是企业实现盈利的“门槛”，只有销量超过盈亏平衡点才能创造利润。对于制造业等固定成本高的企业来说，盈亏平衡点也通常比较高，在经营中需要更大销量的支撑来保证盈利。

为了提高企业的盈利能力，企业应努力降低盈亏平衡点，从而在较低的销售水平下实现盈利。

如图 10-6 所示，降低盈亏平衡点主要可以通过以下两种策略来实现，即增加销售收入和降低成本。

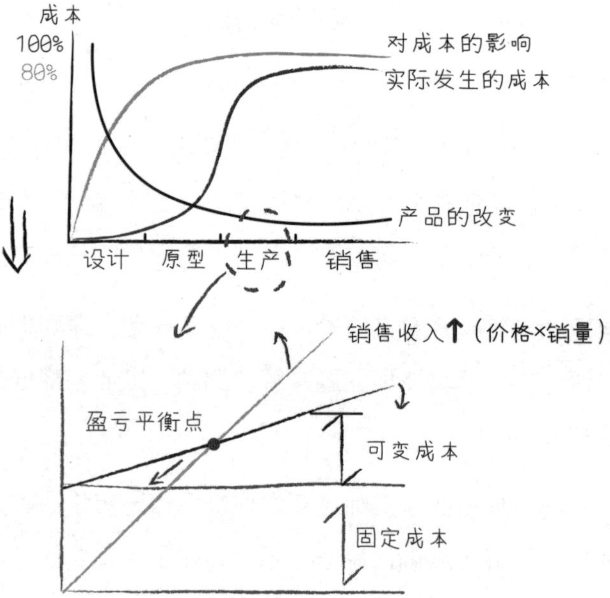

图 10-6　降低盈亏平衡点的两种策略

我曾经给一家制造业央企的车间主任上财务课，旨在提升这些一线管理人员的财务知识及财务理念，帮助他们了解财务条款对实际业务经营的影响，与财务人员有效沟通，并理解公司的财务政策。让我印象深刻的是，总装车间的主任说他每个月只看交货设备的数量就知道是否赚钱了，而达到这个数值是他每个月的考核指标之一。其实，他说的就是盈亏平衡点。

在网约车出现之前，出租车是民众常用的交通出行方式之一。出租车公司每月向每辆出租车收取的“份钱”令很多司机不满。当时有一则报道提到，一位出租车司机在接受采访时说，自己每天至少要挣400元才开始赚钱，这400元包括300元的“份钱”和100元的油钱，通常需要连续工作8到9个小时。从这些数据中，我们就能对“份钱”的合理性有个基本判断。“份钱”对出租车司机来说是成本支出，但对出租车公司来说则是收入项。

增加销售收入可以通过以下两种方式来实现。

第一种方式是调整产品价格。我们可以让产品涨价，但如果客户是价格敏感型，且整个行业都没有处在涨价阶段，市场很成熟，产品可替代性很强时，不适当的涨价行为可能会把客户吓跑。

我服务过的一家海外公司，瑞士总部对自己产品在市场中的竞争力过于自信，同时对中国市场又有误判，坚持提高产品的销售价格，而且找了一堆调价理由和员工沟通。但是，调价后的产品与其他同类产品相比价格过高，其品牌影响力所带来的溢价无法弥补这一价差，国内客户对此并不买账，因此该产品的市场销量明显下降。第二年，总部因为对上一年销售收入不满意，决定将价格回调。在我给该公司总部的报告中提到，员工希望总部管理层对当初价格上调的原因做出解释，并询问现在价格下调的原因，态度非常犀利。

我们也可以让产品降价，以期获得更多销量。基于需求价格弹性的原理，当价格下降时，如果销量大幅增长，那么总收入可能会增加，从而增加市场份额，同时有利于清理库存和资金回笼，进而推动更快到达盈亏平衡点。但也要注意，如果产品需求价格弹性小，降价后销量增长有限，会对达到预计的盈亏平衡点造成负面影响。此外，企业在采取降价策略时必须谨慎考虑市场定位、品牌价值以及竞争对手的反应等因素，确保不会引发价格战或损害品牌形象。对于市场渗透率很高、相对饱和且复购周期长的产品，降价的效果往往远不如预期的好。

目前降价促销策略在电商平台上的应用非常普遍，因为电商环境提供了更多数量与价格之间的组合选择。举个例子，在拼多多平台上，某商家在销售上海梅林午餐肉罐头时，将不同的购买量设置为不同的优惠价格（见图 10-7），来吸引更多消费者下单。

规格和数量	销售价格（元）	平均每罐价格（元）
340g 1罐	11.6	11.6
340g 3罐	34.1	11.4
340g 5罐	56.4	11.3
340g 10罐	108	10.8
340g 24罐	247	10.3

图 10-7 某商家在销售上海梅林午餐肉罐头时的促销策略

我还想强调一下，通常很多消费者认为大包装比小包装按单位来算会便宜，其实未必。我在海内外频繁出差或旅行时，如果时间充裕，最愿意做的一件事就是去当地的闹市中心或购物中心闲逛，不仅能体会当地的文化和风情，让自己开阔眼界，还是一种对当地市场的调研。有时候对一些货架上的商品做一下比价，我发现同品牌同样的商品还真的不是大包装便宜，消费者只是从视觉和直觉上觉得大包装更实惠。在国内某电商平台上，我也遇到过一次性多买比分批次买的加总价格要贵的情况。在终端市场中，产品定价确实不仅仅是简单的成本加成或市场竞争的数学问题，更是一场与消费者心理的博弈。消费者的支付意愿和支付能力不仅基于消费者自身的经济实力，也源于商品对消费者需求痛点的解决程度，以及消费者对商家建立的信任，与成本其实没有多大的关系。但价格的设定会直接影响消费者对商品价值的认知、购买决策，甚至是品牌形象。

第二种方式是优化成本结构，包括减少固定成本（例如租金、设备折旧等）与变动成本（比如原材料费用、直接人工成本等）。

对于固定成本，企业可以通过控制不必要的支出、降低管理费用、重新谈判租赁合同、采用更高效的生产技术或外包部分非核心业务活动等方式来减少。

而针对可变成本，则可能需要改善供应链管理、采购策略或提高生产流程效率（比如精益管理），以减少每单位产品的成本。

值得注意的是，降低成本不是偷工减料，不应牺牲产品质量和服务水平，因为长期来看，这反而会损害客户满意度和忠诚度。

张帆观点：

产品降低成本不是偷工减料，不应牺牲产品质量和服务水平。

三、价格水平和行业生命周期

充分理解行业生命周期的不同阶段对于制定有效的营销和定价策略至关重要。每个阶段都有其独特的市场特征，客户决策因素发生变化对成本结构也会有影响，这些因素共同决定了产品在市场上的定价策略。从导入期到衰退期，企业需要根据产品所处的行业生命周期阶段调整其价格策略，以最大化利润并维持竞争力，如图 10-8 所示。

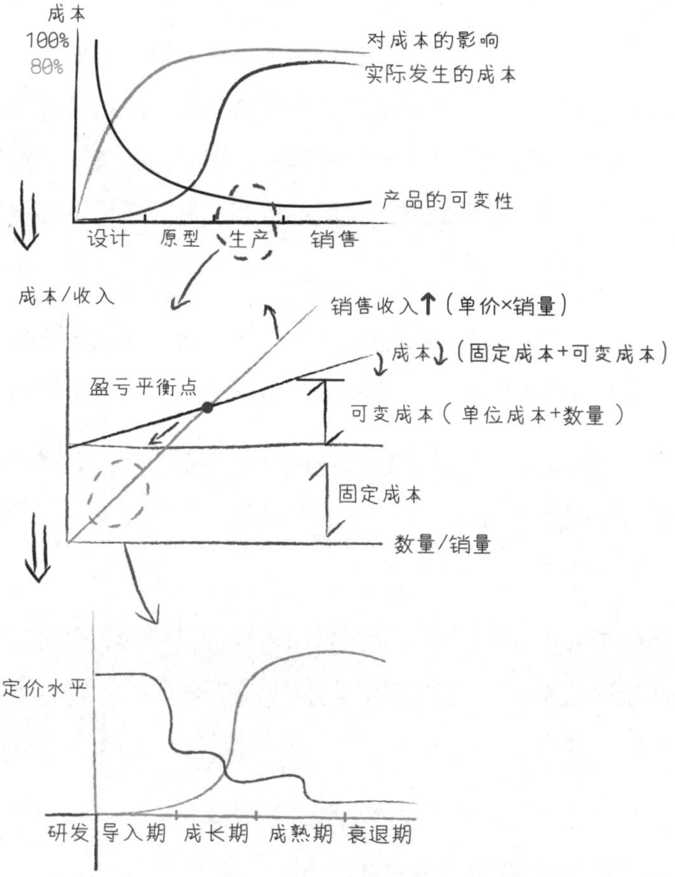

图 10-8　产品在市场上的定价思考体系

1. 导入期

在导入期，产品首次进入市场，市场接受度较低，销量较小。通常因为与新概念、新技术相关的产品的价格水平较高，目标客户是愿意尝试新事物的早期采用者。这个时期的定价权往往掌握在推出产品的公司手中。

2. 成长期

在成长期，产品开始逐步被市场接受，销量迅速增长。此阶段为卖方市场，虽然理论上不应降价，但行业的价格水平确实开始下降，但仍维持在较高水平。这是因为竞争对手也看到了市场的潜力并开始进入市场。由于后进入市场的竞争对手的研发费用通常都会低于首个推出产品的公司，拥有成本优势在制定价格时就会有更大的可操作空间。

这一时期的客户群体为跟随者，他们对风险有一定程度的认知，且对价格逐渐变得敏感，价格的确定更多的是企业和其竞争对手之间的博弈。

3. 成熟期

在成熟期，市场容量达到顶峰，竞争激烈，产品同质化严重。此时的客户群体主要为实用主义者，这个群体在进行购买决策时，受产品的价格影响较大。他们通常追求性价比，这会导致市场价格水平进一步下降。

在这一阶段的行业市场中，价格敏感的客户群体通常会更加关注投入产出比；而价格不敏感的客户群体更关注于产品的创新和技术迭代给自己带来的收益。而在同一阶段的大众市场中，购买力不强的客户群体品牌忠诚度较低，在决策时追求极致性价比，很少在乎情绪价值；那些价格不敏感、支付意愿和支付能力均较高的客户群体则更关注品牌，有较高的品牌忠诚度，在乎自身情绪价值的满足。

4. 衰退期

在衰退期，产品销量开始下降，市场逐渐被新产品或替代品取代。部分企业在这一阶段会做业务战略调整，有的可能会选择逐步地战略性退出。在此期间，企业清库存的行为可能导致价格战，从而使行业整体利润率下滑，部分实力较弱的企业可能因此被淘汰。当市场达到一种动态平衡时，如果原有产品未完全被新产品取代，并且供应链或原材料成本发生变化，则可能出现价格稳定甚至回升的情况。

基于对行业生命周期的理解，企业可以根据不同阶段的特点来制定相匹配的价格体系和定价策略，以优化产品在市场中的表现。

从行业生命周期的图示来看，产品价格水平通常是逐步下降的，但也存在例外情况。

在课堂上也经常有学生问我的消费观是什么，我的回答总是，如果在评估是否购买一个相对贵重的商品时，通常我都会从以下三个方面来考量。

（1）真心喜欢；

（2）能经常用到；

（3）能够支付得起。

如果同时满足这三个条件，那我就会买。当然，对于价值不高的物品，是否满足情绪价值是一个很大的决定因素。

2002年，我在装修上海的房子时，因为特别喜欢简约大气的设计，我就买了一款国外知名品牌的台盆水龙头放在主卧卫生间，价格为1600元，而当时国内品牌的价格仅为它的五分之一左右。

2006年初，我因工作调动回北京。家里装修时，我又兴致勃勃地跑到那个品牌的门店，却发现那款设计经典的台盆水龙头已经涨价到6400元，远超我的预算。于是，我转而选择了隔壁一家国内的新品牌，该品牌的设计看起来也不错，最终我花了2000多元搞定了卫生间的淋浴花洒、台盆水龙头和毛巾杆等用品。

有一次，我与那家国外知名品牌的工作人员沟通时，问他们为什么这款产品会涨价那么多。他们告诉我，当初进入国内市场时，确实做了相应的成本测算，在扣除生产成本、经营成本和相关税费后，加上一个看似合理的利润空间就上市了。后来，由于欧元汇率的波动，每隔三个月就需要调整一次价格，基本都是上调。但他们发现每次调价后，销量并没有下降，因此得出结论：购买他们产品的国内消费者对价格并不敏感，愿意为品牌影响力所带来的溢价买单。

四、价值价格模型

有一次在给老东家的一个业务部门做工作坊时，遇到一款单价接近30万元的工业设备产品，其价格是竞争对手的三倍。然而，客户在使用竞争对手的产品时，每个月需要停机检修一天，而老东家的产品则每半年才需要停机检修一天。

客户每次停机检修一天的损失产值约为 10 万元。在这种情况下，客户的选择就变得显而易见了。尽管老东家的产品价格较高，但其性能稳定，不仅保证了客户生产经营的稳定性，还大大降低了维修保养的综合费用。

行业市场中的产品价值主张和实际效益往往是客户做出购买决策的关键因素。价格只是其中一个方面，而产品的性能、可靠性和综合成本才是客户决定是否采购的重要考量。

张帆观点：

企业需要从客户端考虑定价，不仅是购买成本还有使用成本，这包括产品的价格，还有运维成本，耗材等。

而在大众市场中，很多消费者愿意为情绪价值买单。无论是耐用品还是快消品，很多人会为品牌买单。在绝大多数人眼里，价格与品质应该是成正比的，其实这并不完全准确。有的产品制造成本和销售价格之间并没有必然的联系。我们见过太多大品牌因出现产品质量问题被报道。总结来说，大品牌不一定等于高品质，大品牌的作用在于通过品牌溢价来满足购买者的情绪价值。

根据财报，某知名化妆品的原材料成本占销售价格的 2%，而广告和市场推广费用、经销商费用分别是销售价格的 31% 和 25%。

企业应当重视客户对其产品价值的感知，因为这种感知直接关系到客户的购买决定以及企业的市场竞争力。为了更深入地理解这一机制，我们可以采用“价格价值模型”来阐述产品定价与客户所感知的价值之间的相互作用。

图 10-9 展示了产品价格与客户感知价值之间的关系，以及如何通过优化成本结构和市场沟通来提高利润空间。

图中强调了客户感知价值的重要性，并展示了如何通过市场沟通提升这部分价值。同时，通过拆分和优化成本结构（包括原材料成本，生产成本，研发、销售及管理费用），企业可以提高毛利，从而实现更高的利润空间。最终，定价策略需要综合考虑这些因素，以确保产品定价既能反映客户感知的价值，又能为企业带来合理的利润。

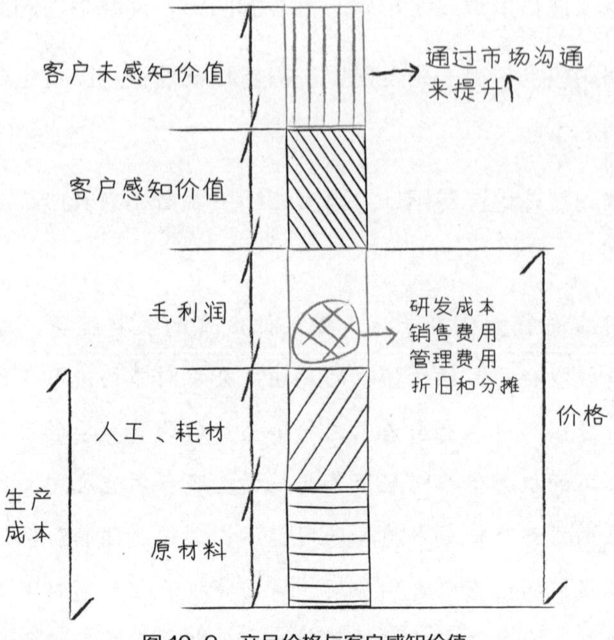

图 10-9　产品价格与客户感知价值

1. 原材料成本

原材料成本是生产成本的一部分，影响产品的直接成本。

2. 生产成本

耗材生产成本包括直接劳动力成本（人工）、因为生产而使用的其他消耗品（如水、电、煤等耗材）的成本，还有生产环节的管理费用。生产成本直接影响毛利润水平。

3. 毛利润

毛利润是销售收入减去销货成本（即直接与产品生产或采购相关的成本）后的利润，反映企业产品的盈利能力。

通过优化成本结构（如降低原材料成本、提高生产效率等），企业可以在保持或提高客户感知价值的同时，提高毛利润。

毛利润包含待摊的研发费用、销售和管理费用以及生产设备折旧和分摊。

毛利润减掉这些费用外，再减掉相关税费和财务成本才是销售的净利润。

美国西南航空公司专注于提供低成本的航空服务，成为民航业“廉价航空公司”经营模式的鼻祖。公司对市场进行了细分，并明确将自费旅行者和有出差需求的小企业作为其主要的目标客户。虽然该公司的机票价格明显低于其他的全服务航空公司，但该公司通过一系列措施降低成本，如采用单一机型便于驾驶员快速切换任务、在二线机场运营以减少费用、简化登机流程节省时间等来保持盈利。此外，西南航空不提供复杂的座位划分、餐饮服务及行李转机服务，进一步降低了运营成本。同时，和其他的主要航空公司相比，它保持着最低的负债水平，财务成本也最低。这些措施使得西南航空能够以低于竞争对手的价格提供航空服务，虽然简单的服务会降低乘机人的支付意愿，但由于目标细分市场就是价格敏感的群体，低廉的费用吸引了大量的消费者，因而西南航空共公司也是美国航空业中唯一一家持续 30 年盈利的公司。

4. 客户感知价值

客户感知价值是指客户在综合评估产品或服务的性能、质量、价格、品牌声誉、售后服务及客户需求满足程度等多方面因素后，形成的一种主观认知和价值判断。在行业市场中，它通常是指产品性价比，客户购买后所能带来的收益，比如降本增效等。在大众市场中，它不仅仅基于产品或服务的客观属性，可能还会融入消费者的个人情感、期望与经验。

5. 客户未感知价值

客户未感知价值并非“不存在”，而是因信息不对称、认知局限或供应商传递不足，导致客户未能全面理解的价值。这部分价值指的是在产品或服务使用过程中，那些对客户有益，但客户可能尚未意识到或未能充分理解的价值元素。比如，B2B 行业中的隐形成本节约、风险规避和战略协同等。这些价值常常隐藏在细节中，通过深入挖掘和有说服力的沟通，不仅对客户的采购决策有积极的影响，同时还能显著提升客户的满意度和忠诚度。

> **张帆观点：**
>
> 客户对未感知价值的认知需要通过有说服力的市场沟通活动来提升。

6. 定价

定价需要综合考虑目标客户的购买意愿和支付能力、竞争对手的产品特性和报价、公司产品现有的特性、利润指标及是否具有成本优势（成本 - 加成定价）等因素。

《定价的艺术》一书中强调了价值导向的定价策略的重要性。作者拉菲·默罕默德（Rafi Mohammed）认为，定价应基于客户所感知的产品或服务的价值，而非仅仅考虑成本加成或者跟随竞争对手的价格。通过理解并响应不同客户群体对同一产品的不同价值认知，企业能够制定出更加精准和有效的价格体系，从而捕捉到更多的利润空间。此外，书中提倡采用多价格思维，即针对不同的客户提供多样化的价格选项，以此来满足最广泛的客户需求，并根据他们赋予产品的价值获取不同的利润率。这不仅有助于增加企业的收入，也促进了市场的扩展和服务的个性化。例如，航空业、电影院等行业已经广泛应用了某种形式的多价格策略，如早鸟特价、版本化定价（高级版与基础版）、分段定价等，以更好地迎合消费者的偏好和支付意愿。同时，定价还可以作为一种沟通工具，向市场传达信息或设定客户心中的价值信念。企业需要避免"一刀切"的定价方式，探索更多灵活的选项，如限时优惠和定制套餐，以便更有效地吸引和服务于目标客户。而且，尽管市场研究不能直接决定最优价格点，但它能为管理者提供关于客户愿意支付的价格范围的重要洞察，辅助定价决策。

在B2B企业客户的采购决策中，通常会因为决策者视角局限和短期主义的倾向，在预算考核的压力下忽视"客户未感知价值"。例如，采购部门更关注显性成本，而技术部门聚焦功能参数，导致忽视全局价值，隐性价值难以直接合理地换算为财务数字等。此外，供应商对客户利益诉求或痛点理解不深，沟通中使用技术术语而非客户业务语言，造成沟通失效。

当客户拿价格说事儿的时候，除去这个客户不是目标客户的情况，我觉得通常可能是客户的谈判策略，或客户对你产品价值主张不了解，或你在产品沟通中没有讲清楚价值主张。通过有效的市场沟通可以提升客户的感知价值和未感知价值，这部分的内容我们将在后面的市场沟通环节详细讲解。

我理解的客户感知价值是客户采购产品的显性价值，客户购买的其实不是产品本身，而是要解决自己的痛点，这也直接影响议价能力与利润潜力。我们可以通过广告、案例对比直接传递给客户，将抽象价值转化为客户可体验、可量化、可共鸣的具体利益。在大众市场，我们可以看到某电动车的广告说“一度电续航××公里”，而在行业市场，我们也可以通过提升产能、生产效率，如设备能耗下降15%、年节省电费多少等具体指标来展现。

我认为客户未感知价值是竞争优势的核心来源，是产品价值主张的重要组成部分，也是USP（unique selling point，独特卖点）。但一定要记住，要将产品独特卖点和客户痛点相对应。在行业市场中，客户未感知价值是供应商与客户深度合作的关键。它要求企业不仅要有价值创造能力，还要具备价值传递能力——将技术语言转化为客户业务语言，将隐性收益转化为可量化的决策依据。合理阐述客户未感知价值所带来的收益，可能对客户的采购决策具有决定性的影响，恰如“临门一脚”。

但是，我们也要充分关注品牌影响力所带来的溢价，以及与客户之间因为以往的合作建立的信任所带来的竞争优势。这些因素会让客户内部的决策者，也就是采购流程上的关键人物，在制定采购决策时优先考虑项目交易成果给企业所带来的收益，而不是拘泥于预算本身，这给供应商增加收入提供了很大的可操作空间。前提是，你足够专业，且对客户利益诉求有非常到位的理解，不能单纯为了增收而增收。

多年以前，诺基亚与西门子网络合并时，我去北京金融街与某电信运营商的一位领导沟通未来是否有潜在的咨询服务需求。该领导告诉我说他们都是使用 IBM。我问主要原因是什么，他回答说："比如，我想做一个 500 万的项目解决业务问题，然后 IBM 给我提供了一个 1000 万的项目建议，虽然预算增加了一倍，但我还觉得自己占了一个很大的便宜，因为里面有太多我们需要考虑但没考虑到的方面。"我开玩笑说，那 HR 的项目呢？对方回答说："一样会找 IBM，我知道这不是他们的核心竞争力，但因为已有的信任，我相信他们对供应商的筛选机制可以保证品质。"

IT 行业知名的咨询公司埃森哲基于其强大的研发实力、丰富的经验、对员工严格的招聘和培训、与跨国公司的 CEO 和 CIO 的密切关系，以及在打造品牌方面做出的成功努力，被誉为 IT 咨询行业的领袖。埃森哲在研发和培训上的投入保持在收入的 5%，这看似是一笔不小的费用，但这种投入使得每次咨询都能保持较高的水平，公司在竞争中拥有很大优势。而且，员工的利用率也远高于行业平均水平。因此，根据相关数据，虽然单位咨询师的收费较高，但与其他大型 IT 服务公司相比，埃森哲的盈利水平更高。在本书开篇商业的定义中，我们就说到利润是保证企业可持续发展的基础，提升利润总量和利润率是企业亘古不变的经营目标。但只有基于好的商业模式，有效的经营管理，一切才有可能实现。

正如管理学家赫伯特 · 西蒙（Herbert Simon）所言："利润不是目标，而是正确做事的结果。"

企业有什么样的利润水平取决于所在行业的产业结构、自己的商业模式和营销管理设计，以及基于自己核心竞争力的战略选择。除此之外，需要思考目标客户群体的支付能力和支付意愿，在技术专利、品牌溢价、转换成本等方面构建超额利润基础，同时在定价策略中考虑客户使用产品的全周期，持续在产品价值主张、成本结构和竞争态势之间进行迭代调整，以保持动态平衡。

读后思考

在过去的十多年里，产品 Y 一直是某细分市场的畅销品，但现在该产品的销售收入因激烈的市场竞争环境承受着很大的压力。产品 Y 具备 A、B、C 和 D 四个主要功能，其中 A 是产品的核心功能，也是该产品被目标客户群体广泛接受的关键卖点，占产品制造成本的 40%。

针对当前的市场困境，为了保证公司的利润水平，管理层有两种意见：一种是通过降价来增加销售收入，另一种则是控制成本。

作为该产品线的负责人，你会选择采用这两种方法之一，还是认为存在第三种解决方案？为什么？

03 渠道管理“12345模型”：销售靠谁

经销商和制造商在彼此的关系中都拥有特定的权利，并承担相应的义务。

——阿尔弗雷德·斯隆（Alfred Sloan），《我在通用汽车的岁月》

我相信在当下的中国，很少有人不知道直播带货的。在线购物已经从电脑端越来越多地转移到手机端操作，这得益于移动互联网的发达和移动支付的普及。与传统渠道相比，电商渠道不仅打破了地域限制，还提升了销售量，营业时间可以扩展至24小时，同时极大地提升了客户购买商品的便利性。

然而，无论怎样，电商渠道终究是销售渠道的一种，不论其影响大小，都必须承担起渠道的责任。只是因为影响力的不同，收入分成也会有所差异。

这让我想起来十几年前吸引我的一则消息。大意是国内机票代理商联合封杀德国汉莎航空（Lufthansa）和荷兰皇家航空（KLM），核心原因是两家航空公司调整了佣金政策，直接冲击了代理商的利润模式。在早期航空业中，航空公司普遍通过机票代理商分销机票，并向其支付一定比例的佣金（通常为机票价格的3%～5%）。这是代理商的主要收入来源。

2000年下半年开始，全球航空业面临燃油价格上涨、经济波动等压力，开始削减分销成本。国际航空运输协会（IATA）推动简化分销流程，航空公司也逐步转向“零佣金”模式，鼓励客户通过官网直销渠道购票，比如美联航2002年就开始取消给机票代理商的佣金。

2009年前后，德国汉莎航空和荷兰皇家航空在中国的政策调整是这一趋势的延续。两家航空公司宣布在中国市场取消支付机票代理佣金，改为按每张机票固定金额支付服务费（例如每张票约5～10欧元）。这一政策大幅降低了代理商的收入，尤其是高价国际航线机票的佣金损失显著。抵制虽然导致德国汉莎航空和荷兰皇家航空在中国市场的销量短期下滑，但两家航空公司未改变其政策，同时通过中文官网、与中国航司代码共享加强直销来缓解冲击。

在此之前的国内机票代理商长期依赖佣金生存，尤其是国际航线的高佣金是其重要利润来源。固定服务费模式导致收入与机票价格脱钩，代理商销售高价票的动力下降。记得2001年，我第一次去慕尼黑出差时，一张实付8000元人民币左右的经济舱机票价格，票面价却是2万多元，不仅给中间商留了操作空间，也给公司报销带来了诸多问题，当时我还真见过有人按机票的票面价去提交自己的出差报销单。

但随着互联网的日益普及，网络支付的安全性逐步提高，以及民众对如何购买机票的熟悉程度的大幅提升，全球的航空公司更倾向于通过官网或在线平台（如携程，去哪儿，Expedia等）直销，减少对传统代理的依赖。此举不仅能降低成本，还能直接掌握客户数据。

这次封杀事件其实也是在倒逼国内代理商从“依赖佣金”转向

服务费模式或增值服务（如打包旅游产品），部分中小代理因无法适应而被淘汰。佣金模式逐渐退出历史舞台，代理商被迫转型为服务提供商，通过附加服务（保险、酒店预订）盈利。如今，机票代理已高度依赖服务费和技术平台。

张帆观点：

你不知道下一个新技术革命来临时，行业内众多各种各样的参与者谁会被迫离开。

这一事件表面上看是航空公司为降低成本，掌控渠道，与代理商围绕利益分配展开博弈。实则是技术变革和行业效率提升最终推动了传统代理模式的转型。在这个日新月异的时代，你不知道下一个新技术革命来临时，行业内众多各种各样的参与者谁会被迫离开。

在整个营销管理中，我涉足比较少的就是4P中的渠道，但由于当时的工作性质，我经常为西门子工业领域的经销商上课。这是西门子做得非常出色的一点：通过赋能经销商，提升这些公司的管理理念，从而实现更好的业绩，达到双赢的效果。西门子不仅提升了经销商的管理水平，还增强了终端用户的满意度和忠诚度，实现了企业与经销商的共同发展。

记得有一次，一个经销商的总经理对我说，西门子安排的所有培训，他都会派人参加。他说："如果我的服务工程师在服务过程中能够再卖出一单，那我岂不是赚了？"这番话反映了他对培训效果的高度认可。

有一次，家里更换电视机，服务人员安装调试好后，告诉我质保一年，并建议我购买一个延保服务，这样六年内只换不修。我没想到现在家电销售也这么卷，觉得很合适，没有犹豫就买了。这不仅反映了生产厂家对自己产品质量的自信，也表明他们肯定经过了各种测算，确保这是一个大概率盈利的服务项目，其中重要的一点是工程师的专业身份和诚恳的态度，让我对他产生了信任，对他的建议持肯定的态度。

有效的渠道管理是企业营销成功的关键因素之一。渠道不仅是产品从制造商到达客户手中的桥梁，更是企业实现市场拓展、品牌建设和服务传递的重要途径。在当今高度竞争的市场环境中，如何构建和维护高效的渠道网络，已成为企业管理者面临的一项重大挑战。

> **张帆观点：**
>
> 好的渠道也需要好的产品才能充分发挥其应有的价值。

品牌与渠道之间的影响是相互的，彼此的选择也是“双向奔赴”的。即品牌可以通过自身的知名度、客户群体认可度、市场地位等，来影响渠道的合作意愿、资源投入和推广力度；同时，渠道作为品牌触达客户的桥梁，其选择会反过来影响品牌形象和市场渗透效果。在选择渠道时，需从品牌对渠道的“赋能”和渠道对品牌的“适配”两个维度综合考量，避免“错配”导致资源浪费或品牌损伤。好的渠道可以帮助品牌增加客户端的信任，比如胖东来超市、山姆会员店和京东商城。

这里我想补充一句，如果产品领导力不行，即使有再好的渠道分销能力，但市场的业绩可能还会不尽人意。

两岸关系相对正常的那几年，我经常去台湾出差。有一次在台北信义区给一个有医院诊断业务的客户上课，有一位来自于经销商的学员问我如何能把一个销售困难的试剂产品卖得好。那个产品的商业模式是：生产厂家把检测试剂的仪器设备免费送给医院，厂家靠医院使用的试剂量来收费，每天检测的病人量越大，厂家收入就越高。这个厂家的试剂检测时间需要 8 到 12 个小时，价格比竞争对手高了 50%，而竞争对手的试剂检测时间是 4 到 6 个小时。我问这个学员，是不是这个厂家的试剂在某一项检测指标上对某项疾病检测的准确率很高，比竞品好呢？得到的回答是都差不多。我说那没办法了，你总要给一个理由让医院选择你吧。检测时间长既影响医生对病人的诊断效率，也会影响病人的时间安排，技术指标没差别不说，而且价格还高了 50%，这个时候有关系也没用，在商言商，需要说“不”。课程结束后的那天晚上，我外出吃饭后回到酒店，前台给我留言说有一个包裹给我。虽然觉得奇怪，但还是下楼取了。打开一看，是一盒凤梨酥和一篇手写的长留言，正是来自那个学员。他的大意是说，那两天的课程不仅对他有很大帮助，而且点醒了他，以后该说不的时候就一定要说不。下课后他特意去买了台湾最好的凤梨酥送到酒店给我表示感谢。

我们必须要承认，在 B2B 的销售环节中，因为种种原因，销售人员和客户之间可能会建立一些关系，或者说人情，很多时候这些关系确实会影响客户的采购决策。但是，这些关系通常都是在产品性能、价格等因素差不多的情况下才是加分项。如果产品不行，即使再好的客户关系也不可能长久持续，毕竟产品的表现会影响客户的日常经营。对于企业的销售人员如此，对企业合作的渠道销售人员也是如此。

这里我们介绍一下经过实战证明非常有效的渠道管理“12345 模型”。

一、“12345 模型”

大规模分销系统的建立是现代大型企业成功的重要因素之一。

——阿尔弗雷德 · 钱德勒，美国企业史学家

“12345 模型”（见图 10-10）是一种系统化的渠道管理模型，该模型从 1 个唯一原则、2 个关键事情、3 个核心要素、4 个角色定位和 5 个关键管理步骤出发，为企业提供了一套全面且实用的渠道管理指南。

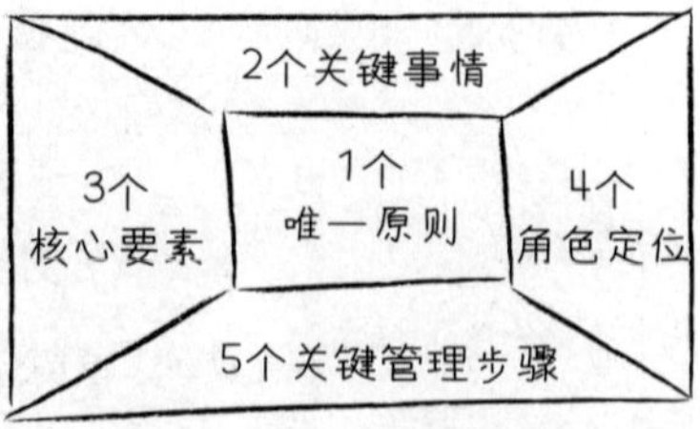

图 10-10 “12345 模型”

我认为渠道和厂家之间不应该是甲乙方的关系，而应该是合作伙伴，为了同一个目标共同努力，只是分工不同。两者应该是互惠互利、双赢的状态。如图 10-11 所示，我们来看看这个“12345 模型”包含的具体要点。

1个唯一原则	让渠道获利
2个关键事情	厂家无法实现的功能
	厂家不愿承担的任务
3个核心要素	进货管理
	销售管理
	库存管理
4个角色定位（渠道管理人员）	市场信息收集者
	策略执行者
	销售指导员
	业务顾问
5个管理关键步骤（TRAMC）	建立一致的业务指标（Target）
	定期回顾业务计划（Review）
	利用好专员（Ambassador）
	实施好激励措施（Motivation）
	处理好冲突（Conflict）

图 10-11 “12345 模型”的具体要点

1.1个唯一原则：让渠道获利

张帆观点：

渠道管理的核心不是彼此之间甲乙方的关系，而是彼此是一条船上的人。

在渠道管理中，确保渠道成员获利是维持合作关系、促进市场拓展的核心原则。这不仅意味着直接的经济回报，还包括品牌形象的提升、市场份额的扩大及长期合作的信任建立。通过为渠道成员创造价值，制造商可以确保渠道成员的积极性和忠诚度。

前文所提及的浙江维朋制冷设备有限公司在75个国家拥有自己的销售渠道。虽然通过在多个国家参展获得了潜在经销商资源，但在不同国家遇到的合作伙伴各不相同，关心的问题也各异。因此，在彼此之间建立合作信任是公司在该市场长远发展的基石。

在进入西班牙市场的初期，公司选择以代工方式降低风险，通过为当地一家公司提供OEM服务开展业务。当公司有了自主研发设计的产品后，决定推出自己的品牌。为了鼓励西班牙合作伙伴从贴牌客户转变为自主品牌客户，公司提供了非常优厚的政策支持，包括“零订货门槛+全品类支持”，以此扶持合作伙伴，推动销售额在三年内增长了六倍。例如，在西班牙设立独家代理，取消最低订货量要求，与合作伙伴共享网络推广带来的客户资源，每年推出新产品，给予广告支持等。

通过对巴西市场进行调研分析，公司对其市场潜力充满信心。然而，当地的合作伙伴对产品和品牌缺乏信心，不仅销售目标设定得很低，启动过程也很缓慢。为了改变这一局面，公司希望通过针对终端客户的营销活动来拉动当地市场的销售。2023年9月参加巴西制冷展时，公司展台现场人流涌动，产品反馈非常好，现场的合作伙伴也因此信心大增，积极推动合作。通过定向邀约工程服务商、提供试用机及“48小时响应”的售后承诺，公司在首年内成功转化了45家客户，创造了30万美元的收入，从而打开了市场。

2. 2个关键事情：厂家无法实现的功能和厂家不愿承担的任务

（1）厂家无法实现的功能。

一是本地化服务。制造商可能不具备在特定地区提供本地化服务的能力，例如，安装、维修、售后支持等。这些服务往往需要当地的专业知识和人力资源，而这些资源可能超出了制造商的直接控制范围。

二是市场渗透。对于一些细分市场或偏远地区的市场渗透，制造商可能难以独立完成。渠道成员通常在当地拥有丰富的资源和经验，能够更有效地触及目标客户群。

某苏打水A品牌创立于2008年，现在年收入在25亿元以上。彼时，市场对于无气苏打水这一新品类的接受度尚低。

当时市场上已有一个较成熟的无气苏打水品牌——B品牌，已经在太原等地区已经获取了较高的市场份额和良好的口碑。作为无气苏打水品类的先驱者，B品牌在进入A品牌市场时，年营业额已达3000多万元。

面对大多数大经销商持观望态度，不愿轻易涉足新品类的情况，B品牌采取了排他性的独家代理模式，即每个区域只选定一家经销商，并提供充足的物料支持和促销政策（例如，每购买100箱赠送30箱，批发价为30元/箱）。而A品牌则选择了不同的路径，它不签订区域独家代理协议，在同一区域内与多家经销商合作，若遇到强烈反对，则选择不合作。这种策略使得那些原本无法成为B品牌经销商的人转而支持A品牌，成为A品牌成长的关键力量。

A品牌首先在山西太原建立了首个“根据地”，通过一系列有效的市场营销活动迅速占领当地市场。之后，A品牌逐步扩展到了天津、兰州等地，后扩展到全国。

（2）厂家不愿承担的任务。

一是日常运营。制造商可能不愿意承担渠道日常运营的烦琐事务，如库存管理、订单处理、物流配送等。这些工作虽然重要，但并不是制造商的核心竞争力所在。

二是风险管理。在某些情况下，制造商可能不愿意承担过高的市场风险，例如，新产品上市初期的市场测试。通过与渠道成员合作，制造商可以将部分风险转移给渠道成员，从而降低自身的投资风险。

3. 3个核心要素：进、销、存

（1）进（进货管理）。

一是供应链优化。确保供应商的选择、采购流程的优化以及库存管理的高效，是渠道管理的基础。制造商需要与供应商建立稳定的合作关系，确保原材料的及时供应，从而保障生产的连续性和产品质量。

二是成本控制。通过集中采购、批量采购等方式，降低进货成本，提高渠道成员的利润率。同时，制造商应定期评估供应链的成本效益，确保成本控制的有效性。

（2）销（销售管理）。

一是市场策略。制定符合市场需求的销售策略，包括定价策略、促销活动、市场推广等。制造商应与渠道成员密切合作，共同制定市场策略，确保策略的可行性和有效性。

二是销售支持。提供销售培训、市场分析、销售工具等支持，帮助渠道成员提升销售能力。制造商可以通过定期的销售会议、培训课程等方式，增强渠道成员的销售技能和市场洞察力。

（3）存（库存管理）。

一是库存优化。通过先进的库存管理系统，实现库存的实时监控和动态管理。制造商应与渠道成员共享库存信息，确保库存的合理分配，避免过度库存或缺货现象。

二是库存周转。提高库存周转率，降低库存成本。制造商可以通过实施精益库存管理、推行零库存生产等方式，提高库存管理的效率。

4.4 种角色定位：渠道管理人员的角色

（1）市场信息收集者。

市场调研：收集市场信息，包括客户需求、竞争对手动态、市场趋势等。通过定期的市场调研，为制造商提供决策支持。

数据分析：利用数据分析工具，对收集到的信息进行深入分析，为市场策略的制定提供依据。

（2）策略执行者。

计划制订：制订详细的渠道管理计划，包括销售目标、市场推广计划、渠道优化方案等。

计划执行：确保渠道管理计划的有效执行，通过定期的检查和评估，及时调整计划，确保目标的实现。

（3）销售指导员。

销售培训：为渠道成员提供销售培训，提升其销售技巧和市场开拓能力。

销售支持：提供销售工具、市场资料等支持，帮助渠道成员更好地开展销售工作。

（4）业务顾问。

业务咨询：为渠道成员提供业务咨询，帮助其解决经营中的问题，提升其业务水平。

战略建议：根据市场变化和业务需求，为渠道成员提供战略建议，帮助其制定长期发展规划。

5.5 个关键管理步骤：TRAMC 模型

（1）建立一致的业务指标（Target）。

目标设定：与渠道成员共同设定明确的业务目标，包括销售目标、市场占有率、客户满意度等。目标的设定应具有可衡量性，以便后续的评估和调整。

目标分解：将总体目标分解为具体的任务和指标，确保每个渠道成员都有明确的工作方向和责任。

（2）定期回顾业务计划（Review）。

定期评估：定期回顾业务计划的执行情况，评估目标的完成情况。通过定期的评估，及时发现问题并采取措施进行改进。

反馈机制：建立有效的反馈机制，鼓励渠道成员提出意见和建议，不断优化业务计划。

（3）利用好专员（Ambassador）。

专员作用：渠道专员是制造商与渠道成员之间的桥梁，负责协调双方的关系，解决合作中的问题。通过选拔和培训优秀的渠道专员，提升渠道管理的效率。

专员培训：定期对渠道专员进行培训，提升其专业能力和沟通技巧，确保其能够有效履行职责。

（4）实施好激励措施（Motivation）。

激励机制：制定合理的激励机制，包括奖金、提成、荣誉奖励等，激发渠道成员的积极性和创造性。

公平公正：确保激励措施的公平性和透明度，避免因激励不公引发的内部矛盾和冲突。

（5）处理好冲突（Conflict）。

冲突预防：通过建立有效的沟通机制和合作规则，预防冲突的发生。制造商应主动倾听渠道成员的意见和建议，及时解决潜在的问题。

冲突解决：一旦发生冲突，应迅速采取措施进行调解，确保冲突不会影响合作的顺利进行。通过协商、调解等方式，寻求双方都能接受的解决方案。

渠道管理的“12345 模型”为制造商提供了一套系统化的管理框架，涵盖了原则、关键事情、核心要素、角色和关键步骤等方面。通过遵循这一模型，制造商可以有效地管理渠道，提升渠道成员的满意度和忠诚度。

渠道的作用主要体现在“客户关系”和“资金”两个方面。

有一次，我在成都的酒店为 D 公司经销商的总经理上财务沙盘课，在茶歇时和大家聊天。刚端上咖啡，一个经销商的总经理特别客气地问我一个问题，但其实内容一点都不客气：“D 公司让我做库存，你为什么又要让我控制库存？”

当时我不知道怎么回答，只好说：“这个问题问得非常好，既然大家都感兴趣，那我们上课时一起讨论。”茶歇结束回到会议室，我把这个问题又重复了一遍，然后画出了产业链图（见图 10-12）。

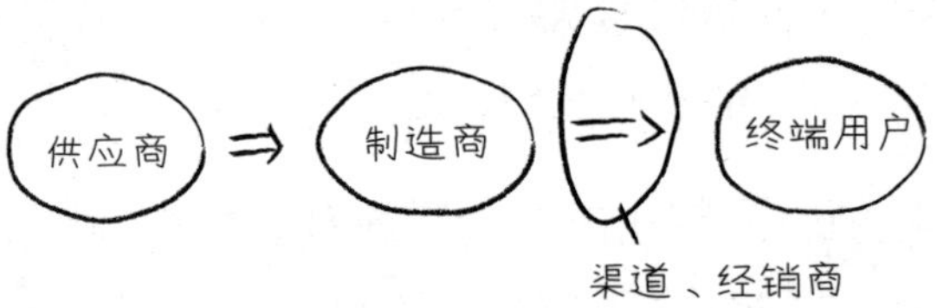

图 10-12　产业链图

我开始发问并逐一补充 D 公司的产业链图（见图 10-13）：“D 公司在产业链上的角色是什么？”大家回答说：“做技术储备、研发、产品设计、生产、服务和品牌推广，等等。”接着我又问：“那你们有什么？”一个老练的总经理立刻回答：“人，钱！”

这里的人指的是客户关系，不是指与 D 公司的关系，而是指与终端客户的关系。D 公司为什么要用经销商？主要原因有两点：一是 D 公司不想做，二是 D 公司做不了。

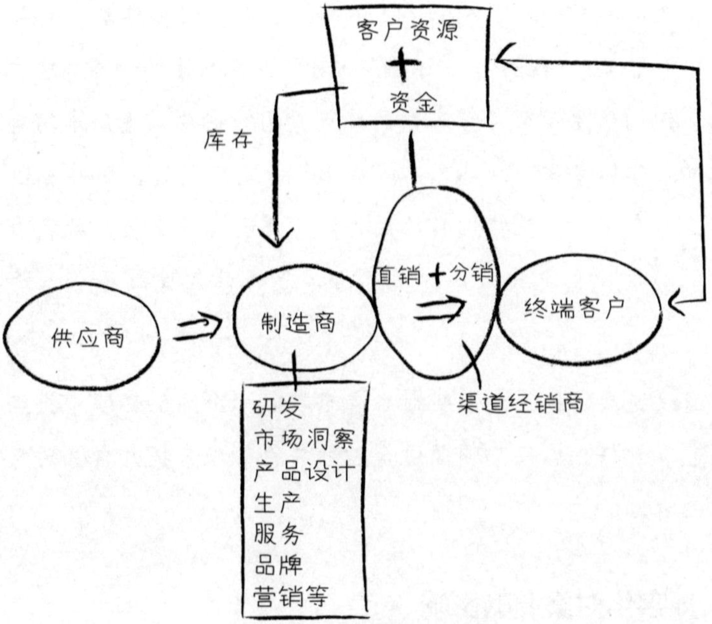

图 10-13 D 公司的产业链图

我又问："在市场竞争不强、供不应求的时候，会有存货的压力吗？"大家一致回答："肯定不会。那个时候很少有人会囤货，而是强调快速周转。这个时候，客户通常会对经销商的快速发货表示感谢，毕竟急人所急。"但这种情况不太常见，通常我们遇到的都是市场竞争激烈、产品供过于求的情况。在这种情况下，客户从经销商进货，是经销商欠人家人情。因此必须做库存。如果不做库存，经销商在产业链上存在的价值就不高。

我又问："这么多年，D 公司有哪些不足？"他们回答："流程长、反应慢。例如，一个合同的交货期是 8 周，实际上 16 周也交不了货，要 17 周才交。我们和 D 公司商量，是否可以写 16 周交货，最后 17 周交货，这样看起来比较合适。D 公司说不行，按流程必须写 8 周，但是实际会晚几周才能交货。"

我又问经销商："你们和D公司比起来，谁和终端客户关系更好？"他们说："我们啊。"我说："对啊，既然你们和终端客户关系不错，你们就要了解终端客户的情况，同时也要考虑厂家的交货速度。如果你不考虑，终端客户给你下单，着急要货，你再给D公司下单，肯定不行，这样你自己因为没有库存无法交货，就没有收入和利润。所以，D公司让你做库存，和我让你控制库存，是一个道理。"

通过这次讨论，大家明白了在市场竞争激烈的环境中，经销商的角色和责任，以及如何通过合理的库存管理来提升自身的竞争力和盈利能力。

二、数字化对渠道的影响

1. 全渠道整合

线上线下融合：打破传统零售模式的界限，实现线上线下的无缝衔接，例如O2O（Online to Offline）模式，让客户可以在网上下单然后到实体店自提商品。

多触点覆盖：除了官方网站外，还应考虑在第三方电商平台、社交媒体平台上开设旗舰店，确保品牌能够触及所有潜在客户群体。

电商平台的确改变了大众市场分销，京东工业正在将大众市场端积累的供应链能力工业化再造。京东工业集团作为京东在B2B领域的战略布局，正通过数字化技术重构传统工业品分销体系。我目前的理解是，短期内其切入点应该是那些标准化程度很高且价格金额不算高的工业品，而对于定制化程度高，特别是项目类的产品，恐怕还有很长的路要走。

2. 物流配送优化

智能供应链管理：运用物联网技术和大数据分析来提高库存管理和运输效率，保证快速准确地将产品送到客户手中。

“最后一公里”解决方案：针对城市配送难题，探索无人机送货、无人车配送等创新方式，改善末端服务体验。

随着市场竞争加剧，单纯依靠价格战难以长期维持竞争优势。此时，强大的运营管理和创新能力将成为企业持续发展的关键。

读后思考

电商渠道打破了时间地域的限制，在大众市场扮演着越来越重要的角色。对于行业市场的众多企业来说，传统的经销商依然是非常重要的合作伙伴。

如果你是企业，你眼中理想的经销商应该是什么样子的？为什么？

如果你是经销商，你对企业的要求是什么？为什么？

04 市场沟通全景：造势靠谁

除非你的策划包含有高明的点子，否则它会像一艘夜晚航行的船那样过去而无人知晓。

——大卫·奥格威（David Ogilvy），《一个广告人的自白》

我相信观看过2022年北京冬奥会开幕式直播的人都还记得加拿大队身着红色羽绒服入场的场景。运动品牌Lululemon凭借其独特的设计和时尚风格，成功吸引了全球观众的目光，成为冬奥会上的一匹黑马。Lululemon不仅为加拿大代表队提供了包括开闭幕式、颁奖仪式和日常穿着在内的全系列装备，更通过此次机会，将其品牌知名度和影响力推向了新的高度。这是Lululemon的奥运首秀，也是其在中国市场布局的重要一步。

优秀的市场沟通策划往往能够借助重大事件，适时展现品牌的影响力和产品的魅力。Lululemon就充分利用了四年一次的冬奥会，将品牌形象展现得淋漓尽致。

品牌的影响力与优秀的市场沟通活动相辅相成，但必须要记住，产品是品牌的载体，是品牌价值的基础。如果产品无法满足客户的利益诉求，未能帮助客户解决痛点，品牌就成了海市蜃楼。客户不会为单纯的品牌概念买单，只会为产品带来的实际价值付费。

当年，西门子手机推出了 Xelibri 品牌，凭借前卫的市场推广，这一新品牌的知名度在短时间内跃居全球市场排名前十，当时西门子品牌的整体影响力位列全球前 50 位。然而，该品牌的系列产品所推崇的“明日科技”仅体现在创新的外形设计上，在实际的功能配置上是落后的，且产品定价过高，再加上销售渠道选择不当等因素，最终这个品牌在市场上只是昙花一现。

企业在进行市场沟通时，还需明确最关键的目标客户群体，并通过营销事件传递最核心的信息。例如，滴滴在最初上线时，需要解决的是细分客户群体的接受度和关键参与者的积极性。即，愿意使用 App 打车的乘客和愿意通过 App 接单的司机，这两类人群是滴滴在进入市场时，为推广服务最需要沟通的核心目标群体。我认为滴滴在这个阶段做市场沟通的主要目的是让目标群体了解和体验这项服务，并养成使用滴滴 App 的习惯，提高日活率，逐步达到口口相传的品牌传播效应。

滴滴刚刚上线时，移动应用的市场还处在初始阶段，消费者对手机的依赖远不如现在，对移动应用的使用习惯也尚未形成。那时我出差频繁，通常下课后直接赶往机场，总是担心打不到车而耽误行程。

有一次在上海给宝钢上营销课时，我提到每次下午下课时都正好是晚高峰，打车变得尤其困难，自己有打车焦虑。

宝钢的首席分析师蒋丽建议我使用滴滴打车，她说非常方便，根本不用担心。从那一刻起，我开始使用这个平台。当时知道滴滴的人并不多，为了推广平台，吸引更多用户，滴滴提供了现金奖励。

后来有篇文章报道说，在某一线城市中，有一些退休人士为了赚取平台补贴而使用滴滴打车，这样不仅没有开销，还能赚点小外快。

从推广的有效性来看，滴滴最重要的外部相关方是司机和乘客。网约车司机的诉求是高效接单，不再盲目在外扫街。在平台创建初期，为了吸引更多司机，滴滴完全可以提供补贴，鼓励司机注册和使用。

对于乘客来说，尤其是商务客人，他们其实并不在乎一两块钱的补贴，最关心的是打车容易、服务靠谱、守时和安全。如何增加平台 App 的下载量，提升用户的日活量是沟通的主要目的。

张帆观点：

市场沟通是市场策略落地执行的重要组成部分。

因此，精准的市场沟通需要有的放矢，找出目标沟通群体，把钱花在刀刃上。

任何一家公司在进行市场沟通时，都是通过不同的市场沟通活动完成的。这些营销事件可以是一个大型展会，也可以是一个小型见面会或对产品的研讨，还可以是高层拜访、电话访谈，甚至是在专业媒体上发表一篇软文。

有人说华为最近的新手机上市选择不举办传统的产品发布会，我想说，不做新品发布会也是一种营销事件的形式。当然，背后有多重原因：如品牌和产品已经足够强大，使得传统意义上的发布会不再是必需的。在互联网时代，信息传播的速度和渠道已经发生了翻天覆地的变化，有一群技术发烧友正等着第一时间在自媒体上分享他们的体验，直接上市会让社交媒体和网络平台的讨论形成自然的宣传效应，而且这种推广传播的效果和效率远超传统发布会。

通常，我们把营销事件作为市场沟通活动的落地：这个事件可以是一个展会、一次客户拜访，也可以是一个广告等。这里，我想问大家的是，我们如何从专业的角度考虑这个营销事件的策划思路呢？

这里我给大家介绍一个非常好用的进行营销策划和活动落地的工具，即“5W+2H 模型”。

一、“5W+2H 模型”

Why：我们为什么要做这件事？

What：通过这件事我们需要传递哪些信息？

Who：谁是我们活动的目标受众？

Where：事件发生的地点？

When：事件发生的时间？

How：活动将以何种形式呈现？

How Much：这个事件需要的费用是多少？

这些问题可能看起来比较多，但对这些问题进行梳理和回答，确实能够保证市场沟通活动的有效性和高效性，可以把钱花在刀刃上。

当时西门子（中国）工业集团 SBT 事业部，也就是楼宇科技业务的总经理邵康文和我开玩笑说，以前市场部组织这种市场沟通活动时都比较简单，现在审批时会问一堆的问题，要求梳理清楚这些答案，原来这些都是你教的。

这只是一个营销事件的策划方式。企业每年的业务经营所面对的市场环境不一样，业务目标也会有所差别。那么，企业如何准备全年的市场沟通活动呢？在回答这个问题之前，我们先要看看客户的五个阶段，也就是客户旅程。

二、客户旅程

客户旅程是客户从获取信息到购买完成的过程，这一过程不仅包括行为路径，还涉及客户在每个阶段的情感体验、需求变化与企业之间的互动。市场沟通涵盖整个客户旅程的五个阶段，通过不同的形式来影响客户对品牌和产品的认知。这里我们用这五个阶段来确定市场营销沟通活动的目标。

如图 10-14 所示，客户旅程主要包括关注、口碑、考虑、购买和忠诚度，每个阶段都对应一个具体的百分比值，用以表示在不同阶段的客户数量或比例。这五个阶段不仅帮助我们理解客户从初次接触到最终成为忠实用户的整个过程，还为我们提供了一个衡量和优化客户关系管理的有效框架。通过分析每个阶段的客户比例，企业可以更清晰地识别出哪些环节需要加强，从而提高整体的客户转化率和满意度。

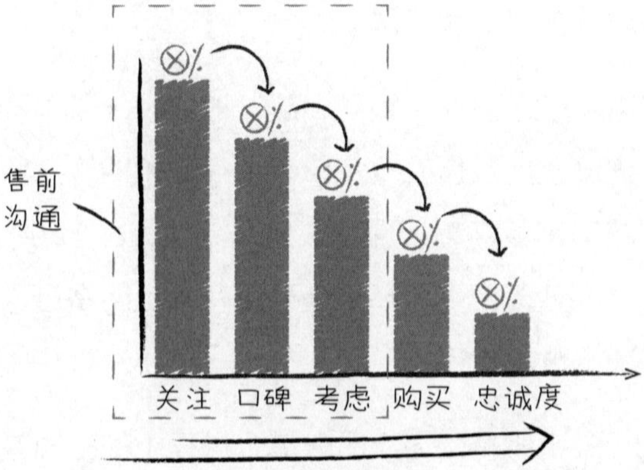

图 10-14 客户旅程

具体来说，客户旅程的五个阶段如下。

关注（Awareness）：这是第一个阶段，代表最初引起客户注意的比例，通常是指品牌关注度。

口碑（Reputation）：第二个阶段是口碑，通常是指产品在行业或专业领域的声誉。这个比例基于第一阶段中注意到品牌和产品的人群，即那些看到广告后开始了解品牌和产品的人的比例。

考虑（Consideration）：在第三个阶段，客户已经开始考虑企业的产品或服务，评估其是否满足自己的需求。这个百分比是从第二阶段了解品牌和产品的人群中进一步筛选出来的。

购买（Purchase）：到第四个阶段时，客户已经做出了购买决定并付诸行动。这一比例基于第三阶段中考虑购买的人群，数量会继续下降。

忠诚度（Loyalty）：最后一个阶段衡量的是那些不仅购买过一次，而且会重复购买甚至愿意推荐的客户比例。在购买之后，有的客户非常满意，而有的客户可能会失望，因此这个阶段的比例相较于上一个阶段会进一步下降。

这些数据点通过箭头连接在一起，形成了一条下降的趋势线，表示随着客户旅程的发展，每个阶段留存下来的客户数量在逐渐减少。这种现象通常被称为“漏斗效应”（Funnel Effect），因为它类似于水流过漏斗时的现象——最开始有大量的水进入漏斗，但只有少量的水能够顺利流出来。

其实，行业中所有公司产品在这个过程中的呈现趋势都是一样的，只是每个环节的比例有所不同。通常我们所说的市场沟通活动会集中在前三个阶段，即售前沟通，这对达成交易至关重要。

对企业来说，第一个阶段通常是树立品牌的阶段，这通常依赖于慈善捐赠、赞助体育赛事、知名主播带货等方式来提高品牌知名度和展示企业的社会责任。

作为资深常旅客会员，我曾经受邀参加国航组织的“冬游西藏”活动。该活动是为了配合西藏自治区政府推广西藏旅游而举办的。活动内容不仅包括参观拉萨的著名景点，还包括为在拉萨寄宿学校就读的边远地区藏族学生送去捐赠物资。奔驰公司也是此次活动的赞助商之一，承担了整个活动期间的用车安排。其实，大型央国企和知名企业都在努力承担更多的社会责任，在国内扶贫方面也一直都在做各种努力，同时也会尽可能地融入市场推广活动，为公司品牌和产品服务背书。我也应邀参加过国航和奔驰公司在广西组织的扶贫活动，那次活动融合了奔驰公司几款新车型自驾的市场活动，组织得非常好。

在第二个阶段，即口碑阶段，企业需要在行业著名的展会和媒体上露脸发声，如汉诺威展览、专业论坛等。

2025年1月7日至10日，在美国拉斯维加斯举行的国际消费电子展（CES），是全球最大的电子产品展销会之一。据说有来自世界各地约4000家参展商注册参加，其中30%来自中国。然而，大量的中国企业即使持有参展邀请，也遭遇了签证问题。众所周知，国内消费电子产品在全球市场上畅销，抢占了很多原本属于美国和日本等国家的市场份额。如果这种情况持续发生，这个展会可能会损失其权威性，甚至可能导致中国自己承办一个全球性的电子展以取代之。

白象方便面，这个1997年创立的老品牌，在经历多年低调后，通过有效的市场策略和沟通，在近几年成功翻身。

2022年，因声明“未与插旗菜业合作”，加之公众对其在社会责任上付出的多种努力十分认可，白象品牌意外走红，销量和声望大增。不同于一些昙花一现的品牌，白象将这波热度转化成了持续增长。

第三个阶段，考虑阶段，指的是客户已经有很大的兴趣购买，并开始评估产品各个方面的指标，包括付款条款、发货周期等。在这个阶段，行业市场的公司通常采用的方式是产品研讨会，大众市场则通过柜台促销活动，电商直播也可视为这一阶段的沟通行为。

据第三方数据，从2022年8月到2023年7月，白象在中国五大电商平台销售额居首，尤其在淘宝、天猫和抖音表现突出，不仅促销期间成绩亮眼，日常销售也名列前茅。白象抓住了电商直播的机会，通过工厂直播增加曝光度，并快速响应市场需求，推出蟹黄拌面等新口味，深受年轻消费者喜爱。

第四个阶段，购买，是指交易完成。

成功的营销不是说服客户购买，而是让客户觉得这个产品或服务就是自己想要的。关键在于如何激发客户的内在需求，而不是一味地进行营销信息狂轰滥炸，从外部施加影响。

第五个阶段，忠诚度，客户忠诚度不仅关乎企业的当前收益，更是其可持续发展的基石。它要求企业从客户角度出发，不断提升产品与服务的质量，加强客户关系管理，以建立和维护长期的、互惠互利的客户关系。

但需要注意的是，客户的忠诚度随着时间的推移会发生改变，而这些改变的主要原因基本上都是你的产品或服务已经不再能满足客户的期望值或真实需求，市场发展已经给客户提供了更好或更适合的选项。

今年三月，我二姐夫妇前往墨尔本探亲。在大兴机场停车场下车后，二姐因为被停车桩绊倒而骨折，导致二人不得不取消行程。大兴机场的工作人员迅速安排他们前往机场的医务室检查，并且后续处理非常到位。南航的柜台负责人得知情况后，在系统中对机票进行了后续改签和退票处理，并告知第二天早上9点以后系统会更新，同时标记了不会产生任何费用的信息。

两个半月后，在与订票的某知名旅行平台网站沟通时（非携程网），客服人员表示由于超过了两个月期限，根据航空公司的要求无法办理因病全额退票，需扣除退票费。尽管对方一再强调这是航空公司的规定，但当我致电南方航空公司客服时，接线员根据票号查询后表示，这两张票有特殊标签，可以随时免费全额退票，并提供了她的工号以便后续查询。我不确定是否因为这两张往返公务舱机票的退票费用较高，才导致该平台坚持不提供免费退票服务。最令人生气的是他们声称这是航空公司的规定，好像以为我不会去和航空公司核实一样。

随机票购买的国际旅行险的索赔和航意险的退费也发生了波折。根据我的理解，航意险的保险内容包含从进入机舱到下飞机前这之间的任何意外的赔付处理；国际旅行险则覆盖整个旅行的行程。但我被告知国际旅行险是从飞机起飞的时间算起的，我认为这个定义不合理，起始时间应该是为了这趟旅行离开家门的那一刻，而不是航班的出港起飞时间。因为家人的手术和住院费用由医保和大型机场承担了，我就放弃了对国际旅行险的索赔，但是航意险的费用不退是没有道理的，因为行程取消，所对应的保险费自然要返还。我打电话给平台投诉，这不是钱的问题，是规则，保险公司不能只收钱不担责。如果不退，我会继续维权，并对国际旅行险发起索赔。二十分钟后，该旅行平台致电说往返行程的航意险保险费用全额退款，3-7 个工作日到账。

虽然之前我的出境机票一直是在这个平台上购买的，但此次事件后，我就不再使用这家旅行平台的服务，对那家保险公司的产品也敬而远之。

相比之下，我对曾经使用过的艺龙网的服务则印象深刻，非常认可。2014 年 10 月，在西班牙度假期间，我在艺龙网上预订了一家酒店。尽管从塞维利亚出发时，GPS 未能找到我预订的位于塔里法南部的酒店，我还是决定开车前往。到达后，我怎么也找不到酒店，问了游客服务中心的工作人员，才知道酒店实际上位于海峡对岸的摩洛哥，直线距离仅四千米。这是我第一次使用艺龙的手机 App，搜索“西班牙塔里法”得到的结果与平板电脑网页搜索的结果不同，但未标明酒店位于摩洛哥。我当时打电话投诉，酒店表示拒绝退款，而艺龙客服则建议我先找其他酒店，待行程结束后处理。回国后，我向艺龙客服提供了截图证据，很快便获得了两晚房费的全额退款。服务中出现问题并不可怕，可怕的是推诿责任，这只会让客户用“双脚”投票，选择离开。

客户的忠诚度取决于客户的满意度，而客户满意度主要由两个关键因素决定：基本能力和客户体验。这里的基本能力指的是产品或服务的核心功能是否达标，如产品质量、性能、可靠性等；客户体验则指的是客户在使用产品或服务过程中的感受，包括解决方案、服务响应的及时性和服务态度。

多年前，西门子医疗的资深应用工程师孙亮和我分享过这样一段经历。某天上午，他去天津的一家三甲医院做设备维护和保养，不知道什么原因，使用这个设备的科室主任，指着他的鼻子非常不高兴地说：“你不要碰我的设备一下！”就离开去吃午饭了。下午的时候，这位主任给他端来了一杯刚泡好的菊花普洱茶，还对前来查看设备的院长说：“以后西门子的工程师来了，赶上午饭时间，咱们得管饭。”

我特别好奇地问孙亮：“你都做了什么，让这位大姐的态度 180 度大转弯？”他和我说：“那个设备脏得下不了手，我花了一中午的时间把设备擦得和新的一样。”

还有一位工业领域的年轻项目工程师在我的课上分享过一段经历。有一天他去客户现场，不知道是什么原因，客户负责项目的一位中层领导态度特别不好地让他确定三天之内能不能完成一个项目任务，还说如果确定不能，他就要和公司高层建议中止执行这个

2000 万元的合同。这位工程师忐忑不安地问是否可以下午告诉他答案，对方说可以。到了下午下班时，这位工程师说："3 天真的无法完成，但保证 5 天内可以完成。"对方的这位领导表示可以接受，并告诉他可以接受的原因是他看到这位年轻人在现场沟通协调了一天，午饭都没有吃，知道他已经竭尽全力了。

我们在工作中总会碰到各种各样预期之外的事情，保持情绪稳定、换位思考、具备同理心，从客户的角度出发，用积极的态度去处理这些事情，相信这些努力都会提升客户体验。要想提高客户满意度，企业不能只关注产品本身，也不能只依赖好的服务，而是需要尽可能同时提升基本能力和客户体验，并根据自身行业特点找到合适的平衡。

同时，我也特别想说，管理者千万别忽视了员工满意度，因为员工满意度的提升会带来员工忠诚度的提高，自然会让员工的业绩表现和服务表现变得更好，如此，可以带来客户满意度和忠诚度的提升，最终使企业稳定成长，并为企业创造更多的利润。

看完客户旅程的五个阶段后，让我们再次回到之前的问题：企业如何准备全年的市场沟通活动？如果有了新的业务板块或者新产品上市，如何在目标市场进行有效沟通？所有的市场沟通活动都是为了更好地完成营销管理的职能，而营销管理又是实现业务战略的重要手段。

三、战略市场沟通流程

2008 年，西门子（中国）举行了一个针对核心市场沟通人员能力提升的学习项目，我和一位总部来的德国同事共同负责这个项目的执行。当时，战略市场沟通的流程就是内容的主线。记得我们对一个西门子水处理的广告设计还有一些理念上的冲突。

在这里，我先补充一些背景信息。如前文中的西门子的流程参考库中所提及的“管理流程”，西门子全球的高层会关注整个社会的变化，如人口老龄化、能源发展及环保相关的问题。在业务流程中，西门子为了强化其工业解决方案业务，尤其是水和污水处理领域，收购了USFilter。这是一家在北美领先的水处理技术和服务提供商，拥有多条产品线（过滤、泵送、消毒等）和广泛的客户基础，符合西门子布局环境业务的战略需求。

记得在项目的沟通准备中，这位德国同事拿出了一些新业务板块的系列广告设计，这些设计是用于放置在高速公路旁边的户外大型广告牌上的。画面背景是厨房，因为看不到全景，只有年轻女士的胳膊和婴儿的后背和屁股，可以猜测是一个年轻的妈妈抱着几个月大的孩子，洗碗槽上的水龙头流着清澈的水，左上角是Siemens Water（西门子水处理），底部是电话号码等联系方式。

我的这个德国同事说这个广告创意非常不好，广告中提到年轻女士的胳膊和光屁股的小婴儿等元素都和水没有关联。我当时就表示自己并不认同他的观点，反而觉得这个广告创意还可以。以前西门子没有水这个业务板块，用Siemens Water可以引起关注，有兴趣或有业务需求的人如果去西门子官网就会找到相应的联系方式。厨房和人物的选择提醒我们，水事关每一个人。当然，还有其他与工业、农业场景相关的系列广告。我觉得这个广告设计中唯一不必要的部分是广告牌上留的联系方式，字体小且辨识度不高，如果是在公路旁边也可能引发交通安全事故。

这里我们引入一个规划战略市场沟通的思考工具（见图10–15）。

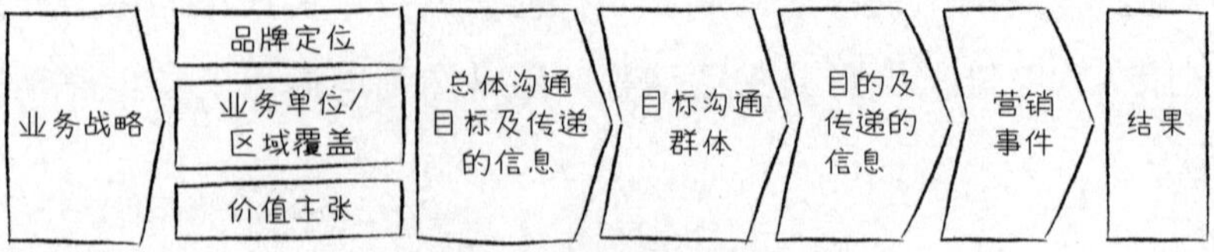

图10–15　战略市场沟通流程

上图展示了战略市场沟通流程，无论是行业市场还是大众市场，年度沟通活动的准备思考都要从业务战略开始。该流程详细列出了从制定业务战略到评估沟通效果的七个主要步骤，其中“营销事件”的设计与执行占据了核心地位。具体步骤如下。

张帆观点：

市场沟通活动需要从战略高度做体系化的思考。

业务战略：确立公司的整体业务方向，甚至可以就是销售目标。

沟通维度：涵盖品牌定位、业务单元、区域覆盖及价值主张等核心方面。

总体沟通目标及传递的信息：明确沟通活动的宏观目标和希望传达的核心信息。

目标沟通群体：识别并定义目标受众，确保沟通策略能够精准触达预期的群体。对于行业市场，这里的目标沟通群体是客户采购流程中的关键人物。

事件目的及传递的信息：细化事件沟通目的，并确定向目标群体传达的具体内容。

营销事件：作为整个流程中的行动阶段，此步骤聚焦于策划和实施多样化的市场营销活动，如广告、展会、客户见面会、产品试用、软文推广以及公关活动等，用以达到沟通目的及传递相关信息。

评估事件结果：最后，对所有市场沟通活动的实际成效进行评估，包括但不限于销售业绩的增长、品牌认知度的提升等方面。

这个流程是一个战略市场沟通的体系思考工具，不仅可以帮助我们在市场沟通环节更好地支持企业整体战略，如一致性、资源优化、长期品牌建设等，还可以帮助我们规划年度的市场沟通计划（见图 10-16）。

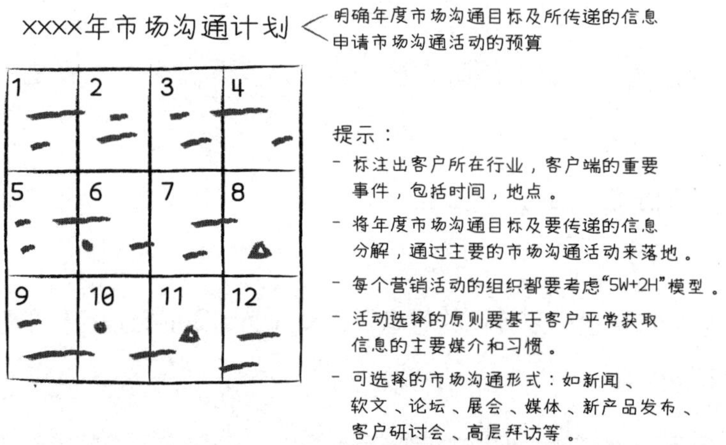

图 10-16　市场沟通计划图及注意事项

在外界看来，市场活动和传播行为似乎是分散的，但实际上它们是一套支持企业战略的系统性沟通体系的具体组成部分。这一体系基于明确的产品价值主张，通过有效传递相关信息，并依托以客户为中心的机制，实现对企业战略目标的有效支撑。也就是说，各种市场活动不是孤立的存在，而是推动企业市场战略成功实施的重要组成部分。

市场沟通服务于业务战略，在市场上为品牌和产品发声，助力达成企业的业务目标，而销售收入是业务目标中最能反映营销结果的指标。我们可以用这一流程为进入一个全新的市场做全方位的市场沟通活动的规划，也可以规划一个新产品的上市和推广。

假设一家公司有 A、B、C 和 D 这四款产品同时在售，新一年总的销售业绩目标是销售收入要增长 20%。为了支持这一业务目标，市场部如何来制定新一年的市场沟通活动呢？可以以战略市场沟通流程（见图 10-17）作为切入点。

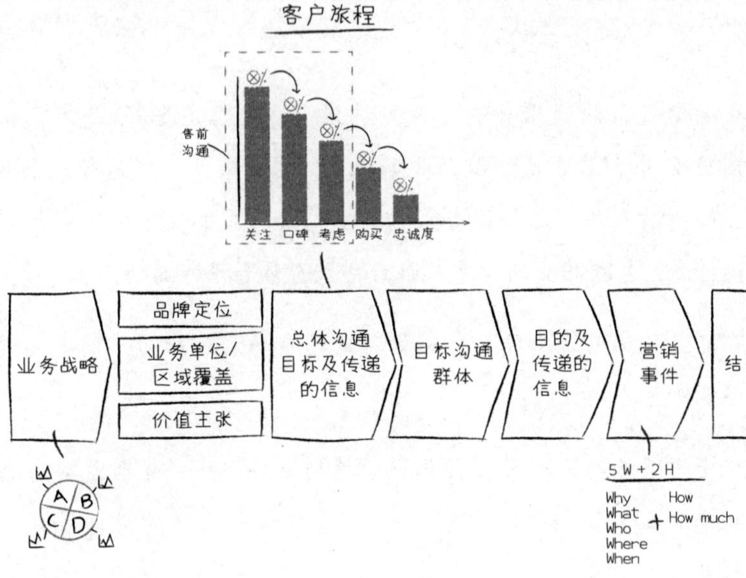

1. 公司上一年销售收入按产品线的份额及增长。
2. 如果公司业务目标是销售收入增长X%，首先要根据份额及增长，以及行业周期，客户需求变化和市场竞争态势来确定增长部分由哪些产品线来承担。
3. 确定产品线后，按这个沟通流程来组织内容和目标行业或区域，策划相关的市场沟通活动。也适用于新产品上市。

图 10-17　战略市场沟通流程图全貌

首先，我们要看上一年这四款产品的销售收入占公司销售业绩的份额是多少，可以画一张饼图；然后再看近几年每一款产品占比的变化趋势如何。同时，还要考虑这几款产品所在的行业生命周期阶段，基本上就能确定这 20% 的增长由哪几款产品来承担。

然后，基于品牌，我们需要根据每一款产品及其所在的行业或市场区域，确定其价值主张，即给客户所带来的收益，特别是深度挖掘那些未被客户感知的价值。

因为业务战略是销售导向，业务收入需要增长 20%，所以我们市场沟通的重点要放在前文所提到的客户旅程的第二和第三个阶段，即口碑和考虑。同时，要确定在这个阶段内在市场上要传递的信息。

在确定目标沟通群体时，一定要注意，B2B 和 B2C 是有区别的。在 B2B 中，客户是组织，这里的目标沟通群体一定是客户采购流程上的关键人物，比如设备采购的发起者、采购决策制定者以及采购执行者，包括相关的管理人员、技术人员和设备的使用者。

选定了目标沟通群体后，根据特定的市场沟通行为，确定沟通目标和要传递的相关信息。

市场沟通活动阶段由各种各样的营销事件组成，这时就要考虑到前文所说的“5W+2H 模型”。如果是在客户旅程的考虑阶段，B2B 行业通常会采用产品研讨会的形式与客户沟通，从各个层面来说服客户。对于大众市场，则通常采用线上、线下的促销，电商直播既是一种销售渠道，在市场沟通层面上也是一种传播方式，通过对产品的直接介绍，影响购买者的决策。

如何评估市场沟通结果，行业市场和大众市场差别很大。对于B2C 业务，一个市场沟通活动如果是通过促销来落地的，就很容易计算出该活动的投入产出比和回报。但对于 B2B 业务来说，一个市场沟通事件直接带来订单是比较困难的，实现销售成交的时间周期较长，针对企业组织的各种市场沟通所邀请参加的客户建立数据库就非常重要。

多年前，我在做业务时，管理层在财年刚过一半时就判断当年完成销售收入比较困难，因此启动了一个刺激销售的推动项目。我们不是在做大众市场，不能依赖促销、打折等手段。我们能做的就是对已有的客户群体进行评估，找到有可能产生销售机会的现有客户，然后一个一个地沟通。

其中一个东北某省的联通公司副总到北京出差，负责的大客户经理告诉我，该业务对应的技术负责人是一位德国人，他也要参加。因为是我的项目，大客户经理说不需要另外请翻译，于是就定在我住的酒店会议室会谈。客户非常坦诚地谈到了他们今年的用户发展目标和已发放的 SIM 卡数量，从这些数字来看，他们应该进行网络扩容。但实际上，网络的常态激活 SIM 卡净增量很小。背后的原因是：客户为了吸引终端消费者，给每张 SIM 卡预存了 10 元话费，希望终端消费者用完这 10 元话费后能自行充值并继续使用。然而，这个省份的消费者对价格非常敏感，且对手机号码的忠诚度不高。因此尽管免费发放了很多 SIM 卡，但留存用户数增量很少，因而无网络扩容需求。

为了继续完成这个项目，我找到了当时管理西北五省的销售负责人胡平，请他帮忙联系他负责的客户进行沟通。他说看我的面子只能帮我约半个小时，其他的就要看我自己了。这次我是有备而来的，事先让工程师把客户网络和我们设备的相关数据增长情况做了汇总。

会谈时，客户的副总同样提到了用户数增长的问题。我说："我们不看这个数据，而是看话务量的增长和网络的容量。"我拿出了详细的分析结果。客户看到后非常认可，表示愿意将整个下午的时间都给我。最终，客户表达了签署一个扩容量很大的意向订单。

负责网络规划的工程师提到，意向订单所包含的设备的基站总量为 303 个，比目前所有屋顶上还能再容纳的基站数量 293 个多了 10 个。我说："交货有一定的周期，而且不排除以前的设备需要维修或更换，多出来的这个量值是可以接受的，也是安全的。"

也许很多人会问，我究竟是用什么打动了客户。其实道理很简单：客户的考核指标中有一项是营业收入。如果网络话务量的增长超过了网络的设计容量，终端用户将难以拨通电话，这不仅会导致投诉，降低用户忠诚度，还会对客户的营业收入产生负面影响。通过提供详细的数据分析和合理的解决方案，我们成功地赢得了客户的信任和意向订单。

如前文所提到的，产品研讨会是 B2B 业务中常用的一种市场沟通形式，可以和客户深度沟通产品的价值主张。这里介绍一下，我在服务许多知名 500 强企业时，在"产品经理核心能力提升项目"上，要求产品经理在市场沟通模块中，向客户介绍产品时应准备的内容框架，具体如下。

未来趋势：行业公认的、与自己产品相关的发展方向。

目前状况：目前行业所遇到的痛点和需要继续提升的地方。

解决方案：帮助客户消除痛点，实现从当前状况到未来趋势的转变。

成功案例：展示某客户使用产品前后的收益对比。

经济分析：假设参加研讨会的客户使用产品后的预期收益，一定要用数据说话。

图 10-18 是一个产品研讨会的逻辑示意，通过产品解决方案，让客户消除或部分解决痛点，使客户的经营能力得到改善和提升。

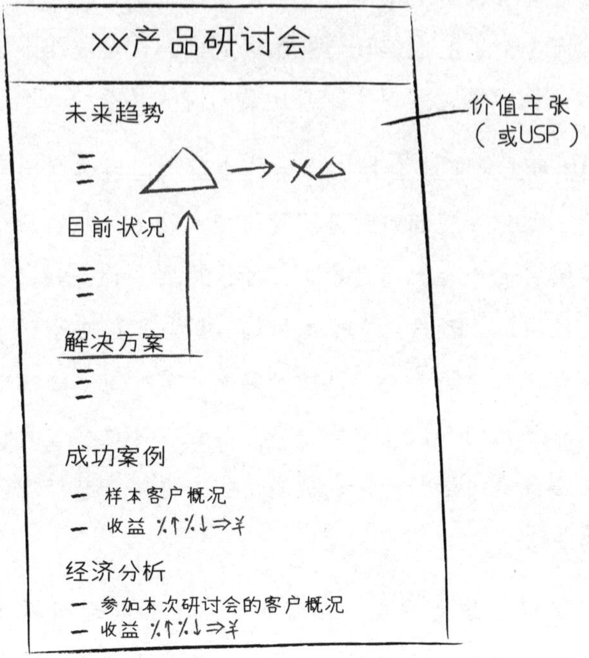

图 10-18　产品研讨会的逻辑示意

通常我们需要根据这个框架制定一个内容翔实的 PPT。对于 B2B 行业来说，前期与客户的沟通会很多，沟通对象的层级和岗位也各不相同，因此，一个产品研讨会的内容会因参与人员的不同而有所区别，如高管通常关心的是企业的发展、业务战略的执行和投入产出比，技术相关的人员对产品的技术能力可能兴趣更高，所以每次讲述的重点也要相应调整，需要事先准备好定制化的内容。但无论如何，最好遵循这一框架。同时，这个框架也适用于口头交流。我在多个 B2B 行业的营销和产品工作坊中得到的反馈表明，按照这个框架准备的内容非常有说服力。

行业市场的市场沟通因为决策流程和特点，以及产品特征和大众市场有很大的差别，不能做到大众市场的那种直接或者夸张的鼓动效果，相信很多人都记得曾经的一则护肤品广告语“今年 20（岁）明年 18（岁）”。但是在行业市场沟通时，要尽可能地把专业的术语讲得通俗易懂，就是大家开玩笑所说的“要说人话”。

在 2010 年上海世博会期间，西门子组织国内各区域的客户去参观世博会，组织参观的目的是通过沉浸式技术体验与战略叙事构建，在全球瞩目的平台上通过在世博园区内实景部署西门子智能电网、楼宇自控系统（BAS）等解决方案，覆盖园区 30% 的能源设施实体化展示技术领导力和公司品牌的强大。其中有一个环节是参观前在苏州一家酒店的会议室安排很多产品经理给这些客户讲解公司的产品。在准备这一活动时，我被邀请去给这些产品经理的讲解提一些改善的建议。

当第一位演讲者讲完后，在场的两位主管经理问我有什么建议，我不客气地指出 PPT 里面的内容呈现形式太难看，文字不容易辨识等，两位经理有点不太高兴地说，这已经是第三稿了，PPT 格式的问题会有 Marcom（市场沟通）部门的同事汇总调整。后来一位上海过来的产品经理给大家介绍 RFID 技术，即“Radio Frequency Identification”，也就是射频识别，是一种通过射频信号自动识别目标对象并获取相关数据的技术，利用射频通信实现无接触式的信息传递和识别，广泛应用于物流、零售、医疗、交通等众多领域。他讲完后，在场的人都说内容形象生动，通俗易懂，非常好。这位产品经理看了我一眼和大家说，这是当时在工作坊上按老师的要求做的，还被拍了两次板砖后修改而成。

如今，信息传递方式的多样化为市场营销带来了许多机会，特别是在面向消费者的市场中，通过各种新媒体平台，企业可以更精准地找到目标客户。这些平台不仅能快速触达大量用户，还能鼓励用户分享和讨论，产生更为广泛的传播效果。

随着中国经济和国际地位的提升，人们开始重视传统文化，年轻一代尤其喜欢本土品牌。

现在，一些老国产品牌如白象、北冰洋、回力等重新受到欢迎。活力 28 通过“三个老头”真诚直播带货，赢得了网友的支持与关注，激发了情感共鸣，在社交媒体上形成了正面情绪，提升了品牌知名度。在直播中，粉丝被称为“云股东”，品牌方会征求他们的意见，包括产品价格、新品介绍等内容，并根据粉丝喜好推出新产品，如山茶花香洗衣液。

通过大数据分析，企业可以深入了解客户的喜好、需求和购买模式，从而制定更具针对性的营销策略。

一些电商平台会根据用户的浏览历史推荐相关商品，这就是一种基于个性化算法的精准营销实践。

系统性数据收集：强调无论何时开始都要注重系统性地收集客户数据，包括但不限于用户的偏好、位置信息等。这些数据对于了解客户在整个客户旅程中的行为至关重要。

第三方数据利用：除了自身收集的数据外，还应尽可能利用第三方提供的数据来补充和完善对客户的理解。这有助于更准确地描绘出完整的客户画像。

在大众市场持续扩展消费场景、提升品牌影响力、吸引新的消费群体、增强客户黏性，是创造需求增量的有效方式。

李渡酒通过独特的“沉浸式体验”市场沟通策略，创造了突破性的增长业绩和客户认可度。其核心在于深度挖掘历史文化资源，构建起“2+3+4+n”的沉浸式体验体系，即以国宝李渡酒的历史文化与产品文化为核心，通过小舵、分舵、总舵三级递进式的体验框架，实现精神与感官的双重体验；同时涵盖精神、感官、互动、消费四大维度，以及一系列品牌活动（如“二月二启龙步”“秋季封坛文化节”等），强化消费者的品牌认同感。

四、名人效应与品牌营销

在传统的商业环境中，很多企业会请明星为自己的品牌和产品代言，这种现象在大众市场上很普遍。随着营销理念的发展，以及电商渠道在大众市场中扮演着越来越重要的角色，目前名人品牌化主要有两种模式：一种是利用自己的名字来命名产品品牌；另一种则是利用自身的名人效应进行直播带货。

我们也可以称这些人为 KOL，即 Key Opinion Leader（关

键意见领袖），是指在特定领域或行业中具有较高知名度、影响力或专业知识的人。如在大众市场常见的明星代言，也有知名博主，在专业领域的一些知名学者等。

通过这两种方式，名人不仅能够将自己的个人影响力转化为商业价值，还能更直接地与客户建立联系。许多名人选择用自己的名字为品牌命名，以此迅速获得公众的信任和支持。同时，越来越多的名人参与到直播带货中，借助其广泛的粉丝基础和影响力，有效地推广和销售产品。

1. 直接利用自己的名字作为品牌

名人利用自己的名字作为品牌推出产品，能够迅速赢得粉丝的信任与关注，显著提升品牌的知名度。

例如，李宁与其同名运动品牌、曾经的李子柒与李子柒品牌的螺蛳粉系列，都是这样的知名案例。

2. 借助名人效应，通过直播带货打造品牌。

董宇辉与“与辉同行”是名人效应助力品牌成长的典型例证。

作为东方甄选的前核心人物，董宇辉在2024年7月正式成立了自己的公司——“与辉同行”。凭借其独特的个人魅力和深厚的文化底蕴，董宇辉迅速在直播带货领域站稳脚跟，并通过一系列创新举措巩固了市场地位。

由于董宇辉一直以来积累的良好口碑和个人形象，“与辉同行”自成立便迅速赢得了大量消费者的认可和支持。特别值得注意的是，该品牌在中年女性消费群体中尤其受欢迎，这些粉丝不仅热衷于购买推荐的产品，还积极参与到品牌的建设中来，形成了一种强大的社区效应。

关键事件进一步推动了品牌的发展，特别是2024年底举办的“与辉同行2025跨年乐享会”，将董宇辉及其团队推向了一个新的高度。这次活动不仅是一次成功的商业尝试，更是一场文化和艺术的盛宴。董宇辉巧妙地融合了传统文化与现代音乐，既为观众带来了一场视听享受盛宴，又传递了积极的价值观。

可以预见的是，“与辉同行”有望创造更多合作与共赢的机会。例如，每日鲜语通过冠名赞助跨年晚会。网上有评论说：“董宇辉正在给‘与辉同行’下一盘大棋。”与辉同行不仅有直播电商业务，还有文旅业务，未来还将探索更多的新业务，搭建一个“直播带货+N”的业务版图生态体系。

无论是上述哪种模式，都有其利弊，并且存在不少风险。首先，法律上可能会有问题，如相关商标被别人抢注。其次，名人的言行要特别谨慎，因为一点点负面新闻都可能损害品牌形象。此外，市场竞争很激烈，光有名气还不够，产品要必须好，价格合理，营销也要到位，最关键的是企业的管理要跟得上。

用更简单的话来说，就是名人做品牌虽然能快速走红，但要想长久成功，就得好好管理品牌，保证产品质量，做好企业的经营管理，同时注意个人形象，不让名声受损。这样，即使有一天名人不再那么火了，企业品牌还能继续受欢迎。

我在课程结束时常常会给学生分享一个名为“人生的资产负债表”的PPT文档，多数人看了都很有共鸣，其中一页PPT中有这样一段话。

名人可以类比为上市公司，“Public”这个词恰当地反映了两者之间的相似之处。就像上市公司有其资产、负债和权益一样，名人的“资产负债表”也包括了名气、荣誉和利益等正面因素，同时也伴随着相应的“负债”，如隐私的牺牲和个人生活的公开。此外，名人还需要面对额外的要求：他们必须在公众视野中展示自己的生活状态，这类似于公司需要定期披露财务报表，并且随时可能面临媒体和社会舆论的“跟踪报道”或“审查”。这种高度透明的生活方式并不能用好或坏来简单评价，它代表了一种特定的生活方式，选择了这条路的人也就接受了随之而来的所有责任和压力。

随着名人代言在市场营销中的作用日益凸显，品牌方在选择代言人时不仅需要考虑名人的知名度和吸引力，更需谨慎处理与公众情感和社会价值观相契合的问题。一个不当的选择或操作，可能会被在现场的自媒体快速传播，引发舆情，对品牌形象造成负面影响。

品牌在选择代言人时必须明确立场，并做好必要信息的充分准备。正确对待不同类型的代言人——既尊重那些为国家赢得荣誉的体育明星，也认可形象正面的大众娱乐明星的价值——是确保代言成功的关键。同时，在实际的营销活动中，品牌应更加细致地规划每一个环节，以避免预期之外的负面事件发生，从而最大化名人代言的效果。

五、内容营销

B2B 行业市场和 B2C 大众市场在进行市场沟通的表现形式上有较大的区别，内容营销是在大众市场越来越受重视的一种市场沟通方式。

1. 内容的重要性

持续产生内容：在当今数字化时代，企业每天都在生成大量内容，从社交媒体帖子到博客文章、视频教程等，这些内容不仅可以用于直接促销产品或服务，还可以用于教育市场、建立品牌权威性和增强客户关系。

满足客户需求：由于客户每天接收到的信息量巨大，只有那些真正解决客户问题、提供价值的内容才能被广泛关注和分享传播。因此，内容必须紧密围绕客户的需求展开。

2. 内容创作的过程

了解目标受众：首先要明确内容是为谁而做，深入了解目标受众的兴趣、痛点及行为模式，确保创建的内容能够精准触达并引起共鸣。

设定内容策略：基于对市场的洞察，制定一套系统化的内容策略，包括确定主题方向、选择合适的发布平台及规划发布时间表等。

高质量内容生产：强调内容的质量而非数量，精心制作每一个作品，确保它们具有吸引力且富含信息量，从而提升用户的参与度。

3. 内容分发与推广

多渠道布局：利用多种传播渠道如网站、电子邮件、社交媒体、线下活动等进行广泛覆盖，同时根据不同平台的特点调整内容格式以适应特定媒介的最佳呈现方式。

社交媒体的角色：微信朋友圈作为重要的内容分享平台之一，可以帮助品牌快速扩散信息，并通过好友之间的转发形成裂变式传播效应。

互动性内容：鼓励用户参与到内容中来，如通过评论、点赞、分享等方式增加互动频率，这有助于加深品牌记忆并促进营销私域建设。

4. 个性化与精准推送

数据分析驱动：依靠先进的算法和技术手段分析客户行为数据，以便更准确地识别个人偏好，进而实现个性化的内容推荐。

阶段化推送：根据客户旅程的不同阶段向客户提供相应类型的内容，帮助引导他们完成购买旅程。

避免过度打扰：确保推送的内容符合当前客户的兴趣和需要，避免频繁发送无关紧要的信息造成厌烦情绪。

个性化促销：基于客户的消费记录和偏好，发送个性化的优惠券或限时折扣通知，提高复购率。

精准推送与个性化推荐。一是基于位置的服务。通过手机应用程序或其他平台获取客户的位置信息，并据此提供定制化的服务或产品推荐。例如，当检测到用户接近某个店铺时，推送限时优惠券以吸引他们进店消费。二是时间敏感推荐。根据不同时间段客户的习惯进行针对性推荐。如在中午时段，向经常在这个时段订购咖啡的人发送特别促销信息。三是情境感知营销。结合客户当前的情境（如出差在外），提供符合实际情况的产品建议。例如，购买机票后，交易平台会迅速推送目的地的酒店选择。

六、获得客户反馈

2024年春节后，我在西安高新洲际酒店刚办理完入住手续，就在行政酒廊接到了上一家洲际酒店客户经理的电话，希望得到入住他们酒店的反馈。我告诉对方，其他都不错，但有两件事让我觉得酒店在服务提升上有很大的改进空间。

第一件事发生在早餐厅，我和热食摊位上现场操作的厨师说请给我准备一份，对方看了我一眼说5分钟以后来。当时没有其他客人在场。我的餐桌离这个摊位不远，我看到又有一位厨师过去和第一位厨师聊天。时间差不多了，我走过去说了同样的要求，结果第二位厨师想都没想就直接和我说5分钟后过来取。我指着第一位厨师说他刚才让我5分钟后来取，现在你又让我等5分钟，我想知道还要等几个5分钟才可以？第一位厨师不好意思，马上就给我准备好了。

第二件事是离店那天早晨，6:30开餐，我去打包一点吃的准备赶路。餐厅服务员都特别好，做事周到。在我路过当地特有的小吃羊杂汤的摊位时，我注意到昨天见到的第一位厨师拿着一大纸盒的牛奶正往羊肉汤里倒。这让我有点震惊，原来这家五星级酒店的羊杂汤是用牛奶勾兑出来的。

我和打电话来回访的客户经理说，第一件事情的发生是因为员工没有培训好，服务意识不到位。如果当时厨师在忙着给其他客人准备热食，让我5分钟后来取无可厚非。但在两个厨师聊天且没有客人排队的情况下，再让客户等5分钟就不对了。关于第二件倒牛奶的事，我不认为是厨师个人的行为，他应该是按照流程要求做的，这是管理上的问题。

没想到当时在我旁边的酒店行政酒廊的客户经理听我打完电话后，直接问我对他们酒店的印象如何。我说都很好，就是房间好像有点小。对方马上去系统查看，并帮我升级到隔壁的套房，这个快速反应让我有点不好意思，但也算是对我多年来对这家酒店集团忠诚度的一个奖励。

在竞争激烈的市场环境中，企业要想取得成功并保持竞争优势，必须深入了解客户的需求和期望。而获取客户反馈正是实现这一目标的关键途径之一。通过收集和分析客户的反馈信息，企业可以更好地满足客户需求，提升产品和服务质量，从而提高客户满意度和忠诚度。

1. 利益

明确了解表现：获取客户反馈可以帮助公司清晰地了解其在满足客户需求方面的表现。通过对反馈的分析，企业能够识别出自身的优势和不足之处，进而采取相应的改进措施。

解决问题的机会：客户反馈为供应商提供了发现问题和解决问题的机会。当客户提出问题或建议时，供应商可以通过及时响应和解决这些问题来增加客户的订单量，并提高客户满意度。

预警机制：客户反馈还可以作为预警机制，帮助供应商提前识别客户要求和偏好的变化趋势。这使企业能够在市场需求发生变化之前做出调整，避免因未能适应市场变化而导致的损失。

2. 衡量

综合评价：客户的整体满意度反映了公司产品和服务的综合价值，而不仅仅是个别案例的评价。这意味着企业在评估客户满意度时需要考虑多个因素，包括产品质量、服务质量、价格等各个方面。

基本前提：客户满意度和忠诚度的提升是建立在公司提供的价值之上的。只有当企业提供具有竞争力的产品和服务时，才能赢得客户的信任和支持，从而形成稳定的客户关系。

3. 路径

获得客户反馈是产品开发和优化过程中不可或缺的一环，它有助于企业更好地理解客户需求，提高产品的满意度和市场竞争力。存在多条有效的客户反馈收集路径，这些路径各具特色，适用于不同的应用场景和需求。

除传统的市场调研方式外，还可以在移动应用程序或网站客户使用界面内提供即时沟通功能，满足客户直接反馈的要求，这便于了解客户使用产品的真实体验和感受，有助于企业从客户的角度审视产品。

社交媒体监听成为了现代企业不可或缺的反馈来源。监控微博、知乎、贴吧等社交平台上的评论和讨论，可以帮助企业捕捉到公众对产品的正面或负面反馈。作为公开且动态的信息源，社交媒体能够帮助企业迅速响应市场的变化。

客户支持渠道同样是重要的客户反馈来源。通过电话、邮件或在线聊天记录，企业可以收集客户在使用过程中遇到的问题和建议。这些渠道往往能提供客户遇到困难时的第一手反馈，对于解决客户问题至关重要。

客户测试，特别是可用性测试，是发现产品设计和功能逻辑中潜在问题的有效手段。通过邀请目标客户群体参与产品测试，并观察他们与产品的互动过程，企业可以直接收集客户的使用体验反馈，这对于提升客户体验具有重要意义。

社区和论坛是构建客户反馈池的良好场所。建立专门的客户交流社区，如 MIUI 论坛的 BUG 反馈专区，不仅能够促进客户之间的交流，还能为企业提供大量有价值的客户反馈信息，帮助企业不断改进产品。

每种反馈路径都有其独特的优点和局限性，企业在选择反馈收集方式时应考虑自身的具体条件和客户特性。综合运用多种反馈收集方法，可以更全面地了解客户需求，为产品持续优化提供坚实的基础。

读后思考

你所在的企业有一款新产品上市，公司管理层认为这款产品在目标市场上会是一个非常具备竞争力的新产品，期待着能够给公司带来丰厚的销售收入。作为公司的市场营销总监，你会如何策划该款产品一系列的市场沟通活动？

第十一章
营销绩效：用数据说话

企业必须以可能最小的成本完成这个流程（从产品下线，通过装箱、包装、贴标签、运输、保管等环节，直至商品最终达到顾客的家里或营业地点），并给所有参与者（制造企业、批发商、零售商和顾客）带来最大的经济价值。

——彼得·德鲁克，《成果管理》

多年前，我曾经在做一个管理层指定的项目时，一位省级的大客户经理告诉我，他不同意公司管理层决定在他所负责的客户端更换竞品。他说，三年前他曾建议这样做，因为预计客户下一年有扩容需求，且都会用到公司的产品，但当时管理层没有同意。现在进行这个更换，未来至少三年内他看不到客户有任何扩容的需求，这意味着这次行动不会带来任何潜在的销售收入。我告诉他：三年前管理层的考核指标主要是利润率，而现在则变成了市场份额。

从企业的经营发展来说，我非常理解这位大客户经理的担忧。企业也需要反思如何对高层管理者的业绩指标进行合理考核。

我们通过营销管理“吹风机模型”完成了一个完整的营销管理过程。那么，作为企业 CEO、CFO 或负责营销的副总，如何有效评价营销绩效呢？

在许多企业的实际运营中，类似于上述小故事中的情况并不少见。企业在发展过程中，可能会遇到这样的挑战：容易陷入只关注短期市场份额增长而忽视长期利润，或者过于注重短期利润而牺牲市场份额的困境。

张帆观点：

管理层的绩效考核不能太注重当下，要从战略发展的角度来制定和衡量。

如果只追求市场份额，可能会通过降价或大量促销吸引客户，短期内销量虽然上去了，但成本高、利润薄，甚至导致亏损。这不仅浪费资源，还可能因为难以控制产品质量和服务而导致客户流失，并损害品牌形象。

反之，若只看重利润而忽视市场份额，公司可能会错过市场机会，尤其是在快速发展的行业里。为了提高利润率，公司可能会忽视产品品控，减少研发投入或者提价等行为，导致客户不满并转向竞争对手。

我相信很多职场人士对“职业经理人”这个词都很熟悉，但有时候未必真的是一个褒义词。这么多年，我看到太多不职业的职业经理人，将个人的利益置于公司利益之上，这也是人性吧。有一次，负责做市场分析的我的同事菲律宾人 Johan 和我说他很郁闷，我问为什么，他说我们某一业务的市场份额是逐年下降的，年终他按要求汇总后给了某位高姓领导，结果在该领导给德国总部的邮件中，他在被抄送的名单里，这个市场份额的曲线图已经由降转升了。

在我看来，成功的 CEO 需要在这两者之间找到平衡，既要扩大市场份额，又要保持健康的盈利能力。那么，企业的最高层领导——CEO 和 CFO 对营销结果应该关注哪些指标呢？

首先，我们要知晓一个基本原则：公司商业模式和经营管理的成功与否，在很大程度上取决于营销管理是否精准有效。一个好的商业模式一定离不开稳定的销售收入和可控的成本，还需要能够有效地吸引和服务客户，这是企业经营的基础。

CEO 和 CFO 应该着重关注那些对收入、成本及资金运用具有直接影响的指标。

1. 销售收入

销售收入是衡量公司业绩最直观的指标之一，它直接关系到公司的盈利能力。

2. 市场份额及其变化趋势

监测市场份额可以帮助理解公司在市场中的位置，以及相对于竞争对手的增长或衰退情况。

3. 应收账款的账期

应收账款的账期长短很多时候与企业在产业链上的议价能力，甚至产品领导力相关。应收账款的周转效率与公司经营效率有直接的联系。

4. 销货成本

销货成本的控制与把产品制造出来的所有直接成本相关，包括原材料、直接人工和生产过程中的管理成本。

5. 销售及管理费用

这是生产以外的，为了把产品卖出去所需的费用，包含销售费用、市场沟通活动费用和管理费用。

不仅要把销售及管理费用占比与业界基准（Benchmark）相比，还要与公司历史数据相比，找出不同之处，为经营提供决策的基础。

一个公司在产业链上承担的任务越多，产生的成本就越多。这些成本包括研发费用、制造费用、销售和管理费用、折旧及分摊、财务费用和税费等。当企业在销售方面遇到困难时，通常会采取降低成本的方法来保持利润水平，削减销售及管理费用通常是最常用也是最快显成效的手段。

销售和管理费用由两部分组成。销售费用是指把产品卖出去的费用，包括销售人员的工资、福利、客户招待费、差旅费、市场活动费等。管理费用则是企业为组织和管理生产经营活动而发生的各项费用，通常包括行政费用、房租、各种咨询费用、人员费用等，这些费用与整体管理活动相关但无法直接对应生产销售等具体业务环节。要判断这些费用是否合理，可以通过以下的方法。

先确定比较比例，计算销售和管理费用占销售收入的比例。

然后进行行业对比，与同行业中同等水平的公司相比。

还要对比自身变化，与公司自身的数据进行对比。

例如，如果公司的这一比例是 5%，这只是平均值，并不意味着每个销售人员的费用都一样，还需要考虑市场的难易程度。在新市场或竞争激烈的市场中，这个比例可能会更高；而在有优势的传统市场或竞争不激烈的情况下，可以相对较低。

有一次，我在广州讲授专题课程。下课时，一位从事电商海外运营的学生找到我，询问是否有必要在海外市场开设线下旗舰店。她一年的业务量对于一个只有几十人的公司来说已经非常可观，人效比也很令人满意。然而，有咨询公司建议她一定要开设线下旗舰店以提升品牌的影响力。为此，她在前一年招聘了相关人员，并对线下店投入了几十万元，但效果不明显，相反地，销售及管理费用占营业收入的比例大幅增加，这让她感到有些迷茫。

我问她具体做哪方面的电商业务，她回答是办公室文具和耗材。我坦诚地告诉她，对于这类业务，我不认为提升品牌与开设线下旗舰店之间有必然的联系。这类业务通常没有复杂的售后服务，最多涉及处理客户的退换货请求。如果在电商平台覆盖的海外区域市场中，客户进入该平台购买同类商品时能首先浏览她的店铺，她就已经占据优势，说明她已经建立了品牌口碑。我相信这离不开良好的产品质量、及时发货，以及周到的在线客服。她需要思考的是如何进一步提升客户的忠诚度，如何吸引并留住首次在线浏览的客户，并将其转化为忠实客户。如果经过持续增长后，这一海外市场的销售收入遇到了瓶颈，那么可以考虑将现有的市场拓展和运营经验复制到另外一个新的海外市场。

重要的行业展会对企业而言，是一个集品牌塑造、市场拓展、技术交流与战略合作为一体的综合平台，其意义远超简单的产品展示——这正是孕育企业未来发展的希望种子。正如达沃斯论坛创始人施瓦布所言："在一个碎片化的世界，展会是为数不多能让行业脉搏同步跳动的场合。"

> **张帆观点：**
>
> 企业在成熟竞争的市场更需要通过参加重要展会来彰显自己的行业影响力。

本书第一章第二节开篇提及的德国企业（其总经理"被离职"），缺席了2025年亚洲最大行业展会。据知情人士透露，访企业现任高管试图通过保全利润率来达到保全自身职务的目的。这种自保举措无异于亲手扼杀业务发展的萌芽，进而引发"利润率收缩→营销投入减少→竞争力衰退→利润率进一步收缩"的恶性循环。坦率地说，如果参加行业重大展会的费用足以影响公司利润率，反而暴露出了该企业整体营收能力堪忧。

有一次，我给一个大企业上课时，有学员说没有营销费用，怎么做营销？我问具体是什么费用，他回答说就是请客户吃饭的钱。我指着营销管理"吹风机模型"开玩笑说，革命不是请客吃饭，营销也不是。我知道也理解销售费用中的一部分与客户招待费有关，我也接受在客户往来中的人情世故，但这不是主要关注点。多年前，公司有一个销售人员的观点是在客户公司办公，我认可这个观点，但从他的行为上看不出来他是为了了解客户需求，而是为了更多地请客户吃饭。有一次在回公司的路上，他和我同车，客户打电话来说吃完饭了，让他回去买单。因为业绩问题，后来没多久他就离职了。

为了更好地控制这些费用，可以使用饼图和柱状图来分析各个部分的支出。通过比较差异，找出哪些地方超支了，哪些地方控制得好，以及具体原因。最终，这些都会影响到公司的利润率。

6. 库存周转率

库存周转率 = 销货成本 / 平均库存余额。库存周转率高意味着产品从入库到发货出库的时间短，反映了企业产品在市场上受欢迎、销售效率高、运营效率高，便于资金快速回流。

7. 利润率

有效的营销活动能提升品牌影响力和产品曝光度，不仅能增加销量，而且能提升品牌的溢价能力。

8. 营销活动的投入产出比（Return on Marketing Investment，ROMI）

ROMI 用于评估营销支出带来的回报，帮助决策者了解每项投资的效果。

9. 营销来源客户百分比（Marketing-Originated Customer Percentage）

该比率展示了由营销活动直接带来的新业务比例。它直接表明了营销工作对公司整体客户获取的贡献度。

对于电商等互联网营销，CEO 还需要关注以下几指标。

（1）客户获取成本（Customer Acquisition Cost，CAC）。

这是指为了吸引一个新的客户所花费的总成本，包括所有营销和销售费用。降低 CAC 是提高利润空间的重要途径之一。

（2）客户生命周期价值与 CAC 比率（LTV/CAC Ratio）。

客户生命周期价值（LTV）与 CAC 的比率帮助评估每个新客户的长期价值是否超过了获取该客户的成本。这是一个非常重要的指标，尤其对于订阅型或有重复购买模式的企业。

（3）CAC 回收时间（Time to Payback CAC）。

对于以订阅业务收入为主的这一类公司而言，如软件服务类公司，这个指标衡量的是从新客户处赚回其获取成本所需的时间。较短的回收期意味着更快的资金流转。

此外，CEO 也要重视品牌认知度、客户满意度等非财务指标。

读后思考

你所在的企业，去年销售管理费用占销售收入的占比从 10% 增加到了 15%，而行业的平均水平是 12%，你如何分析这一数值的变化并做相应的调整，为什么？

第十二章
营销管理“吹风机模型”应用：知行合一

知是行的主意，行是知的功夫。知是行之始，行是知之成。

——王阳明，《传习录》

在我的MBA教学与企业工作坊项目中，“知行合一”是贯穿始终的核心理念。每学期课程开始，我会从商业的定义、市场洞察到营销管理“吹风机模型”，通过模块化拆解帮助学生建立完整的认知框架。但真正的精髓在于基于模型对实际业务的演绎，要求学生以自身企业的真实案例或者创业项目为蓝本，通常在4至6周内完成从市场洞察到战略落地的全周期方案设计。这种“带着实践来上课”的模式，让我的MBA课堂经常涌现出精彩的分析案例。

印象最深的是在一年在春季学期的《市场营销整合实践》课程后，在一次教学交流中，一组学生的营销管理方案设计，被一位朋友评价道：“如果给您的理论模型打100分，这个小组的作业所做出的方案可以打110分。”其实，我想说，学生们在实践中展现出的超越性，正是“知行合一”教学理念最生动的注脚，也是我所最期待的。

接下来提供两个我在清华经管MBA教学时，学生撰写的小组报告。这两份报告都是采用我在课堂上讲的分析模型和工具来制定的市场营销全案，基于内容数据翔实的原报告，我把要点列在这里。

第一份报告是关于碳纤维超薄织物及预浸料产品的市场营销方案。

OT公司是一家专注于碳纤维复合材料领域的国家高新技术企业，同时也是市级“专精特新”企业及ISO质量体系认证企业。自成立以来，OT公司始终致力于超薄碳纤维织物及其预浸料的研发、生产与市场推广，产品广泛应用于航空航天、高端体育休闲、电子电气等多个技术壁垒高、附加值大的领域。

一、市场洞察

1. 行业政策

“十二五”规划重点提出围绕聚丙烯腈基碳纤维制备开展技术提升；“十三五”规划时期将高性能碳纤维列入高端材料；“十四五”提出加强碳纤维等高性能纤维及其复合材料的研发应用，其重点逐渐向应用端倾斜。

2. 发展趋势

至2030年，全球碳纤维市场中航空航天、体育休闲以及电子电气应用领域需求逐年呈现递增趋势，且在2025年后需求量增幅很大。客户主要集中在航天、航空、高端体育和3C电子领域。

3. 目标细分市场

公司业务属于B2B模式，通过分析客户的基本需求、性价比、额外增值、采购流程中关键人物的个人价值以及客户愿景价值等方面，目标细分市场选择了航空航天、休闲体育和电子产品领域。

根据《2024年全球碳纤维复合材料市场报告》，2024年中国碳纤维消费量达8.41万吨，占全球总量的53.9%。预计到2026年，市场规模将突破1500亿元人民币，航空航天、体育休闲以及电子电气等终端应用将成为新一轮增长引擎。

4. 需求分析

航空航天、体育休闲和电子电气领域对减薄减重、均匀性和定制化要求最高，同时对强度和刚度需求也较大。

相比之下，建筑和汽车行业的超薄需求较低，但对稳定性和外观有一定要求。

5. 竞争对手分析

从国外和国内两个角度进行分析，重点比较了展宽织物和单向预浸料这两类产品，并分析了六个主要竞争对手。

二、SWOT 分析

1. 优势（Strengths）

- 超薄产品线 OnlyTop 品牌；
- 展宽和编织核心技术；
- 优良的产品质量；
- 核心原材料保障。

2. 劣势（Weaknesses）

- 公司规模偏小；
- 市场对公司品牌的认知弱；
- 产品价格相对较高；
- 产品应用领域少，在新的应用场景经验不足。

3. 机会（Opportunities）

- 国家政策鼓励；
- 产品在低空经济等新领域逐步扩大应用；

- 国内外体育用品对碳纤维的使用需求增加；
- 更多的客户群体越来越认可碳纤维材料产品。

4. 威胁（Threats）

- 地缘政治和关税的不确定性；
- 低端模仿产品出现，拉低产品价格；
- 潜在竞争者逐渐进入；
- 复杂国际形势增加核心原料供给风险。

三、定位

1. 公司在产业链上覆盖产品研发、生产制造和销售环节。

2. 公司的 OnlyTop 品牌在市场上尚处于市场导入阶段，处于挑战者地位。

3. 公司的产品通过知觉图分析，对不同行业定制化地提供碳纤维复合材料的解决方案和产品。

四、业务战略

1. 基本竞争路径

- 差异化，包括产品、质量、服务和客户；
- 重点布局航天航空、体育休闲和 3C 电子等领域市场。

2. 提高企业附加价值

- 加快核心技术开发迭代，引进消化配套技术和设备，提升整体研发水平。

3. 关于企业扩张

- 本着谨慎原则，深挖核心技术的新应用场景，积极寻找增量市场；
- 关注并布局产业下游制品领域，看准时机，果断纵向扩展。

4. 对外合作策略

- 选择上游优质碳纤维供应商结成战略合作关系，拓展业务关系；
- 与下游特定领域制品客户形成合作伙伴关系，稳定产品市场。

五、市场策略

通过对比分析，制定以下市场策略。

1. 产品领导力的策略

核心理念是以客户为中心提高企业产品领导力，具体做法如下：

- 推动创新和以客户为导向的设计；
- 建立有效的市场反馈和产品迭代机制；
- 注重培养优秀的产品经理。

2. 客户关系的策略

- 提供定制化的服务；
- 建立有效的沟通渠道；
- 持续关注和重视反馈。

3. 运营优化

核心理念是以客户为中心优化企业运营，具体做法如下：

- 流程标准化与精简化；
- 数据驱动的决策；
- 供应链体系的优化。

六、营销组合

1. 产品

- 根据纤维面密度、织物结构、格宽、参考厚度等维度提供通用或定制化产品，可提供的选择超过 45 种。

2. 价格

- 通过计算产品的直接成本、费用以及提供的客户价值，分析客户的感知价值和损失的潜在价值，进行定价。

3. 渠道

- OnlyTop 的渠道模式以直销为主，辅以分销。

4. 市场沟通

- 参加国内大型展会，比如中国（上海）国际复合材料展览会和国际先进复合材料制品、原材料、工装及工程应用展览会（北京）以及深圳国际复合材料工业技术展览会；
- 与国内航空航天等相关科研院所开展技术交流；
- 按客户细分领域进行纵向整理总结，深入挖掘新客户。

第二份报告是关于中国篮协“号码传奇”IP 衍生品项目的营销方案。

根据 2021 年中国篮球协会的统计，中国篮球人口达到 1.25 亿人，是集体球类中的第一运动。与此同时，国内赛事如 CBA、CUBA 的关注度也在逐年提升。

针对这一趋势，“号码传奇”作为一款围绕篮球文化展开的 IP 衍生品项目，旨在通过讲述篮球运动员背后的故事，传递拼搏、热血、不放弃的篮球精神，激发球迷的热情。

本小组案例基于营销管理“吹风机模型”，从市场洞察到营销组合的实施，全面解析如何成功推出“号码传奇”系列衍生品。

一、市场洞察

1. 行业政策

- 党的二十大报告提出“加快建设体育强国”；
- 国家鼓励和支持各类篮球赛事的举办，包括职业联赛、青少年比赛等；
- 支持将数字技术、人工智能等先进技术运用到篮球运动发展的全过程。

2. 发展趋势

- 篮球市场增长迅猛，国内赛事广受欢迎，目标客户群体日益庞大；
- 篮球爱好圈层持续拓展，越来越多家长支持孩子参与其中；

- 国内市场对与篮球运动相关的衍生品有着很强的消费意愿。

3. 目标细分市场

目标细分群体确定为篮球爱好者、定期参与观看篮球比赛的泛球迷群体、中国篮球 App 使用者、中国篮球官方球迷群以及普通的篮球爱好者。

根据目标客户群体的画像，对篮球运动及衍生品类做了相关的需求和购买行为的市场调研，调研结果如下。

- 品类偏好。球鞋、球服是各年龄段的绝对刚需，偏好度明显领先。使用品（如背包、杯子、帽子）购买比例显著高于纪念品（如球星卡、手办），且男性购买意愿明显强于女性；
- 购买频率。年轻群体消费频率高，23 岁以下超 60% 每季度购一次，35 岁以下超 70% 每半年购一次，整体消费频次随年龄增长下降，男性仍占主导；
- 品牌偏好。耐克与李宁领跑，国产品牌优势明显。年轻群体更重价格，年长者更关注篮球产品的专业性，颜值需达标但非决定因素，国潮元素是加分项，收藏价值影响有限；
- 国潮偏好。国潮关注度普遍较高，45 岁以下人群中超 40% “非常感兴趣”，中国李宁的购买比例均超 70%，表现突出。

4. 需求分析

- 篮球鞋和比赛服。为绝对刚需，目标客户群体重视专业性且愿意支付高价；
- 使用品和纪念品的不同群体。目标客户群体需价格合理、体现文化价值且设计合格；普通消费者则追求亮眼设计与实惠价格。

- “号码传奇”类产品。需强调背后故事及篮球精神，塑造中国篮球形象并增强年轻球迷的归属感；
- 男女群体差异。相比男生，女生更注重产品颜值。

5. 竞争对手分析

- NBA。围绕 NBA 主题开发多品类产品，涵盖电子、体育休闲类以及数字藏品等，溢价较高。线下旗舰店融合购物、艺术与互动体验，增设沉浸式纪念品展区强化 IP 价值；
- 李宁。“中国李宁”系列融合运动、中国文化与潮流元素，讲好文化故事吸引年轻群体。

二、SWOT 分析

1. 优势（Strengths）

- 官方授权的 IP；
- 固定的粉丝群，百万级会员；
- 有 KOL（意见领袖）代言。

2. 劣势（Weaknesses）

- 缺乏核心的产品设计；
- 资金、人力资源有限；
- 没有供应链优势。

3. 机会（Opportunities）

• 国内篮球运动进一步普及；

• 人们对中国篮球文化了解的渴望不断增强；

• 国潮消费崛起，国潮元素与体育运动结合日趋紧密且多样化。

4. 威胁（Threats）

• 国家队成绩不佳造成市场对篮球运动的热度下降；

• NBA 的 IP 衍生品在国内的竞争；

• 李宁、安踏等其他运动品牌的竞争。

三、定位

1. 产业链定位

中国篮球精神 IP，传递和发扬中国篮球历史、文化和精神的主导者。

2. 市场定位

具有中国篮球精神属性与文化的权威性的市场领导者。

3. 产品定位

号码传奇与篮球业务深入绑定，选择传奇球星，推出体现中国篮球文化的使用品和纪念品，并提供多样化的会员服务。

四、业务战略

全链条一体化地打造官方专属 IP 衍生品，以文化与精神为核心，塑造产品与人物形象，构建自有品牌。

通过专属供应商生产，并借助多元渠道触达目标客户群体，实现 IP 产品的商业化闭环。

五、市场策略

1. 产品领导力

处于市场跟随者地位，策略是通过增强产品设计感、提升产品实用性，逐步迈向市场领导者。通过专属设计服务商或签约设计师，完成各类产品和人物形象的设计。

2. 客户关系

处于市场领导者地位。“号码传奇”为官方授权品牌，客户身份认同感非常强。

通过赛事、粉丝见面会、会员互动等增强目标客户群体的黏性。

3. 运营优化

处于市场跟随者地位，中国篮球协会在产品运营、产品设计、商城运营方面仍处于起步阶段，需结合自身优势优化运营方式，提升效率。

六、营销组合

1. 产品组合

- 聚焦中国篮球文化与精神，初期推出使用品（如背包、水杯等）和纪念品（如手办、数字藏品），后期通过联名拓展至专业性产品。

2. 价格策略

- 覆盖低中高价格区间。使用品单价百元内，纪念套装 200-400 元，专业联名商品 500-1000 元；
- 主打性价比。50-200 元为主力产品；联名打造中高端专业性产品，定价 300-1000 元，或限量款。

3. 渠道策略

- 前期主推线上渠道，逐步拓展线下场馆销售。结合短视频、直播、会员服务等方式实现精准营销，在合作球馆设立实体店铺；
- 以私域流量运营为起点，拓展线上线下融合渠道，形成商业闭环。

4. 市场沟通

- 官方背书，中国篮球球星代言，依托国家队及球员故事，融入国家荣誉感和篮球热情进行文化传播；
- 利用官方媒体、社交媒体及垂类平台宣传“号码传奇”概念，通过策划各种营销事件来提升目标群体的认知度，吸引更多的市场关注；
- 提供会员服务，加强社交互动。

第三部分

AI 时代的营销：业务赋能

为了从 AI 中获得实质价值，你的企业必须从根本上重新思考人类和机器在工作环境中的互动方式。你应该专注于那些将改变员工业绩以及客户与公司互动方式的应用。

——托马斯 · 达文波特（Thomas H. Davenport）等，

《哈佛商业评论中文版》2023 年 2 月刊

《AI 应用别再轻轻点水》

DeepSeek 横空出世，我看到有人说是人类进步的典范，也是一个新时代的开始，给全球商业领域带来多方面的变革和机遇，当然也动了有些人的蛋糕。

我也注册了 DeepSeek 的账号，第一次使用时询问了 DeepSeek 的 AI 层级，得到的答复是 DeepSeek 还属于 ANI，即 Artifical Narrow Intelligence（人工窄智能），专注于特定任务，如语言处理、图像识别或推荐系统。未来还会有 AGI，即 Artificial General Intelligence（人工通用智能），具备类似人类的广泛认知能力，能够跨领域学习和解决问题。虽然 AGI 仍处于理论阶段，尚未实现，但从 DeepSeek 的表现，我们已经感受到人工智能给商业领域带来的方方面面的变化。

前一段时间在准备本章节的内容时，我和在跨国公司药企工作，也是清华 MBA 的学生和朋友王超聊起了 AI 的实际应用。他和我分享了两个很有趣的故事。

第一个故事是关于 AI 在他们公司市场营销中的作用。虽然 AI 能够显著降低成本并提高效率，但许多营销领域的领导者往往抱有固定思维模式，他们更习惯于传统的营销方式，对 AI 新技术持谨慎甚至消极的态度。例如，某位营销负责人可能非常清楚传统模式中 100 万元销售费用能带来多少销售额，所以对于使用 AI 和数据分析则缺乏信心，认为这是一种冒险。这让我们感叹，在公司里推行 AI 项目，很多时候还是得靠高层领导的支持才行。

第二个故事则是关于一家医药公司引入 AI 虚拟代表的经历。

这家公司特别注意员工的感受，担心员工会因为害怕被取代而感到焦虑，同时也为了防止员工反对使用这项技术，因此，公司在推广过程中避免直接使用“虚拟代表”这一术语，而是采用了“销售助手”或类似的名称，以此来缓解员工的抵触情绪。

AI 在产品创新方面同样地可以帮助企业解决客户的痛点，提供有针对性的产品和解决方案。这取决于企业是否真正理解客户的运营及其流程管理的过程，是否能够挖掘出其中需要提高和改善的地方。

张帆观点：

AI 对企业营销的赋能中，对用户友好的提升要从客户的角度而不是 AI 专家的角度来看。

前一段时间，我的学生陈祎祺找我咨询事情，我才知道他已经离开西门子医疗采购总监这个岗位，在本书前文我们提到他通过和供应商协作降低了设备包装成本。现在他在创业中，是上海术源科技公司的创始人。虽然依旧深耕医疗领域，但他从甲方转变为乙方，专注于医院手术室的“信息化和智能化”建设，致力于打造智慧手术室。得知我需要 AI 相关的案例后，他热情地分享了不少实用信息。

他和我说医院手术室护士长的工作极为繁杂，从病人入院、护士接病人进手术室，到术后关注苏醒情况再送回病房，每个环节都不容有失。术前术后访视、三方核查、压疮管理、术中清点、器械交接，每一项护理工作都细致入微。

病人相关的物资管理也十分关键，包括药品数量、耗材库存、器械维护、血样标本流转、植入物安全以及医疗设备状态等。物资全流程管理就像精密齿轮，环环相扣。整个手术室的管理范畴更广，涉及更衣区规范、绩效公平、工勤有序、感染严控，还有排班排程、护士调休、手术调度等，这些都依赖于护士长的丰富经验。

手术进行时，医护人员常遇到紧急问题：“病人到哪儿了？什么时候进手术室？”“要用的设备在哪个手术间，什么时候能轮到我？”“后面的病人能否换个手术间，让我们早点下班？”过去，这些问题只能问护士长。护士长凭借超强的记忆力和统筹能力应对，但随着手术室规模扩大、手术量增加，传统沟通模式效率低下，信息传递不准确，严重影响了手术室的高效运转。

在了解了这些痛点后，他结合AI技术开发设计了智慧手术室的解决方案，为手术室装上了智能物联网体系，如同在手术室连接了神经系统，加之最新的AI技术理解信息，制定决策，使物品、区域、人员都能实时传递状态、位置、时间等数据，帮助手术室更加智慧地运营。基于此的AI小助手能够快速定位病人、告知设备使用情况，并通过数据分析优化手术流程、规划手术间资源、调配医护人员。一旦出现不合规事件，它能迅速察觉并向管理系统发出干预请求，为手术室的安全高效运转筑牢屏障。它就像护士长的得力分身，精准高效地完成管理任务，为医疗团队提供有力支持，确保每一台手术顺利进行。

AI如同超级大脑，吸收护士长的经验，接入海量数据进行运算分析，给出精准建议。它化身贴心助理，出现在手术室各处的智能终端里。医生、护士有疑问时，只需对着智能终端询问，就能快速得到答案。有了AI的帮助，手术室运营效率大幅提升，护士长的压力减轻，整个手术室运作更加顺畅，为医疗事业注入了强大的科技动力。

目前他合作的客户从北京、上海和深圳等一线城市的医院开始迅速向成都、重庆和南京等二线城市的医院扩展，包括上海华山医院、北京积水潭医院和四川华西附属二院多家知名的三甲医院都给予了积极反馈，并且被越来越多的医院认可。

第十三章

AI 应用：赋能营销管理“吹风机模型”

营销的核心活动是理解客户需求，提供相应的产品和服务，并说服人们购买——AI 可以大幅度增强这些能力。

——托马斯 · 达文波特等,《哈佛商业评论中文版》

2021 年 7 月刊《设计 AI 营销战略》

前一段时间在看央视新闻频道时，有一则关于义乌小商品城商家使用 AI 的报道引起了我的注意。我看到视频中的客服小姐姐说着流利的外语，并且能够在不同语种之间自如切换，非常赞。

经过深入了解，我知道义乌小商品城做的是全球范围的外贸生意，他们面对全球客户，过去语言沟通确实是个大问题。但随着 AI 技术的应用，通过语音识别将客户语音实时转为文字，具备超过 100 种语言的翻译转换能力；还能创建肤色与服饰本地化的虚拟客服形象。某饰品商家通过 AI 多语直播，巴西市场订单增长了 270%，询盘转化率提升了 18%。

7×24 小时智能客服可以自动解析客户邮件中的产品需求，调用 3D 产品模型生成讲解视频，极大地提高了沟通效率，比如对迪拜客户的咨询响应时间从 12 小时压缩至 8 分钟，夜间询盘转化率提高了 40%。小语种市场覆盖率从 23 个国家增加到了 87 个国家，成交周期缩短，不仅实现了效率的极大提升，而且成本费用也大幅下降。

这种 AI 驱动的多语言视频客服技术，通过使用语言 AI 和数字人，帮跨境电商解决了语言壁垒、人力成本、时空限制等传统外贸的三大痛点，深刻改变了义乌小商品城的外贸模式。

坦率地说，义乌商家通过 AI 视频客服不仅实现了沟通效率的提升，更是全球贸易模式的一个里程碑——让语言不再成为中小企业参与国际贸易的障碍。据《人民日报》2025 年 4 月 7 日文章报道，截至2025年2月底，义乌中国小商品城相关AI产品累计使用及访问次数超10亿人次，用户数超20万。目前已有近3万经营户常态化使用CG（AI智创服务平台Chinagoods）平台推出的各种AI工具。伴随AI大模型不断升级，义乌中国小商品城CG平台上的AI功能也越来越丰富，包括AI商品图、AI翻译官、AI名片、AI独立站等。

菲律宾的英语普及率高（位居全球前列），受美国殖民历史影响，菲律宾人对西方文化（如节日、娱乐、消费习惯）更熟悉，在客户服务中更容易建立共情。口音中性且高度接近美式英语，尤其在电话沟通中清晰度优于印度，抢夺了印度的市场份额。呼叫中心产业占全球外包市场的15%-20%，服务苹果、亚马逊等国际巨头。但在大模型的加持下，反应比较快的对话式AI出现，以及自然的生成式语音，多种语言的切换等都让AI客服被越来越多的公司青睐。虽然复杂沟通（如投诉处理）仍需人工，基础客服岗位逐步被AI取代，也让菲律宾感受到实实在在的威胁，对印度也同样如此。

在探讨AI与营销的关系之前，我们先回顾一下电子商务对市场营销产生了怎样的影响。

从商业的定义（即价值链协同体系）的角度来看，在传统的产业链中，上下游之间的关系主要是单向的买卖关系，这种关系通常不具备可逆性。然而，随着电子商务的发展，这一壁垒被有效打破。通过电子商务平台，供应商能够直接接触客户，同时客户也能直接联系供应方，这使信息和评价变得更加透明。电子商务平台作为交易中介，消除了整个价值链上的障碍，极大地促进了信息的快速流通与便捷交换。

而今，随着AI技术的进步，它正在进一步改变着营销领域。AI不仅能够帮助企业更精准地捕捉市场动态，还能优化营销策略、提高市场响应速度。例如，利用数据分析预测客户行为、个性化推荐产品和服务、自动化客户服务等。这些变化表明，从传统产业链到电子商务，再到AI的应用，每一步都深刻地改变了企业的运营方式以及与客户的互动模式。

从企业的AI实践经验来看，AI能够显著做到降本增效。比如，通过数字化管理可以优化库存周转、缩短账款回收周期以及改善工作流程等。此外，数字化不仅增强了内部管理的效能，也提升了客户服务的质量。提升了客户体验，让机器与人的交互变得更加顺畅和友好。

可以说，AI是一场技术革命，它深刻影响了营销管理的各个环节，终将改变营销。

接下来，我们将探讨几个AI的应用场景和案例。AI技术的发展非常迅速，大家需要积极研究并大胆应用AI，使其发挥实际作用，实现降本增效，为客户创造价值，并构建企业新的竞争优势。

一、市场洞察

张帆观点：

AI能够处理和分析大量数据，为企业提供精准的市场洞察和预测，从而帮助营销团队做出更加明智的决策。

AI让企业拥有强大的工具来从海量数据中提取有价值的信息，实现数据驱动的决策。通过深度学习和机器学习技术，AI能够处理和分析大量数据，为企业提供精准的市场洞察和预测，从而帮助营销团队做出更加明智的决策。

1. AI 在市场趋势预测中的应用

历史数据分析：AI 可以分析历史数据，通过时间序列分析和预测模型，预测未来的市场趋势。这使得企业能够提前了解市场需求的变化，及时调整生产和库存策略，降低风险。

实时数据监控：AI 能够实现实时数据监控和分析，帮助企业迅速响应市场变化，抓住机遇。这种实时性对于快速变化的市场尤为重要。

自动化数据处理：AI 可以自动收集、清洗和整理数据，减少人工干预，提高数据处理的效率和准确性。通过机器学习算法，AI 可以从大量数据中发现隐藏的模式和趋势，提供更深入的洞察。

多类型数据处理：AI 能够处理多种类型的数据，包括结构化数据和非结构化数据，提供更全面的市场洞察。例如，自然语言处理（NLP）技术可以从社交媒体评论和反馈中提取有价值的信息。

2. 客户行为分析

通过大数据分析客户习惯和偏好，企业可以进行精准的内容推荐和个性化营销，从而提高客户留存率和满意度。例如，分析客户在社交媒体上的评论和反馈，企业可以迅速了解客户需求和偏好，进而调整产品和服务。

3. 对手分析

在竞争对手分析方面，AI 技术可以监控竞争对手的市场活动，包括价格变动、促销策略、新产品发布等。通过自然语言处理技术，AI 可以从社交媒体、新闻报道等渠道收集信息，分析竞争对手的市场表现，为企业制定竞争策略提供依据。

4. 销售预测与优化

利用 AI 对大数据进行处理，可以对未来各 SKU（Stock Keeping Unit，库存保有单位）进行销售预测，提高从原材料采购到成品交付的整个过程效率，减少浪费。预测需求变化，优化库存管理和物流，增强供应链的灵活性与响应速度。

AI 不仅能够帮助企业更加深入地理解市场趋势和客户行为，还能通过大数据分析使企业实时获取市场数据，做出更加科学合理的决策。不同于传统的评测工具，AI 可以实时捕捉真实的客户行为变化，避免自行报告和回顾产生的偏差。并且，生成内容往往能捕捉到反映客户情绪状态的关键时刻。通过精准的市场洞察和预测，企业能够及时调整策略以适应市场变化。

二、市场细分

AI 的应用让客户细分从过去粗糙的分类方式进化到一个更加精细化的阶段。过去，企业可能仅按年龄、性别或地理位置等基本特征将客户分为几大类；而如今，“千人千面”的时代已经到来，企业可以针对目标细分市场内的每位客户提供定制化内容与体验。

这种个性化营销的核心在于运用 AI 实现对客户的深入洞察与精确定位。通过大量用户数据分析（包括交易记录、浏览行为、社交互动等），AI 能够识别出每个客户独特的偏好和需求，并据此生成个性化的营销信息和服务建议。这种方法不仅提升了体验，也增强了品牌忠诚度，因为客户感受到自己的独特性得到了认可。

三、大规模定制与智能制造的融合

在制造业领域，智能工厂和自动化生产线等应用已经通过 AI 技术实现了大规模定制化生产。这种生产模式不仅让企业能够根据客户的个性化需求灵活调整生产，而且提高了整体效率，满足了市场日益增长的多样化需求。借助于 AI 的支持，制造企业可以迅速响应市场需求的变化，无须依赖大量的现场技术人员，而是利用 AI 生成的定制化建议直接服务客户。

通过引入 AI 算法来优化生产计划，企业能够实现资源的最优配置，有效减少材料浪费，并降低运营成本。同时，机器视觉技术的应用显著提升了质量检测的精度和速度，确保了产品质量的一致性和可靠性。这些技术进步使得生产流程更加智能化和高效化，减少了人为错误的可能性，同时也促进了生产的连续性和稳定性。

这种灵活性和高效性的提升，使企业在激烈的市场竞争中占据了明显的优势。能够快速适应市场变化并提供定制化解决方案的企业，更有可能获得客户的青睐，从而在市场上提升企业竞争力。随着 AI 和相关数字技术的不断演进，制造业正经历一场深刻的变革，为各企业创造了新的价值创造机会和业务增长点。

四、AI 和供应链管理的结合对市场营销管理的影响

AI 正在深刻改变供应链管理的方式。AI 不仅可以通过分析海量数据来提高需求预测的准确性，优化库存管理和运输路线规划，还能通过智能算法实时调整生产和物流计划，从而更好地应对市场波动。此外，AI 驱动的自动化工具如机器人和无人机在仓储

操作中发挥了重要作用，显著提高了工作效率和操作精度。

（1）增强需求预测能力：AI 可以整合来自多个渠道的数据，包括销售历史、社交媒体趋势、天气预报等，提供更准确的需求预测。这有助于企业提前准备库存，避免缺货或过剩，同时支持市场营销团队制定更具针对性的促销策略。

（2）优化库存管理：通过机器学习算法，AI 能够自动识别最佳的补货时机和数量，确保库存水平既满足客户需求又最小化持有成本。这种精细化管理不仅可以降低资金占用，还能减少浪费，提升整体盈利能力。

（3）高效运输与配送：AI 可以帮助规划最优运输路线，考虑交通状况、燃料消耗等因素，实现最低成本和最短时间的配送方案。同时，无人驾驶车辆和无人机的应用将进一步加快“最后一公里”的交付速度，改善客户体验。

（4）智能制造与质量控制：在生产环节，AI 支持的自动化系统能够监控生产线上的每一个步骤，及时发现并纠正潜在问题，保证产品质量的一致性和稳定性。这不仅提升了生产效率，也为品牌赢得了良好的口碑。

（5）可持续发展与绿色供应链：AI 还可以助力企业实现更加环保的供应链管理。例如，通过智能能源管理系统，企业可以优化资源使用，减少碳排放；而区块链技术则可用于追踪原材料来源，确保符合道德采购标准，增强客户对品牌的信任度。

五、个性化定价策略

AI 为个性化定价策略的实施提供了更多实能性。个性化定价策略是指根据每位客户的具体情况，如忠诚度积分、购买频率等条件，提供定制化的优惠方案。

（1）基于忠诚度的折扣。

根据客户在平台上的累积积分或会员等级提供不同级别的折扣。为长期客户或高价值客户提供额外奖励，如免费使用新产品、优先参与活动等。

（2）购买频率相关的优惠。

对于频繁购买或购买更新产品的客户给予特别折扣。设计阶梯式折扣计划，随着购买次数增加而逐步加大折扣力度。

（3）行为驱动的价格调整。

利用数据分析工具跟踪客户的习惯、偏好及历史购买记录，据此调整价格或提供个性化的促销信息。例如，在客户表现出对特定产品兴趣时推送限时优惠方案。

（4）捆绑销售与套餐优惠。

提供包含多种产品或服务组合的优惠套餐，鼓励一次性购买更多项目。针对不同类型客户（如学生、家庭、行业客户）设计专属套餐，包括折扣价及附加福利。

（5）互动式定价体验。

开发在线工具或应用程序，让客户能够自行选择所需功能和服务，从而生成个性化报价。通过游戏化元素增加互动乐趣，如设置“砍价”环节让客户感觉自己获得了更好的交易。

利用 AI 有效实施个性化价格策略，企业不仅能够有效提升转化率和客户满意度，还能促进客户忠诚度的增长，构建更加稳固的客户关系。关键在于持续收集反馈并不断优化策略，确保所提供的个性化方案始终符合客户的真实需求。

在这里，我特别讲一下 AI 与动态定价。动态定价不仅可以作为一种定价策略，还可以提升到公司的营销战略层面。

动态定价是指根据市场条件、客户行为、竞争对手定价等因素实时调整商品或服务的价格。这种策略让企业能够随着市场需求的变化灵活调整价格。

其主要目的是通过灵活调价，更好地匹配供需关系，提高销量，同时保证合理的利润空间。通常，动态定价会利用数据分析和算法来优化定价策略，以实现收入或市场份额的最大化。

借助 AI 技术，动态定价变得更加精准和高效。AI 可以分析大量数据，识别市场趋势和客户行为模式，并据此自动调整价格。这样不仅提高了企业的响应速度，还使得定价更加贴近市场实际情况，从而提升整体业绩。

六、市场沟通

精准营销：在客户行为分析方面，AI 技术可以深入分析客户的在线行为，包括浏览记录、购买历史、社交媒体互动等。这些数据帮助企业构建详细的客户画像，了解客户的偏好和需求，从而实现个性化推荐和精准营销。

广告优化：利用 AI 和大数据分析客户的兴趣及行为，优化广告投放，并对广告标题和内容进行有针对性的优化，使广告更具针对性，从而提高转化率。某企业已经成功地运用了 AI 技术来优化在线内容标题，通过分析客户偏好自动调整标题以吸引更多点击和兴趣，从而大幅增加了文章浏览量和潜在客户的参与度。

视频营销：AI 技术可以自动生成和编辑视频内容，根据客户的喜好和观看习惯推送相关的视频广告。此外，AI 还可以通过分析视频内容，提供更丰富的互动体验，增强客户的参与感。例如，AI 可以根据客户的观看历史和偏好，生成个性化的视频推荐，提高客户的观看时长和满意度。

客户服务：使用 AI 驱动的聊天机器人处理客户查询，提供实时支持，降低服务成本。但需要注意的是，在某些情况下，客户可能更倾向于真人服务，对于聊天机器人会产生抵触情绪，因此在这类场景下应谨慎使用。

销售人员助手：开发基于 AI 的销售人员辅助工具，帮助销售人员培训产品知识、规划销售活动以及快速准确地回应客户问题等。

AI 客服：AI 在客户服务领域取得了显著的应用成果，尤其是在电话客服方面。通过自然语言处理技术，AI 能够理解和回应客户的问题，提供 7×24 小时不间断的服务支持。

尽管 AI 能够极大地提升效率和服务质量，但在直接创造营收方面仍然存在一定的局限。特别是在销售流程中，AI 主要起到辅助作用，而非完全替代销售人员。例如，AI 可以高效地处理简单的客户咨询或初步的信息收集工作，但面对复杂的销售决策过程，实际销售人员的专业知识、人际沟通技巧以及对市场趋势的敏锐洞察力是不可或缺的。因此，在销售额增长的情况下，很难明确区分出这是否完全归功于 AI 的帮助，还是其他因素如市场环境改善等共同作用的结果。

为了准确衡量 AI 在客户服务中的实际效能，许多公司采取了对照实验的方法，即同时运行传统的人工客服系统和基于 AI 的智能客服系统，并对比两者之间的差异。这种方法有助于企业客观地评价 AI 解决方案所带来的变化，包括但不限于客户满意度、响应时间、问题解决率等方面的表现。如果发现 AI 确实带来了明显的正面影响，则可以考虑进一步扩大其应用范围。

值得注意的是，在某些行业，如医药领域，虽然引入了虚拟代表来传递产品信息，但实际上很多所谓的虚拟代表背后仍然是由人工座席操作，而 AI 则更多地承担着记录客户交互细节、推荐关键词等功能性的角色。

对于一些特定的用户群体，尤其是老年人，他们可能更倾向于面对面交流，因为当前 AI 的语音识别和情感理解能力仍存在不足，有时会被误认为是诈骗电话。在这种情况下，社区医院提供的面对面互动服务更为受欢迎。

七、客户满意度分析

在客户满意度分析方面，AI 技术可以通过情感分析，帮助企业了解客户对产品或服务的满意度。通过分析客户在社交媒体、在线评论等渠道的反馈，企业可以及时发现和解决客户问题，提高客户满意度和忠诚度。

某公司的 AI 产品利用混合模型架构和持续人机交互训练机制，成功地将人工阅读理解、AI 辩证思维与深度学习等多种技术融合，提供精准的市场洞察和预测。例如，一电信运营商通过使用这个公司的 AI 情感分析工具，发现了一项新服务的用户满意度较低，及时进行了改进，客户投诉率下降了 30%。

八、知识转化和员工培训

在专业知识转化和新员工培训的过程中，AI 能够显著提升知识转化和培训的效率与效果。

以医药行业为例，这是一个数据密集且专业术语繁多的领域。一家企业开发了一款基于 AI 的工具，能够将复杂的医学信息转化为易于理解的内容，帮助普通患者更好地理解和接受医疗建议。尽管这款工具的投入不大，但它极大地提高了患者的参与度和服务质量。

AI 可以根据每位员工的知识水平、兴趣点以及职业发展目标，定制个性化的学习路径，确保每个人都能按照最适合自己的节奏学习。

利用自然语言处理技术，AI 可以从现有文档中提取关键信息并生成结构化课程大纲，甚至制作视频教程等多媒体资料，大大减少了准备培训材料所需的时间。

对于需要实操经验的职业，如销售岗位，AI 可以模拟各种客户场景，让员工在虚拟环境中练习应对策略，从而提高实际工作表现。同时，AI 还能够实时监控员工的学习进度，提供即时反馈，并指出不足之处及改进建议，保证评价过程的公正性和准确性。

借助 AI 的力量，企业能够更加高效地传递复杂的专业知识，同时促进员工个人能力的全面发展，为企业注入新的活力。

同时，企业需要确保数据的准确性和完整性，并加强对数据质量的控制。

总之，AI 技术不仅提高了企业的运作效率，还在市场营销的各个层面发挥着重要作用。从市场洞察到产品定制，再到市场沟通，AI 都在不断推动营销领域的创新与发展。企业应该积极拥抱 AI 技术，充分利用其带来的机遇，以适应快速变化的市场环境，获得可持续的竞争优势。

读后思考

在客户服务环节使用 AI 逐渐被众多的公司所采用。从客户的角度来看，一个理想的 AI 客服是什么样的？如何让 AI 客服做到用户友好？

第十四章

AI 实施：价值导向

我借鉴在行业和学术界的经验以及咨询工作发现，每个 AI 项目在成为产品的过程中，都要经历选择、开发、评估、采用和管理这五个关键步骤。

——亚沃尔 · 波吉诺夫（Lavor Bojinov），《哈佛商业评论中文版》

2023 年 12 月刊《确保 AI 项目步入正轨》

北京大学管理案例研究中心的微信公众号在今年4月25日发布了一篇题为《添可食万：AI赋能未来厨房革命》的案例文章。该案例由北京大学光华管理学院张颖婕副教授、马莹莹整理编写。文章提到，添可通过将AI的应用与客户需求相结合进行创新，以下是文章的部分摘录。

2021年，智能生活电器品牌添可推出了“食万智能料理机”，这是一款能够实现自动化烹饪的多功能炒菜机，正式“跨界”进入厨房家电领域。添可的“创新基因”驱使其不断思考用户的深层需求，并坚持“小步快跑”。在三年间，硬件经历了数次迭代升级，并通过构建数字美味生态，为用户提供“精致快生活”的体验。

自2024年3月起，添可开始训练自己的垂直领域食万（烹饪）大模型，利用创新技术满足用户的个性化烹饪需求。通过搭建私域知识库、引入数字人模型等方式，六个月间，食万大模型的后台训练量达到了40多万个菜谱，并持续优化；输出准确率从10%提升至近90%，能够根据用户需求即时生成菜谱、自动调节口感等，实现了“私人定制”。

2025年3月，搭载AI大模型的“食万天工”正式推向市场。

张帆观点：

企业实施AI战略时，应当以价值为导向，确保技术的应用能够为企业带来实际的业务收益。

一、价值导向

企业实施AI战略时，应当以价值为

导向，确保技术的应用能够为企业带来实际的业务收益。许多企业正在积极利用 AI 提升竞争力和效率。对于企业而言，使用 AI 的关键在于识别那些能够创造最大价值的应用场景。

1. 价值导向的 AI 应用

企业首先要做的是发现那些能显著提升业务价值的 AI 应用场景。这可能包括但不限于销售预测、客户服务自动化、个性化营销等。

接下来就是决定采用哪种 AI 模型和技术路径。这一步骤强调的是以最终的价值产出为决策依据，而不是单纯追求最新的技术或复杂的解决方案。

我要提醒的是，简单有效的方法同样重要。并非所有企业都需要高度复杂的 AI 系统才能受益于这项技术。有些情况下，简单的工具就能满足需求。如以下两种情况。

数据电子化：一些企业可能只需要将纸质文档转换成电子文档，就可以更好地管理信息和进行数据分析。

2. 制定 AI 战略的原则

明确需求：深入分析企业的具体需求，包括现有的业务流程、面临的挑战及潜在的改进点。

避免盲目追新：在制定 AI 战略时，要避免仅仅因为某项技术新颖而采用它。技术的选择应基于其能否解决实际问题并带来价值。

聚焦实际问题：确保所选的 AI 方案能够直接应对已识别出的

问题领域，从而真正推动业务发展。

成功的 AI 战略应当始于对企业需求的深刻理解和对价值创造的关注。通过仔细评估哪些环节最需要引入 AI 技术，企业可以确保投资得到回报，同时避免不必要的复杂性和成本。

二、企业 AI 战略实施

企业在进行数字化转型，特别是在部署 AI 相关工具平台时，经常会遇到一些关键问题。其中最突出的问题是数据不完整和缺乏结构化。对于大型企业来说，还会存在所谓的“数据孤岛”现象，即各部门之间的数据互不相通、无法共享。在这样的情况下，将零散的数据整合成适合 AI 处理的形式，并将其接入到 AI 大模型中，往往是最耗费时间和精力的工作环节。

为了成功实现数字化转型，企业需要遵循“一切业务数字化，一切数字业务化”的原则。这意味着应该把数据收集和积累融入每一个业务流程之中，确保所有操作都能够产生有价值的数据。然后，利用这些数据来指导业务决策，从而提高效率并创造新的价值。

企业 AI 战略的实施虽然可以带来诸多好处，但在实际操作中也面临一些挑战。

特别是对于目前处于亏损状态下的企业，不能仅仅寄希望于数据和 AI 工具来扭亏为盈。部署实施 AI 工具和进行数字化转型都需要高额的投资，而且要看到回报也需要一定的时间。如果转型不成功，ROI（投资回报率）也有可能是负的。因此，企业在实施 AI 战略时，需要识别 AI 适用的场景，全面评估机会的潜力，逐步推进，循序渐进，并加强人才培养和技术支持。通过科学的规划和执行，企业可以充分利用 AI 技术的优势，实现业务的优化和创新，提升竞争力，实现可持续发展。

首席营销官应该怎么做?

AI 技术具有巨大的潜力，首席营销官必须了解当下可用的营销 AI 应用类型，以及可能的演化方向，明确现在的技术可以做什么，将来可以做什么。

很多营销者不了解 AI 能做什么，因此让公司的技术团队或数据团队实施和分析，但是很多数据团队要么提出超过实际需求的技术方案，要么是困在舒适区，重复进行自己熟悉的分析，没有根据营销部门的需求回答问题。

AI 一定是未来的趋势，并且发展速度极快。因此，企业应该从现在就开始布局，不能输在起跑线上。对于企业来说，一旦解决了 AI 生成结果的精准度问题，尤其是在专业垂直领域的内容精准度，运营效率会得到很大的提升。

读后思考

如果你是一位营销副总或营销总监，你如何提交一份 AI 营销管理的实施建议方案呢?

写在最后

你若盛开，清风自来

——我的成长和感悟

2025 年 4 月底的一个下午，上海虹桥机场，抵达和出发的航班频繁地起起落落，乘客也像潮水般熙熙攘攘，一如既往地繁忙而有序。我的航班因天气原因有些晚点，我早已习惯这样的延误，所以无所谓等候，反而有时间记录下此时此刻的心境。静静地坐在 V3 的吧台，看着不远处廊桥旁不断驶近和推离的飞机，落日的余晖让候机厅里的人和物显得更加立体。

这样的情景，与我自 2000 年初回国后的 20 多年的每一次似乎都相同——我的京沪双城记持续了很多年，这条航线是我所有飞行记录中最多的一条。但这一次又不同于其中的任何一次。

之所以不同，是因为折腾了好一阵子，我的书稿终于要定稿送出版社了。在这之前，我从来都不觉得自己是个搞学术的人，也不是那种能长时间码字的人。偶尔写写文章或分享一下观点没问题，但大部头的书还真是难为我，其实说白了就是懒。在给清华大学经济管理学院 MBA 上课时，不止一个学生问我，别的老师都有书，您怎么没有出书呢？我说我写不出来，我一直认为写书需要非常深厚的理论功底。有一位学生说：“您可以把您的职场经验和对人生的感悟写出来，把这些实用的工具分享给更多的人，这些接地气的东西应该比较受欢迎。”

也许就是这一点灵光闪现，我突然觉得自己可以静下心来，回顾一下这么多年的生活。

一、家庭的影响：父母的教诲与支持

记忆中的日子由一段段不同的场景连接起来，就像一部正在上演的电影。这些成串的往昔是我生命中重要的组成部分，我对此的确有太多的眷恋。

我觉得在每一个人成长的过程中，父母的角色都非常重要。现在想想，我的父母的确给了我很多。父亲英俊潇洒但脾气火暴，母亲虽然说不上有多漂亮，但她做事得体有分寸。父母因为工作原因几十年长期两地分居，聚少离多，这种情况在那个年代是很平常的事。父亲退休后没几年因车祸离世时，我们按天计算在一起生活的日子加起来不过五年，大部分时间我其实是和母亲一起生活的。有时候坐在奔驰的高铁上，我常常会想起小时候的旅行，基本上每年都会和父母中的一方坐火车跋山涉水去看另一方。印象中有一次旅行的目的地是贵阳，在贵州境内的一个车站到站后，旅客都下了车，一节车厢中只有我和母亲两个人，好像那个时候大家都不出门，好像列车上永远都有座位，运气好了还能有卧铺。儿时这些跟随父母的旅行经历，给了我很多机会去遇见陌生人、体验不同的场景，看到了父母之外的世界。因为喜欢出门的感觉，所以我那时最大的梦想就是长大了要做一个列车员，而他们对此也是鼓励的。

有一年的夏天，父亲休探亲假回来和我沟通时说："你现在长大了，你可以做自己想做的事，但你自己要为结果负责。我们的唯一期望就是不要让我们去那儿看你就行。"从我家三楼的窗户看过去，几百米开外父亲的手指向的地方是铁路分局的劳教所，那一年我 12 岁。

我的母亲出身于一个大家庭，经历过大起大落。但从小到大，我很少看到她当着我的面流眼泪。豁达、睿智、有远见、情绪稳定是我儿时对她最深的印象。我不知道是不是因为她的家庭原因，每次出门她的衣着总是干净得体的。那个年代其实大家都很穷，印象中我穿在里面的衣服破了可以补，袜子也可以补，但外衣她一定不补。在学习上她对我没有特别的要求，只是嘱咐我要听老师的话好好学习。那个时候高考很难，当时陕西也只有 4% 的升学率，全国高校每年含大专招 30 多万新生入学。记得高考前两个月，我从外面回来看到她正在缝被子，还说是给我下学期用的。我说你怎么知道我就能考上大学呢？她头也不抬地说，不上大学咱们也要盖被子。我至今也不明白她哪来的这种自信和平和的心态，好像也从来没教导我一定要考上大学。很多年后，她和邻居说："我感觉我小儿子啥都不会，但是看他好像活得还挺好。"我转行当大学老师时给她打电话，她非常开心地说我们家多了一个先生。

我一直对父母的宽容和开明心存感激，但他们对我管教非常严格。小时候随他们出门去别人家做客前，一定会交代得清清楚楚，不能乱动别人家的东西，给什么都不能要，如果是吃的要看他们的眼色，还要注意吃相。在外面看到再值钱的东西，不是自己的坚决不能碰，要视而不见，也不能在物质享受上和别人攀比。公共场合要注意自己的言行举止，得体是必须的。晚上要外出和同学玩，说好的几点回来一定不能晚于约定的时间，如果确定不回来想要在外过夜，提前沟通清楚也没问题。我当时觉得规矩真的是太多了，但建立了基本的原则后，他们又给我充分的自主，不干涉不过问，所有的选择我自己喜欢就好。说白了，就是保障我吃穿的基本要求外，其他就是散养了，让我自求多福。

二、人生的转折：选择与机会

还有不到一年高考时，一位曾经教过我的语文老师和我说，他觉得我非常适合文科，读工科其实是学不出来的，如果现在愿意转换他可以帮我。那个年代有这么一句话，“学好数理化，走遍天下都不怕”，而且我当时自认为自己理工科还不错，就拒绝了老师的好心，今天看起来老师是对的。但我从不后悔自己当初的选择，人生没有一步是白走的。当初考上的大连铁道学院现在已经改名为大连交通大学，理工科的教育让我这个感性的人至少在工作场合能够有清晰的逻辑思维，理性远多于感性。

大学毕业后，我被分配到当时的铁道部（现国家铁路局）西安车辆工厂铸钢车间做助理工程师，不到两年我就辞职离开。记得当时和车间副主任夫人也是同事，在工厂门口遇到她时，她我问我为什么辞职去酒店做服务员，我的父母为什么不说我等一堆的问题。其实我和父母沟通过，他们觉得这个大国企各方面都不错，担心我的腿疾会复发，期望我不要离开。但这是我自己的选择，他们只是表达意见，最终的决定还要我自己做。母亲还加了一句：“想出去闯闯那就去吧，如果碰个头破血流，大不了回来咱们做个体户，还是我的儿子。”我很感恩我有这样的父母，不把孩子拴在自己的身边，给予充分的自由和自主。孩子还是要放养不要圈养，要给自主权，该放手的时候要放手。记事以来每次离家，父母几乎没有送出过门。当年父亲刚过世，我怀揣几百美元，衣食学费都无着落，远度重洋求学离开家时，母亲不仅没有下楼，甚至也没有送出门。但我知道她心里一直惦记着我，也知道她愿意让我能够成全自己，只要我尽力了，她什么结果都接受。

年轻的时候，我和绝大多数人一样对未来有梦想，也期望着能去海外留学。当时的政策是要满足六年服务期的要求，毕竟我上大学的学费是国家支付的，第七年我才去了澳大利亚。我当时给自己的规划是离开工厂要去外资的五星级酒店，这样我可以提高我的语言能力。在西安喜来登酒店人事部面试时，军人出身的人事部经理告诉我酒店的岗位是合同制的，几年以后也可能就不续签了。我说没关系，几年以后我就出国读书了。他当时就给前台打电话，说我这里有个人才，你们一定要见一下。他不知道的是因为我的这个回答，让我失去了阿房宫凯悦饭店销售部的岗位，因为销售总监想找的是能干长期的，我真心做不到。同样的事物在不同人眼里是不同的景观或者不同的感觉，人和人之间的确有差别，犹如盲人摸象的故事，看你所处的角度和所站的高度，更重要的还有自我感知意识和能力。

那天在前台办公室，我先后经历了来自北京长城饭店的前台经理李杰和来自新西兰的房务总监 Andrew Baylis 两轮面试。记得新西兰人在面试中问我：“听说凯悦饭店没有要你，你为什么来我们酒店？”我回答说：“我喜欢这里的工作环境，能让我提高英语能力。”然后他就聘用了我。我当时其实是拿到了夜班经理这个岗位，连续上了半年的夜班。酒店的业主之一是兰州空军，所以有同事问我是不是靠兰空的关系进来的，因为这个岗位一直空了好几个月，有几个人来申请但都被否了。我说我谁都不认识，也没有任何酒店从业经验，只是通过了面试就从工厂这么过来了。Baylis 先生离开后，我被前台中方管理者从夜班经理调整为夜班职员，没有事先沟通，只是把签到表上的岗位变了，好的地方是开始三班倒但薪酬不变。当时我觉得可以接受，就当是个学习提高的过程，能够如愿进来就已经很开心了。我其实也很感谢这半年的夜班工作，首先是完成了自己的职业转型，通过给管理层准备第二天晨会的夜班报表，和客房部和财务部打交道，不仅熟悉了整个酒店的运营，也提高了自己英语口语和待人接物的能力，同时也见识了很多大的场面，我自己觉得非常值。世界有时候真的很小，几年后，当时刚去地处悉尼国王十字的千禧饭店上班时，我看到总经理的照片是 Baylis 先生，就去找他。我站在他办公室门口什么也不说，他抬头看到我就开心地大喊出我的名字，真的是缘分，很多时候你不知道在哪里会遇见谁。

我知道也非常理解现在的年轻人学习卷，就业卷，工作了还卷，反正是各种各样的卷。

在这个连焦虑也有人贩卖的年代，保持清醒的头脑尤为重要。我见识过在巨大压力面前依然淡定自若、该干什么还干什么的人，也见过有一点压力或者在面对未来的一点不确定就每天忧心忡忡、对什么都提不起兴趣的人。前者让人敬佩，后者则令人同情。

我非常理解很多人的焦虑，因为内心过于在乎而太想得到抑或太怕失去。这个阶段绝大多数人都会有，在经历了很多后，你会发现所谓的小的失败和不如意其实并不能影响你太多生命的轨迹。旅途中不仅是一草一木能给你美感，那些偶尔的崴脚也会让你更加珍惜眼前的风景。生命的确是一种长期而持续的积累过程，厚积而博发只是早晚的问题。不必艳羡别人的风光，只要你努力，所有的付出终会有回报，即使你心中或许并无此期望。

其实，压力无处不在，你想还是不想，它都在那儿。要始终知道自己想要什么，有激情但也不乏理性，把压力释放出来，内心就会坦然很多，也淡定很多。这一点谁也帮不了你，只有靠你自己。不要生活在明天，也不要总是生活在他处，踏踏实实抓住今天，而不是用消极的情绪毁了今天，这尤为重要。生活总会有起伏，也总会有不如意，淡定从容、荣辱不惊应是不变的追求。

每一代人有每一代人所处的社会环境，各个方面都不同。相信每个人都有梦想，大多数人都想成功。也许每个人对成功的定义不一样，也许一个人在不同的阶段对成功的定义也不同。我眼里的成功其实就是过你自己想要的生活，在该奋斗的年纪去奋斗，在该努力的时候去努力；尝遍生活的酸甜苦辣，品味人生的不易和成就。只要你每一次都竭尽全力去试了，那就没有什么遗憾的。每个年龄有每个年龄的风景，时间也从来不会撒谎。有人说聚光灯下光彩照人的背后不是龌龊就是坎坷，我更相信大多数是后者。梦想成真的背后不仅是踏踏实实的努力和付出，还有那份遇到困难时的坚强和坚持。特别是在看不到希望的时候还能耐得住寂寞，继续微笑前行。

我还想说的是，只要你真的努力了，就要相信无论什么结果都是最好的安排。当初大学毕业的时候，那个年代我的眼界和能力，自身素质肯定都没有当下的年轻人好，整个市场大环境也远没有现在这么开放，各种机会并存。在北京找工作常常要求本地户口，没有户口甚至没有递简历的机会，当然表面上看也没有现在这么卷。当时国家因为海外游客和商务客人的快速增长，急需提升接待能力和住宿水平，兴建了很多星级酒店，外资酒店管理集团开始进入国内市场，那些没有通过高考进入大学的有潜力的年轻人很多都进入了酒店行业。当时我做前台接待时的一些行李员同事后来都成为一些酒店的总经理，前几年一则三里屯洲际酒店驻店总经理调任西安香格里拉酒店总经理的消息吸引了我，一看是当时我们酒店的门迎小姐姐。

这么多年来的工作感受是，不管什么岗位都会帮助你成长，提升对这个世界的认知。这个世界没有如果，希望重来的人看重的是结果，其实我更享受过程，这个过程不可复制。每一个人的人生都不同，哪怕是双胞胎，起点几乎完全一样，但终点大不相同。有一次在清华经管的课上，上课时正好有 SOHO 中国的新闻，有和地产相关的学生提到了阎岩女士去了黑石公司，她曾是 SOHO 中国多年的 CEO。我说她是我当时在酒店工作的同事，是 housekeeper，也就是客房部的总管。记得有一天晚上十一点多，一个旅行团的地陪来到前台要一间房。按照酒店要求，我给他一间双床房，意味着若其他地陪有同样需求，他们会共住一间。这个安排在旺季是惯例，减少免费房，增加营收。他对酒店很熟悉，知道给的是双床房，想要大床房。我说旺季规定只能给双床房。他问阎岩在吗？我让他去用酒店内的电话拨 0 找总机。几分钟后，阎岩来电询问能否给大床房，我说没可能了。我然后问，您还有别的事儿吗？她说没有了，我说那祝您晚安。挂电话后我对那位地陪说你还住那间双床房。

没想到离开酒店后再见到她时，已经是二十多年以后了，是在京沪航线的国航航班上，她和潘石屹坐在客舱中间在我的右前一排。这么多年过去她看起来还是那么干练，还是那样知性、得体，感觉没什么变化，所以我一眼就认出来了。作为一个内向的人，我本身就不太喜欢套近乎，再加上当时工作上没有什么交集和来往，现在对方又身居知名企业的高位，我更不会去凑热闹了。在酒店前台工作时，还碰到过从北京来出差的一个日本公司的首席代表，也是北京一个酒店的前台出身。那个时候刚改革开放，那些海外公司来中国出差的员工通常不懂中文，语言不通非常不便。酒店前台是最多接触到他们又能有机会提供最多帮助的人，通过不断地接触沟通，了解做事风格建立了信任，公司有工作机会就会自然而然地先问这些提供帮助的人是否有兴趣。我想很多人都还记得前微软中国高管吴士宏女士的励志故事，当年她的那本《逆风飞扬》的自传很有名，也鼓励了很多年轻人。虽然说是时势造英雄，但她们所获得的成就离不开个人的努力，机会永远都是给那些既有想法又能时刻做准备的人。

在酒店工作了一年半后，我对后来的前台老板 Robert Tester（也是新西兰人）在管理上的一些既不公平又不合理的做法非常不认同，自己也想去看看外面的世界。我休假去新疆旅行了近两周，回来后直接离职去了深圳。不知道是不是个性的原因，我一直觉得他总是和我过不去，但现在看来他其实也帮助了我成长。有一位在合资公司西安维美德造纸机械厂工作的来自芬兰的常住客，是一个比较挑剔的女士，她的早餐和住宿费是由公司支付的，洗衣服等杂费自己付，结账时要分得很清楚才行。她的费用每三个月要结算一次，时间跨度大，所以难免会有错误，每次她来结账都很不高兴。那天她来之前，前台客人不多，Tester 先生看到我和同事在聊天，就让我去结算她该支付的金额。半个小时后，他从办公室出来看到我还在聊天，就问我账都算清楚了吗。我说当然。他问我怎么做的，我就在电脑上展示给他看具体的金额，说在她的房间号下面再建一个杂费的账，把所有的早餐转到自动生成房费的那个账，然后走公司支付系统，剩下的第二个账的总额就是她个人应该支付的杂费。他说别人会这么做吗，我说我不知道，这个系统的基本操作是我入职时其他同事教我的，有些非常规的操作是我在使用中自己总结的。

还有一次，也是晚上十一点多，一个旅行团地陪来要房间，据说是一个知名旅行社的总经理夫人，大家都比较害怕她。她想要一间大床房，我没有满足她，她就在前台不仅大爆粗口，还拍着桌子说："你们当初开业时请我来免费住，现在我付钱还要让我和别人合住，真不像话！那我直接睡大堂了。"我非常客气地说："您要是不住了，那我把您这张住房券还给您。"然后就不再说话。那张住房券是酒店给旅行社地陪的住房券，价值 20 元人民币。她离开前台坐在大堂打电话投诉，后来 Tester 先生下来在电脑上一阵敲敲打打，满足了那位女士住单间的愿望，然后就开始了和我对话。他说客人投诉我非常粗鲁地把住房券摔在了柜台上。我说她不住了，我当然要把优惠券退给她，她要想投诉我可以找任何的理由。我反问之前有没有客人投诉过我态度粗鲁？他说从未发生过。我又问，那上个月谁是服务冠军？他回答说是我。然后我就转身离开去准备夜班报表了。

在深圳的那几个月，我见识了改革开放的初步成果，到处都是热情腾腾、蒸蒸日上的感觉。那也是我第一次去深圳，对大街上人来人往快节奏的场景印象深刻，和国内其他地方的景象完全不一样。我在华强北据说是中国第一家麦当劳餐厅做了一周的管培生，当时同期的二十多人只留下了一人，我被淘汰出局也是很正常的结果。后来我又在国展的外资酒店做了两个月的前台，对深圳街头印象最深的是没有报摊儿，感觉缺乏一些文化底蕴，我也没有耐心去学粤语，自己心里还有梦想，在这里的时间最多也就两年而已，之后便回到了西安。刚好一家进出口公司在报纸上招聘，要求是工科背景，英语好，特别是口语要流利。虽然我面试和笔试都是第一名，但最后还是出局，知情人告诉我那家公司没有独立的进出口权，每次只能派一个员工和有进出口权的大公司一起出国。面试我的就是每次出国的那一位，懂的都懂。我告诉自己没关系的，这扇门关上，另外一扇门就会打开，总有一扇门是为我准备的，但我得准备好。

我后来去了一家刚成立的期货公司，公布招聘结果的时候，我的名字排在第一个。因为我对市场的涨跌的方向完全不知道该怎么去分析，涨了不知道为什么，跌了也不知道，被几个做过股票的人在背后嘲笑说这就是面试第一名进来的水平。当时电脑还没有普及，我回家用网格纸画了三个月的 K 线图。画了两个月后，我就开始问自己明天会开在哪里？收在哪里？为什么？当判断方向和市场走势越来越相似的时候，对市场的脉搏的把握就不会那么离谱，慢慢地就对如何看 K 线图有了感觉。我的第一个开户的客户，是我在酒店工作的同事李翔，在客房部直接向阎岩汇报的。因为当初彼此对工作都有要求，合作愉快才建立的信任。他说让我拿出我在酒店工作的态度就行。后来一个潜在客户来公司参观后给我打电话说，如果他要做期货，一定来找我开户。我问为什么。他说今天下午在我们公司的时候，因为大家期待中的糖合约的价格终于上涨了，外面一片欢呼，而我只是和他淡淡地说了一声“糖涨了”，再没说什么。他知道我有一单被套了好几个月，这个上涨对我绝对是利好，但没想到我内心这么淡然。

1994 年包头铝厂在呼和浩特成立了一家期货公司，我被聘请去做市场部经理，从招聘、专业培训到业务推广都做，在内蒙古人民广播电台还做过午间直播专访。后来因为对几个主要经营者的经营理念和管理理念都不认可，我便辞职去了北京为出国读书做最后的准备。这一段的从业经历刚好让我确定去读 MBA，金融专业应该是适合我的，也是我当时想要的。

天下没有一模一样的市场，也没有谁的人生可以完全复制。人生的跑道上，有人用心欣赏风景，有人努力让自己成为风景。人人都希望追求到美好，其实美好就是无止境追求的过程。我相信，在每一个死胡同的尽头，都有另一片希望的天空，在我们无路可走时迫使我们腾空而起，而那就是奇迹。不要总说自己没机会，不要一直抱怨自己怀才不遇，其实是因为你的心思根本就不在那儿，你不知道也不在意自己想要的是什么，你日常在意的又都和你想要的没有任何关系。当有一个非常好的机会来找你的时候，一定要记住是因为你有能力去把握它，你能为之创造价值，而不是仅仅因为你自己心里想要它。踏踏实实地做好自己该做的，不要总去想会有什么回报，该有的一定会有，只是时间早晚的问题。

三、梦的开始：在悉尼的生活与学习经历

澳大利亚是除中国外，我感到最亲切的国家，它所给予我的远远超出我所期望的。当年我怀揣梦想和朋友给的 500 美元就踏上了跨洋航班，在晕乎乎中来到了这个完全陌生的国度，一切从头开始。

记得那天是国航的航班，飞机从首都机场出发，在广州白云机场落地后，又起飞至墨尔本机场经停，最后到达悉尼机场。出海关后，我在学校接机的地点才知道，还有一位武汉的女生和一位广州的男生与我同机抵达。那时我完全没有申请学校的经验，也没有充分准备，联系学校、申请签证等事情都是自己做。我在北京的一个活动中遇到了伍伦贡大学的招生人员，递了申请材料不久，MBA 的录取通知书就来了，但有条件录取，即要再提供达标的英语成绩。当时我的托福成绩没达到要求，因为有口语优势，便换思路去英国使馆文化处考雅思，也是考了两次才过，第二次成绩不错。那时全国雅思考试好像只在北京举办，每个月一次，每次 24 个考位，知道的人不多。

从悉尼机场出来前往伍伦贡的路上，有一段公路非常美。一边是浩瀚的大洋，一边是绿色的山峦，还能看到与公路平行行驶的火车。学校接机的面包车把我们三人送到伍伦贡火车站附近的一个汽车旅馆就走了，我们需要自己承担住宿费。这个城市虽是澳大利亚第九大城市，但在我的眼里看来非常小，街上也没什么行人。我决定住在离伍伦贡 80 千米的悉尼，每周两次坐火车往返来这里上

课。毕竟生存是第一位的，而且下学期的学费还没着落。虽然第二个学期我就转到悉尼大学经济学院就读商业硕士（金融和银行双学位），但伍伦贡大学是我在澳大利亚梦开始的地方。

在悉尼几番周折后，我终于安定下来。我很幸运地通过报纸的招聘广告，在中央火车站附近的一家汽车旅馆找到了第一份正常纳税的兼职工作。旅馆经理老两口就住在客房，可以说是 24 小时当值，这是当时这类 motel 汽车旅馆的经营模式。老板 Wal 是澳大利亚人，非常善良，和我说话时总是称呼我为“my son”。老板娘 Singa 是苏格兰人，说话快且脾气急，但人其实很好。有一次，Singa 外出不在，Wal 开心地说今天就咱们两个在，问我中午吃什么，他来买。我说自己带了午餐，他说那你用微波炉加热，多休息一会儿，今天想干多久就干多久，我内心非常清楚他的善意。因为我的收入是按小时支付的，他知道我在读书，没有其他经济来源，也很需要钱。有一天早上我刚来上班，他让我去看一个房间有没有人，我查看后告诉他客人已经走了，床单上有血。我们一起回到房间，他让我靠边，并戴着手套小心翼翼地收走床单和垃圾，还一再嘱咐我不要用手触碰床垫下面，别被针头扎了手，要安全第一。原来那个客人是个“瘾君子”，而且没有退房就走了。

还有一个澳大利亚老大爷让我记忆犹新。他们一大家子人来悉尼度假，我理解他们也属于收入不高的家庭，不然不会住在这里。有时候打扫房间时，他们一大家子都在，也会和我聊聊天，非常淳朴。有一天，老大爷出门时碰到我就问，你明天来上班吗？我说当然，他说 good day 就走了。第二天我来上班时，他们已经一早退房离开。我打开房门，在桌子上看到一堆硬币和小额纸钞，加起来有四十多澳元，还给我留了一张纸条，上面写着：“年轻人，我知道你现在工作辛苦，处在困难时期，但我相信你今天的努力付出配得上明天的灿烂。”今天想起来，我的眼睛还会湿润。善良是一种态度，也是一种选择。善良不一定都是举手之劳，有的时候善良是牺牲自己的利益来成全他人。

最多的时候，我一周打三份工。有一天，在一家四星级酒店上晚班时，有一个房间需要加床。客人是一对三十多岁的白人夫妇，带着两个三四岁的孩子。我把移动单人床推到房间内，边干活边聊天。孩子的妈妈问我平常都做什么。我说我在悉尼大学读硕士，她马上把坐在沙发上的两个孩子拉起来说：“赶紧站好了，master boy 在给你们做床，你们应该感到非常荣耀，怎么还能坐着？”我当时虽然哈哈大笑地说没关系，他们还只是孩子，但内心深处是满满的暖意。

一边兼职一边读书虽然艰难，在各种“due”（最后截止日）之间疲于奔命，也被迫经常不断挑战自己的体力、脑力，特别是精神承受能力的极限，但我靠自己的双手自给自足，不仅支付了两个硕士学位的学费和生活费，而且身心和见识都发生了脱胎换骨的变化，也让后面所有在旁人眼里不容易的生活和工作在我眼里看起来是那么容易。几年后，我回国对母亲说，你现在把我扔到世界上任何一个地方，不给一分钱我也能活下来。我的一个发小对我说，他相信我吃了很多苦，经历了很多坎坷，但这一切其实都没有写在脸上，没有一点儿沧桑的感觉，我依然年轻阳光。

在悉尼大学读书期间，我也一直通过各种媒体关注国内的经济发展变化，当时觉得还是需要再读一个 MBA 学位，就申请了隔壁悉尼科技大学（UTS）商学院的 MBA，真是折腾了一圈。在学校上第一学期时，我申请一些课程免修，遇到了一点小波折。在最后截止日前三天，我去接待处询问结果。负责的小哥哥说谁告诉你可以免修 9 门课，我回答说请转身拿你背后书架上那本申请手册，翻开看第几页，里面明确说明我最多可以申请 10 门课的免修，我才申请了 9 门而已。他说不过我，就把办公室经理叫了过来，是一个白人中年女士，抽着烟，态度傲慢。她说你可以重新修一遍，这样可以得高分。我告诉她我修过的课程没必要再修一遍，如果你需要捐款直接说就好。她说是哪个办公室告诉你两周可以审批下来，我告诉她后，她说正常应该是四周。然后我说现在已经过了六周了，她说学校学生人多，忙不过来，我说这和我没关系，是你们学校的能力问题，既然招了这么多学生，就应该能够处理。她说解决不了，我说那我就去找 Dean（商学院的院长）投诉，她说你随便。

那天运气真的很好，转眼在电梯里就看到了 Dean，旁边还有几个人。他不认识我，但我认识他，和学校里展示的大照片看起来一样，个子很高，差不多 1 米 9。我还是确认了一下他是不是 Dean，他回答说对的。我就说要和他谈一下，他说让我最好写个邮件发给他。我语气坚定地说我想现在谈。他看我很坚持，就说好，随他来。进了他的办公室，他没有坐在自己的大办公桌后面，而是和我一起平行地坐在大沙发上，展示了平等沟通的姿态。他将便笺拿给我，让我把我的 ID（学生证号）写给他。可能因为当时和前一个人沟通的结果令我比较生气，我就拿出学生证对他说："您自己写吧。我虽然是你的学生，但也是你的客户。我的学费不是学校给的奖学金，也不是政府给的资助，是我自己辛苦工作挣来的，如果你也这么傲慢地对待我，我可以告诉我周围的人不来这里读书。”院长特别好，拿起笔记录了我的诉求，并让我两天以后在线查一下。结果全都批了，我一下子省了人民币二十多万元的学费。

开学时，大家都在大厅里面聊天，旁边有很多饮料。Dean 拿了一听可乐，穿过一堆人，递到我的手上说，嗨，John（我当时的英文名字）。我开心地感谢他，院长就转身走了。我旁边的本地学生惊讶地问我，这么多人为什么Dean就给我一个人拿了可乐？我说我也不知道。现在想起来这件事，我对自己当时对院长的冒犯内心还是有一些歉意的。

四、职场的历练：挑战与成长

在悉尼科技大学 MBA 毕业后，我没有参加两个月后的毕业典礼，就直接回国了。我认为这是我有生以来做过的最好最正确的决定，没有之一。2001 年 12 月 11 日，中国正式加入 WTO，经济开始飞速增长，加上互联网兴起带来的商业模式的变化，我非常有幸经历了改革开放以来最黄金的二十年发展时期，不仅参与和体验了国家在各个方面翻天覆地的变化，在职业发展上我也有了长足的进步，我真的非常骄傲我能和祖国一起成长，我对我的国家有信心。

决定回国的时候我没有什么犹豫，买了机票就收拾行李，在大阪转机停留了一天就飞到上海，一切又是从头开始。

我和西门子公司的缘分就是从上海开始。记得当时收到邀请参加了在汤臣洲际酒店的上海市高级人才见面会，我就回西安休假了。其间我接到一个电话，说是西门子移动通信的，问我下周五有没有空来面试一下，我回答说正在休假呢，对方就挂了。第二周，这个电话又打过来，问下个周五有空吗？我说可以，就确定了具体时间和地点。面试我的就是我后来的上司，德国人 Dr. Ralf Haas。我见面就告诉他我已经有 offer 了，他说那你为什么还来？我说西门子是个不错的品牌，过来看看，没准儿有很好的机会呢。他说你给我多长时间，我说一周。他说好的，本来应该有三次面试，那我们就面试两次就好了。如果你通过了我这一关，那你下周五来做个演讲，说完就给了我两页 Word 文档，上面写着 mobile data（移动数据），在这之前我从来没见到这两个单词写在一起过。

第二个星期五面试时，他先请我吃了午饭，聊天中说不希望彼此都浪费时间，还提及前一天晚上在北京面试了一个从英国读 MBA 回来的候选人，什么都讲不出来，特别有兴趣想知道我这几天怎么过的。我说他把我害得好惨，我可是在上海图书馆上了三天班，把所有的中英文资料都看了个遍。我没说的是，我在西北工业大学工作的发小朱宏伟帮我找了他在华为公司工作的学生，这个学生刚好在上海出差，我跑到人家出差住的酒店恶补了一下一代移动通信、二代移动通信等基础的技术知识。演讲的时候，下面有德国人，还有好几个海归，讲完后就是问答环节。结束后关起门来我们进行了单独谈话。我问他觉得我讲得怎么样？他觉得我讲的时候紧张。我说开玩笑，我当然紧张了，他们都是专家，我其实什么都不知道。他笑着说他当然知道我什么都不会，但他相信我熟悉了解以后会非常棒。然后他就和我谈薪酬，他报了数，我当时没经验，就没有回应，他就说这是税前。我想如果我当时说了，他可能就会说是税后，当然那个 offer 在当时已经非常好了，超过了我的期望值。他当着我的面给 HR 打电话说我很想来，他也想要我，但是如果今天拿不到 offer，下周一我就去别的公司上班了。然后我就拿到了 offer 回家了。说出来挺容易的，没有那么多周折，我喜欢这种直截了当的做事方式。行就是行，不行就是不行，别磨蹭就好。

看起来很顺利的面试，但没想到入职后，我们直接“打架”打了半年，因为观点不同、认知不同，但磨合后知道了双方其实都是有要求的人。不过有点遗憾，我来了一年多后，他因升职被调到了印度。离开时，他和我说，这个部门有德国人、美国人，还有好几个国家回来的海归，想知道在这么多人中他为什么最喜欢我吗？我说我从来不关心。他说不是因为你的英文好、Excel 好、演讲好，而是这么多人当中我是唯一敢拍着桌子和他说不的人，但每一次说“不”的时候，我不是为了个人的加薪升职，而是要把工作做好。在这点上还真是，刚入职没多久，他交给我一个任务，我完成了给他，他又让我做另外一件事，和第一件事方向完全不一样。我就拍着桌子和他说：“你最好把相关信息都告诉我，也许我会做得更好。”他看了我一眼，就打电话给别人，说他知道谁做项目经理了。然后我主持的那个项目获得了公司当年的年度大奖，筹备会议的人对我说，我老板给我选了最贵的奖品——上海至悉尼的往返机票，后来折现给了我 1 万元人民币奖金。

在他离任交接时，发生了一件有趣的事。我的第二个上司 Mr. Wernich 也是德国人，在和我谈话中，知道所有的预算都在我手上，就让我把预算给他。我告诉他 Dr. Haas 说这个预算只有 CFO、他和我才可以看，毕竟 Dr. Haas 自己的工资也在里面。Mr. Wernich 说他下周一就正式接管了，我回答说今天是周五。然后他有点不高兴地让我回去。我回到自己的办公室给 Dr. Haas 打电话说了情况，他说我一点外交手段都没有，不会说笔记本坏了吗。我说我就没带笔记本去，这不是笔记本坏不坏的问题，这是原则问题。他让我把预算发给 Mr. Wernich，然后我就写了邮件给新老板，抄送给 Dr. Haas，说明了原因。人家根本没理我，两个月中该出差出差，一直没再见面。后来秘书找我要预算，我说不可能，你让 Mr. Wernich 给我一个邮件或电话，我再给你。过了一周，他打电话给我说了此事，我才发了邮件，并抄送给他。不久，在上海的办公室，他再见到我时，态度完全不一样了。当时我在房间的最里面，他进了门就快速走向我，用力拍着我的后背，非常热情地喊着我的名字，大声问我最近还好吗？那一刻我相信他知道我在工作上是什么风格了，后来的合作和沟通都很顺畅。

我一直觉得职场不分男女，职场不同情弱者，职场也不相信眼泪。中西方文化的差异在职场上反映最多的是西方人张扬直接，东方人内敛含蓄。经历和体验了近三十年这种文化冲突，我深知一些职场的潜规则，在你的影响力不够足以强大到让人尊敬的时候，还是要踏实把自己该做的事做好。其实很多老外也会欺软怕硬，如果要发生正面冲突的时候，你确定你是正确的一方，那就不要回避。该出手的时候就一定要出手，你会有意想不到的结果，并且能赢得应有的尊重。我们做人做事的确要厚道，但职场其实不讲究厚道，职场需要展现的是你的职业素养和是否努力把公司的利益放在第一位，学会建立规矩，要让周围的人知道自己是有规矩的人。

大多数国人一直都重视读书成绩，以为进了一流名校就万事大吉，其实这只是万里长征第一步，才刚刚开始。名校的文凭只是第一份工作的敲门砖，是条鲜鱼，这条鱼拿在手上早晚会变臭的。要学会做鱼竿，学会让自己手里一直有鲜鱼，这才是真正的可以长久的技能。我眼里的“铁饭碗”不是一纸无限期的雇佣合同，而是自身拥有的技能，这样无论走到哪儿都会有饭吃。经过多年的学习和教学，我发现有一些中国学生注重成绩，而往往忽视与他人的交流，特别是处在与自己文化不同的氛围更是如此。西方学生则更愿意在与人打交道中获取灵感，强调团队合作，也愿意在陌生的文化环境中展示自己。

当下的市场大环境，让我们有越来越多的机会面对不同背景、不同文化、不同种族的人，求同存异、彼此尊重是最好的相处之道。不要总抱着自己是黄种人的人设，给自己设一个框框。其实，我们不仅要在周围都是黄皮肤的人时找到自己不同于他人的特质，更要在面对陌生文化和陌生种族的人时泰然自若，忘掉自己的外形和别人长得不一样。我眼里的国际化不是只会讲英语，而是思维方式和理念要遵循国际商业环境里大家公认的准则。心无障碍才会让你有自然开放的心态，也更容易被他人所接纳。无论何时何地，我们还是要努力打开自己，阳光开放。自己的内心强大，自己才会真正强大。

2007 年西门子移动通信和诺基亚合并成诺基亚西门子公司，我有机会去了当时在业内很著名的西门子管理学院。2006 年再次从上海搬回到北京的时候，其实就是为了一年之后的工作转型去西门子管理学院当老师，这也是因为不只一个同事说我适合。过程有一些波折，但结果至少在外人看来很顺利，想什么有什么。后来上课时曾碰到一个原来的同事，他问我是不是能耐得住这份工作的寂寞，我当时淡淡一笑说跟着感觉走。目前的工作虽然开始有纠结的地方，但现在看来很适合自己。如果喜欢，我可以一直做到退休，不管外面刮风下雨，自己内心深处都有一种踏实稳定的感觉，能平和坦然地面对未知的未来。有的时候，人还真需要给自己一个机会去转身。如果做不到优雅，也要努力做到得体，这样主动权才会牢牢地抓在自己手里。

现在回想一下当初的选择，我还是一直心存感谢，对我个人来说不仅仅是一个好的职业转型，也得益于西门子业务范围多元化，让我有机会在不同的行业和产品线通过实用的工作坊，面对不同层级的营销人员和产品经理，去不断检验我的营销理念和工具的实用性。记得那天和西门子管理学院院长韩青聊过后，在回办公室的路上，他就给我打电话，让下周就来他们这里上班，我感谢了他的邀请。他说，“不是你感谢我们，而是我们非常需要你。”后来有一年在业绩考核时，韩院长对我说，自从我来了以后，他们营销课的需求量一直在直线上升。当时西门子公司对培训的理解和重视在业界是非常有名的，这也使得我能够在转型后的十几年，不仅在国内通过内部公开课传授营销管理理念，或通过工作坊的形式在西门子公司中国总部帮助有需求的不同业务集团和各区域的几十家合资公司解决实际的业务问题，同时还频繁在亚太区域的很多国家和地区出差，为来自区域内外的公司员工上课。从西门子离职之后，我也为一些世界 500 强企业、央国企等大客户的专业人员提供营销及非财务部门的财务管理培训，与客户一起成长。

五、新的转型：成为 MBA 教师的旅程

我从来不给自己的人生设限，虽然我也认为一切皆有可能，但我还是没有想到有一天清华大学经济管理学院会邀请我去执教 MBA 营销管理的学分课，中文课和英文课各开一门，算是“斜杠中年”，即在西门子全职工作的同时也在学校教书。我非常有幸能

够在清华经管的课堂上面对国内优秀的职场中坚力量，以及来自世界很多名校的学生，包括苏世民书院的学生。我喜欢与他们发生各种思想的碰撞，也非常开心有很多闪光点的产生。我告诉我的学生，我从来都不认为自己站在这里代表标准答案，我心里怎么想我就会怎么说。和学生的关系，我更希望是亦师亦友，愿意作为一个经历了多年职场，有多种体验的过来人，给这个优秀的群体一些影响和启发。给我教学做助教时间最长的清华经管博士李泽怡说我上英文课和中文课都一样很松弛，也许同样的词语在不同年代人之间有不同的理解，我开始以为是贬义词，她解释说这是一个褒义词，是想表明我上课时是处在一个很好的教学状态。

我期待着身体条件允许的情况下，余生可以尽可能长地在这里教书育人，努力影响更多的 MBA 学子。我更期待着有一天以某种合适的方式把学校给我的课酬回馈给学校，帮助那些需要帮助的学生。有句话说得真好，“人生的许多境界，不在于跟随，而在于自我探求”。我一直把工作当生活，但不管曾经历过什么、发生过什么，那些曾经发生的都已变得不再重要，重要的是明天早晨太阳会照常升起。之所以这么想，是因为这么多年以来，感觉总是不断有一股神秘的力量在冥冥之中托一把身处绝境的我，像渡船一样，把我从此岸渡到彼岸，跨过险境，让我心怀感激，否则我当时也不知道该怎么度过。从前把生命最初的热情寄托给了远方，一步一回头，仿佛从未觉得孤独。套用一段话：“生活就像一部电影，你永远不知道会发生什么，有人看到宽容，有人看到了坦然，有人看到了凄美，有人看到了怨恨，有人看到了后悔，有人看到了思念，而我，看到的只是美丽。”我感谢那些曾经、正在和将会帮助我的人，我也会努力回馈给这个国家、这个社会以及最需要我的人。

当有一天转身离开的时候，虽然眷恋虽然热爱，但相信我会无怨无悔。毕竟这个世界我来过，我奋斗过，我也努力过，因为我在这里和你们一样优秀。

写了这么多，我想起来清华大学 MBA 毕业的学生林开同学在我的课上分享的一段话：我要向着太阳生长，做一个温暖的人，不卑不亢，清澈生活……

我最后想说，如果你自己心里温暖了，你周围的人，你周围的这个世界也就温暖了，人与人之间其实就是这么的简单。

2025 年 5 月 31 日

于北京家中

附录1

升维商哲院

在商业丛林中，寻找智慧的光；

升维商哲院，正是为点亮这份智慧、定力与传承而生的。

我们不仅仅是一家教育机构，更是一座连接商业实战、人文智慧与代际传承的桥梁。在北京、杭州、广州的学习中心，以及广阔的线上空间里，我们致力于帮助商业领袖们“升维思考，降维执行”，并为他们的下一代铺就坚实的成长基石。

我们的核心，是独一无二的“哲商融合”与“代际关怀”。

思想的深度：汲取千年哲学智慧（儒释道精髓、西方哲思）与前沿心理学洞见，淬炼您的战略思维。让您在纷繁表象下，看清本质，拥有“一览众山小”的格局与远见。

实战的锐度：顶尖商学课程体系（EMBA 精华、战略创新、营销管理、领导力跃升……）结合真实案例、情景模拟与私董会深度碰撞（聚焦战略、传承、慈善、教育、生活智慧），确保知识落地生根，转化为决胜千里的力量。100+ 门线上精品课，是您随时随地的智慧加油站。

心灵的静度：通过升维禅修院，在企业家禅修班、五台山清修研学中，融合东方禅意与西方心法，学习冥想、内观。在喧嚣中找回内心的宁静，于定静中生发真正的领导力与创造力。

未来的温度：专为企业家二代打造的升维策略备考院！我们深刻理解“金钥匙”背后的期待与压力。这不是简单的升学指导，而是关乎人生定位、心理赋能与长远发展的全周期陪伴式成长方案。从人生规划与自我认知探索，到心理韧性建设与身份认同辅导；从科学精准的职业生涯规划，到关乎人生起点的志愿填报策略；我们整合顶级教育资源与心理学专家，为“企二代”提供个性化、体系化的一站式服务，助力他们找到热爱、确立方向、建立自信、活出精彩人生，真正实现从“继承者”到“开创者”的华丽转身。

我们提供的不只是课程，更是全方位的成长与传承生态。

线上知识殿堂：EMBA 核心、创始人必修、国学智慧、高管精进、名师讲堂……超过 100+ 门精心打磨的线上课，打破时空界限，让顶级智慧触手可及。

线下实战熔炉：沉浸式学习体验！从顶层设计到模式创新，从营销破局到领导力锻造，再到聚焦您最切身关切的私董会（战略、财富、慈善、子女教育、生活平衡），在深度互动与导师引领下，实现认知与能力的双重飞跃。

全球学位视野：携手国内外顶尖学府，打造商业、心理学、哲学领域的硕士、博士项目。不出国门，高效获取国际认可的高阶学位，为您的事业版图增添厚重砝码。

智慧传承的担当：

公益之心——携手108度公益基金会，将商业智慧与人文关怀传递给更广泛的青少年群体，践行“取之于社会，回馈于未来”的信念。

家族之托——升维策略备考院为您的家族未来量身定制，确保智慧与价值的代代相承。我们的思想结晶——“升维商哲院系列丛书”也持续为商界注入深度思考。

即刻联系紫煜老师，探索升维商哲院线上课程，或深入了解“升维策略备考院”如何为您的家族未来保驾护航。

咨询与合作

学习升维商哲院
线上课程

扫描关注升维
策略备考院

附录2

北京睿思达特管理咨询有限公司介绍

——知行合一，赋能成长

北京睿思达特管理咨询有限公司致力于通过独特的企业经营工作坊模式，为企业提供深度定制的管理培训服务。公司汇聚了来自世界 500 强企业及顶尖管理学院的资深专家团队，其中许多成员曾服务于原西门子管理学院。凭借丰富的教学与实践经验，我们结合全球领先的管理理念与中国本土企业的实际情况，致力于通过“知行合一”的赋能服务模式助力客户实现持续增长。

我们的使命与愿景。

- 使命：通过专业、实战导向的管理培训和工作坊，帮助企业培养优秀人才，提升组织竞争力。
- 愿景：成为最受信赖的管理咨询伙伴，作为最专业的企业学习引领者，助力客户创造并保持竞争优势，不断优化绩效。

我们为众多知名企业提供高质量的培训与咨询服务，服务的客户遍及央企、跨国 500 强、创新型企业及中小企业，涵盖制造、能源、医疗、金融等多个行业，广受好评。

针对企业在不同发展阶段的具体需求，我们特别提供以下领域的定制化工作坊和服务。

- 人才发展：高层战略领导力、中层管理能力提升、高潜人才梯队建设。
- 组织效能：流程优化、企业文化塑造、团队协作与执行力强化。
- 市场管理：产品管理工作坊、市场洞察、渠道管理等。
- 销售管理：客户关系管理、挑战式销售、大客户营销攻坚等。
- 财务管理：管理者的财务思维、解读三大报表、项目成本控制。
- 项目管理：项目管理实战、项目全流程梳理、项目情境的软能力提升。
- 供应链管理：供应链优化策略、供应商评估与发展、库存管理等。

工作坊和沙盘项目特色。

- 以实战驱动成长，实现能力向绩效的高效转化。
- 构建系统性思维框架，解码复杂商业逻辑。
- 现场共创解决方案，输出即可用的落地成果。
- 聚焦痛点攻坚，打造问题终结型培训课程。

客户案例

案例一：宝钢集团

宝钢集团人才学院采用营销管理“吹风机模型”，对海外业务经理进行实战培训。通过模拟不同区域的操作和演练，参与者针对各自海外市场进行了深度梳理。这不仅提供了实用的营销策略指导，还增强了团队对工具的理解与应用能力，有效提升了全球市场的竞争力。

案例二：奇瑞汽车

奇瑞汽车利用营销管理“吹风机模型”提升海外营销经理的实战技能。通过将多种营销工具应用于具体市场情境，识别并解决了潜在问题。同时邀请南非、埃及等国经销商来华交流，使用市场沟通模型明确了目标客户群体及关注点，设计了针对性强的市场沟通方案。

案例三：赛默飞世尔科技

赛默飞世尔开展了产品经理能力提升工作坊，结合实验室解决方案中国事业部的实际产品，围绕市场洞察、产品管理和运营展开探讨。不同于外部咨询公司的报告式服务，本次培训强调动手实践，“手把手”教学使每位参与者能直接将所学应用于工作中，获得了高度评价，极大提升了团队能力。

案例四：中国核建

中国核工业建设股份有限公司联合睿思开展项目经理专项培养项目，提升海外工程全流程管理能力。通过冲突管理、跨文化沟通等关键软实力训练，打造出一支专业高效的项目管理团队，支撑全球项目的高效管控。显著提高了项目成功率与收益，为中国企业国际化提供了坚实保障。

案例五：某外资工业企业的并购整合

某外资企业在收购国内公司后，面临部门割裂、信息不透明等问题。我们从个人、团队和组织三个层面介入，聚焦领导意识转变、流程优化与文化融合。通过心态重塑与实战改进相结合，推动多元文化共创。信息沟通改善，流程整合，绩效效率大幅提升，实现了并购后的深度融合与协同升级。

案例六：中智集团

中智集团客户服务团队虽贴近客户，却普遍忽视二次销售机会。为改变“重维护、轻创收”的现状，我们聚焦实战，强化销售意识与能力。通过系统训练，帮助服务人员、客服经理及区域总监掌握销售准备、客户切入、谈判推进与异议处理等关键技能。课程强调“销售武功在练不在听”，以真实场景演练为核心，培训师精准点评，推动知行合一。有效激发团队创收潜能，实现从“客户守护者”到“价值共创者”的转变。

案例七：合资制造业公司

面对拥有20年以上经验的大客户销售团队，培训目标不是传授技巧，而是帮助资深销售将零散经验升华为系统方法。针对大区总监、销售经理等20位资深学员，项目聚焦客户需求洞察、关系布局与战略推进，构建大客户营销整体框架。通过解析需求背后动因、竞争应对策略及高阶谈判技巧，引导学员在真实情境中反思与重构销售逻辑。强调“从经验中提炼思维”，推动知行合一，实现从“凭经验做事”到“有体系作战”的跃升。

案例八：民营保健品公司

安徽的一家民营保健品公司通过精益转型项目，实现了显著的业务改进。该项目充分考虑中小民营企业的特点，采取了边实践边学习的方式推进。首先，在标准化改进和快速换型方面取得了重大突破，同时推动设备管理从“坏了修”向预防性维护转变。为了确保持续改进，重点培养本地精益团队，尤其是从一线主管开始，采用每周小改善、小学习的方法，将知识分解为易于消化的小模块。这种方法不仅使员工能够在实践中理解理论，还通过实际成果不断激励团队前进，逐步形成了持续改进的企业文化。这种“小步快跑”的策略帮助公司在精益转型道路上稳步前行，提升了整体运营效率和市场竞争力。

北京睿思达特管理咨询有限公司始终站在企业管理创新的前沿，期待与更多企业携手共进，共创辉煌未来。

欢迎垂询。

电话：13146998256 李旸老师

邮箱：yang.li@bjrestart.com

扫描二维码
获取更多信息